汉译世界学术名著丛书

生态，社区与生活方式
——生态智慧纲要

〔挪威〕阿恩·纳斯 著

曹荣湘 译

商务印书馆
The Commercial Press

Arne Naess

ECOLOGY, COMMUNITY AND LIFESTYLE

OUTLINE OF AN ECOSOPHY

Copyright @ 1974 Cambridge University Press

All rights reserved

(中文版经作者授权,根据剑桥大学出版社 1989 年平装本译出)

汉译世界学术名著丛书
出 版 说 明

我馆历来重视移译世界各国学术名著。从20世纪50年代起,更致力于翻译出版马克思主义诞生以前的古典学术著作,同时适当介绍当代具有定评的各派代表作品。我们确信只有用人类创造的全部知识财富来丰富自己的头脑,才能够建成现代化的社会主义社会。这些书籍所蕴藏的思想财富和学术价值,为学人所熟悉,毋需赘述。这些译本过去以单行本印行,难见系统,汇编为丛书,才能相得益彰,蔚为大观,既便于研读查考,又利于文化积累。为此,我们从1981年着手分辑刊行,至2020年已先后分十八辑印行名著800种。现继续编印第十九辑,到2021年出版至850种。今后在积累单本著作的基础上仍将陆续以名著版印行。希望海内外读书界、著译界给我们批评、建议,帮助我们把这套丛书出得更好。

商务印书馆编辑部
2020年7月

献给彼得·里德
1961-1987

"尊驾,我之高山,您是否永不再向我走来?"
——美国诗人凯沃尔克·埃明

目　　录

英译本译者前言 ……………………………………………… 1
导言：生态智慧 T：从直觉到系统 …………………………… 1
　1. 从直觉起步 ………………………………………………… 3
　2. 纳斯哲学的解读与精确化 ………………………………… 8
　3. 术语翻译释疑 ……………………………………………… 11
　4. 深层生态学的定位 ………………………………………… 24

第一章　环境危机与深层生态运动 …………………………… 36
　1. 事态的严重性 ……………………………………………… 36
　2. 生产与消费：意识形态与实践 …………………………… 38
　3. 我们的生态学知识严重不足；无知的生态政治后果 …… 41
　4. 深层生态运动 ……………………………………………… 42
　5. 深层生态运动纲领 ………………………………………… 45
　6. 深层生态学的主题如何在下文提出 ……………………… 49

第二章　从生态学到生态智慧 ………………………………… 53
　1. 生态学、生态哲学、生态智慧等术语 …………………… 53
　2. 规范性评价 ………………………………………………… 60
　3. 客观的、主观的和现象学的自然描绘 …………………… 71
　4. 第一、二、三重特性：它们在自然中存在吗？ ………… 76
　5. 普罗泰戈拉式的"两可"理论 …………………………… 80

6. 格式塔和格式塔思维 ········· 85
7. 情感、价值与现实 ········· 94
8. 从情感到评价 ········· 96

第三章 事实和价值：基础规范 ········· 101
1. 铿锵有力说出你的价值优先顺序 ········· 101
2. 总系统：金字塔形的规范系统模型 ········· 107
3. 生态系统思维 ········· 116
4. 终极目标的寻求：快乐、幸福还是完美？········· 118
5. 作为顶层规范和终极目标关键词的大我实现 ········· 124

第四章 生态智慧、技术与生活方式 ········· 129
1. 生态智慧意识与生活方式 ········· 129
2. 走向生态智慧生活方式时的相互帮助："未来在我们手中" ········· 131
3. 心智变革的影响 ········· 135
4. 技术与生活方式 ········· 137

第五章 生态智慧经济学 ········· 152
1. 与整体观的联系 ········· 152
2. 深层生态运动对经济学的忽视 ········· 154
3. "正如从纯经济学立场看来……" ········· 155
4. 经济政策系统之片段 ········· 157
5. GNP ········· 161
6. 不理会工业国家GNP的论据 ········· 162
7. 经济福利理论的基础概念 ········· 169
8. 生活质量研究：深度访谈 ········· 177

目 录

  9. 影子价格下的自然 ………………………………… 180

  10. 小结 …………………………………………………… 187

第六章 生态智慧与生态政治 …………………………… 189

  1. 生态运动不能回避政治 ……………………………… 189

  2. 政治三角形的三极：蓝、红、绿；三角分析的局限性 … 192

  3. 生态政治议题清单及其扩容 ………………………… 197

  4. 对污染、资源和人口等生态政治基本领域的更多评论

    ………………………………………………………… 201

  5. 增强地方和全球力量 ………………………………… 206

  6. 直接行动：甘地的非暴力规范 ……………………… 212

  7. 富国与穷国：从掠夺到互助 ………………………… 218

  8. 对《增长的极限》的方法的批评 …………………… 220

  9. 绿色政党令人满意吗？ ……………………………… 222

  10. 深层生态运动与大的政治议题 …………………… 226

  11. 官僚政治 …………………………………………… 229

  12. 深层生态运动与和平运动 ………………………… 231

  13. 日复一日的绿色政治方案 ………………………… 233

  14. 结束语 ……………………………………………… 234

第七章 生态智慧 T：生活的统一性与多样性 ………… 236

  1. 自我拓展的普遍权利和每一种生命形态的相互关联的

    内在价值 …………………………………………… 237

  2. 认同、同一性、整体性与大我实现 ………………… 248

  3. 自然中的残暴：生命的悲喜剧 ……………………… 261

  4. 历史视野中的"我"：《圣经》 ………………………… 265

5. 历史视野Ⅱ：从普罗提诺到笛卡尔 ………………… 274
6. 我们的自尊不单源于我们自身的重要性：银河系也
   激发尊重 …………………………………………… 278
7. 非暴力与同一性哲学 ……………………………… 280
8. 生态智慧T的逻辑上最终的规范和假设的系统化 … 285
9. 深层生态运动的未来 ……………………………… 304

参考文献 ………………………………………………… 309
译后记 …………………………………………………… 313

英译本译者前言

摆在读者面前的这本书,题目叫《生态,社区与生活方式》(*Ecology, Community and Lifestyle*)。它不是阿恩·纳斯(Arne Naess)1976年同名著作的直接译本,而是一部以挪威语本为基础的新的英语著作,其中许多章节由纳斯教授和我本人做过修订和重写,为的是阐明原意、与时俱新。

但这并不像听起来那样简便易行。这项计划涉及时间捉襟见肘的纳斯教授无数次的洲际奔波,接着涉及如何解决陪他从繁忙的奥斯陆辗转到挪威全国各地的山区休养地休养的问题。在当学生时,我就针对最初的手稿问过教授有关问题,他回答了,后来到20世纪80年代,我们又一起改写了一遍手稿,使之用英语读起来流畅。捱过无数次的暴风雨中前行、雪地里迷失、不小心把自己锁在森林小屋外饥寒交迫之后,我们终于拿出了最终的手稿。

但即使到这时,仍然有很多东西我们想要补充!在诸如"生态哲学"这样的发展中领域,有的只能是介绍和导读,而不是结论性的概括。所以,我们要向那些感觉有关键问题被漏掉的人说句抱歉,也要向我们那些不辞劳苦拾漏补缺的编辑们道声"对不起"。在剑桥大学出版社(Cambridge University Press),罗宾·帕柳(Robin Pellew)、苏桑·斯滕伯格(Susan Sternberg)、阿兰·克劳登(Alan Crowden)、彼得·杰克逊(Peter Jackson)均对此给予了充分谅解。丹尼尔·罗腾博格(Daniel Rothenberg)对我写的导言作了富于创见的批评。

感谢采齐利·舒-瑟伦森(Cecilie Schou-Sørensen)和巴尔布鲁·巴肯(Barbro Bakken),他们打印了部分手稿,也感谢奥斯陆大学(University of Oslo)的"环境研究理事会"(Council for Environmental Studies),没有他们的支持,本书绝对无法在英语世界面世。在保罗·霍夫塞特(Paul Hofseth)和奥拉·格莱斯尼(Ola Glesne)的指导下,他们的鼓励再一次证实了这样一个信念,即哲学和有关人与自然交汇处的问题的现实工作有着莫大的关系。

由埃斯本·利夫森(Esben Leifsen)、彼得·里德和我组成的"生态哲学小组"(Ecophilosophy Group),为在前面提到的机构中沟通思想提供了一个论坛。悲哀的是,我们的工作不得不中断:彼得·里德去年4月在尤通黑门山脉的一场雪崩中遇难了。他的批判性的、敏锐的生态哲学思维让我们的许多直觉变得条理分明,并因此给本书讨论的许多话题增添了骨干内容。谨以此书向他表示纪念。

大卫·罗森伯格(David Rothenberg)
1987年9月于波士顿大学(Boston University)哲学系

导言:生态智慧 T:从直觉到系统

> 理论系统①起步于直接之物……理论系统的起步是绝对的起步……理论系统是如何从直接起步的?它是不是直接地从直接起步的?这个问题的答案不好说"不是"。
>
> ——索伦·克尔凯郭尔(Søren Kierkegaard)
> 《非科学附言的结语》(*Concluding Unscientific Postscript*)

我感觉我们的世界危机重重。环顾我们的生活方式和我们所走过的道路,我们感觉到茫然失措。直接的、自发的经验向我们泄露了天机,这个经验就是:直觉。而且不仅直觉,还有透露着危险性的信息,每日里都在狂轰滥炸着我们的心灵阵地。

我们要怎么才能够去应对?文明是不是已经从自然的完美状态摔得支离破碎,无望重圆?一切都指向了阴森森的万劫不复。

但这只是一种直觉——还有一种直觉叫喜悦(joy)。

阿恩·纳斯有一次在奥斯陆某个地方作讲座。一小时后,他突然停了下来,扫视一眼讲堂之后,突然离开了讲台,走向左手边

---

① system 可以译为"系统"、"体系",本书统一译为"系统",虽然有时读起来有点拗口、生硬。为避免太过于生硬以至于难懂,有时译成"理论系统"。此外,该词还有"制度"之义,这与"系统"、"体系"的含义差别较大,因此当该词指制度时,将保持翻译为"制度"。——译者注

的一盆植物。他猛地摘了一片叶子下来，坐回麦克风前，并用很真诚的目光看着听众，手里拿起叶子让所有的人都看得到。"你们可以花毕生的精力去沉思它"，他说，"这就够了。谢谢大家！"

1969年，在三十多年致力于讲授语义学、科学哲学和系统展示斯宾诺莎哲学与甘地哲学之后，纳斯辞去了他的哲学教职。灾难的威胁已变得十分明显——已出现了大量的公众呼吁和抗议活动。纳斯相信哲学可以指引人们走出乱象，因为在他看来，哲学并不永远只是"爱智慧"，而是"爱"与行动有关之智慧。无此种智慧做后盾的行动毫无效用。

信息令人悲观，但依然有可能在直接经验中发现喜悦和惊奇。问题是如何让人们更容易"从直接起步"。"我开始写作《生态、社区与生活方式》，是因为我悲观"，他后来这样回忆，"而且我还想强调'喜悦'在一个灾难临头的世界里的绵延不绝的可能性。"

在本书中，纳斯奠定了一种新的本体论的基础，这种本体论将人放在与自然密不可分的位置。如果透彻理解了这种本体论，我们就不会再去肆意伤害自然，因为这将意味着伤害我们自己不可分割的一部分。从这种本体论起步，我们就可以一步步理解伦理和现实行动问题。

因此，纳斯的理论系统是直接从重新思考"眼前有什么"、我们如何看待我们周围的事物起步的。没有比这更顺理成章的起步了。但就像克尔凯郭尔在上面指出的（指的是一般的哲学理论系统），问题立刻出现了——它是如何起步的？它无法立刻起步，因为还必须对它加以研究、思考，也许还要吸收消化。只有到此时，我们才能顺理成章地使用它。

导言:生态智慧 T:从直觉到系统

在本导言中,我将尝试评析纳斯理论系统的背景、一些细节,并对它在其他环保主义哲学中的定位加以审视,以便为其起步做好铺垫。

1. 从直觉起步

纳斯的结论并非仰赖于哲学或逻辑论证之功——"它首先是直觉",他说。这些直觉是在自然界当中耗大半生之力发展起来的。纳斯如此回忆他的起步:

> 从4岁多的小幼童长到青少年,我都能够在海滩的浅水里一站就是几个小时、几天甚至几周,走走停停,搜寻着并惊奇于大海里的生命叹为观止的多样性(diversity)和丰富性(richness)。无人注意甚至无人能够看到的微小而美妙的生命形态,是这个看似无限的世界的一部分,但首先是"我的"世界的一部分。在人际关系中感觉孤独,于是我融入了"自然"[1]。

长大多年之后,纳斯将写道,这个年轻小孩的世界是一个紧紧围绕着他的、很容易领会的世界[2]。感觉自己的认同(identity)与直接的自然化为一体,是一个很轻松的时刻。但也正是在纳斯的青少年时期,这种认识一步步扩大,直至包涵了他与那些近自然而生、亲自然而活的人之间的深厚的友情。

15岁那年,我不顾家人的强烈阻挠,于6月初到挪威最高的山区——尤通黑门山脉——独自旅行。在山脚下,雪深齐膝,我走不动了,并且找不到地方借宿。最后,我碰到一位上了年纪的老人,他正在给一座大门紧闭的村舍铲雪,把门前屋顶的积雪铲除干净。这座村舍属于一个登山和旅游协会所有。我们在旁边的一个小木屋里一起待了一周。我还记得,我们只吃过一样东西:干面包就麦片粥。麦片是上年秋天在雪里储藏下来的——这话我记得是老人告诉我的。后来,我对这话起了疑心。也许怪我自己误解了吧。麦片吃的时候很冷,要是有一丁点儿掉到地上,老人都会捡起来吃掉。晚上,他有时会讲讲山、驯鹿和这个最高山区的其他营生的故事,但大多数时候他都在拉他那把小提琴。用脚踏出节奏是本地文化的一部分,他一直没放弃教我这么做。但好难啊!老人的节奏是我听过的最复杂的节奏了。

真的是活灵活现!一周下来,它让我对山与山里人之间的血肉联系、某种伟大感、纯洁感、专骛大义、自力更生(self-sufficiency),以及随之而来的对奢华、对一切复杂手段的不在乎,充满了体悟。在外人看来,山里的生活方式似乎是斯巴达式的,艰苦、严酷,但拉小提琴、对林线以上不管是"死"是活的万事万物的毫不遮掩的喜爱,却让我真真切切看到了一种对生活的无比依恋,一种对用宽广的眼界和心灵所能够体验到的一切的发自肺腑的欢喜。

这些思绪让我的心灵充满了谦卑之情——在人与山的特殊关系上谦卑,在人与自然的普遍关系上谦卑。正如我看到的,如果谦卑不是更深层感情的自然流露,不是把我们自己理解为广义上的自然的一部分的结果,就会一文不值。我们感觉与山相形越是见小,离共享它的伟大就越是接近。我不知道为什么会这样。[3]

我们需要把我们自己与高山做对比——这不是说高山是某种关于人性的宏大隐喻,比如尼采(Nietzsche)的"Ubermensch"(高出人类和时间6000英尺),而是一座座真实的、活生生的山:自然的一个模板,我们在其中惟抱无比敬畏之心,方能成就己身。人之为人,恰因其有谦卑之情。但人与自然之间的关联为何居如此机枢之位?

时机一到,纳斯就会借助于"阐述一种从直接的自我通往自然的广袤世界的哲学",去设法发现"为何会如此"了。这正是本书所提供的内容。其意向是鼓励读者想办法去提出并阐明基本的、共同的、与自身的背景和道路同步共振的对自然之绝对价值的直觉。

此般对问题的认识以及随后使用哲学方法对问题的研究,被纳斯称作"生态哲学"(ecophilosophy)。更准确点说,它是一种运用生态科学基本范畴——比如复杂性(complexity)、多样性和共生关系(symbiosis)——并借助于整体观的形成过程,来阐明我们这个物种在自然之内居于何种地位的哲学。

哲学总是往两个方向引领。随着哲学家们不断推敲这些基本概念及其联系,它可以被用于提出一种深层的生态哲学。它还可以给予日益壮大的国际深层生态运动以支持,这场运动囊括了科学家、行动者、学者、艺术家,以及一切踊跃致力于变革反生态的政治和社会结构的人士。

在尝试从类别上分析那些把这场运动的支持者们团结起来的因素时,纳斯在本书第一章提出了深层生态学的一个纲领。它由八个要点组成,可指导那些相信生态问题无法单靠技术"应急"方案解决的人士。在现实中,这可以意指一种不从我们自己利益的立场而从其他(比如,其他物种,或者生态系统本身)利益的立场出发看待某个特殊问题的努力,或者,这可以是一种对全方位批评我们的文明、对查找失误的核心现实范畴所持的开放态度。

但不管如何,这个纲领都意指一种各方同意的平衡点,意指希望出现本书所提类型的变革的人士在其中能够认清他们站在何处、认清他们各自的信仰中有什么共同点的那个方位。

如此深刻的事宜不宜太过简单化。在本书中一再提及的一个主题,就是将两条基本的生态原理引入对我们社会的哲学考察:统一性(unity)和多样性。而且正如诗人阿门斯(A. R. Ammons)所提醒的:"容易得出时,'一'(oneness)是无用的;选择性不大时,'多'(manyness)是不实的。"[4]

如果人们想要在一个群体中共同采取变革行动,某种类型的一致意见就是至关重要的,但他们在达成一致意见上的视角和手段的差异不应当迷失在同一性(oneness)当中。环境运动如果能够显示出,它的一系列简明原则可以从多种多样的世界观和背景中推导出来,它就会变得最为强大。能够找到的支持环保主义规范价值(normative values)的哲学、宗教和科学证据越多,运动就会越重要、越普遍。

生态哲学的哲学维度,探究的是将不同的个人引向某种诸如深层生态学纲领之类的东西的看待世界的特殊方法。纳斯称这个推理过程为"生态智慧"(ecosophy),倘若用哲学的方式把它阐述清晰了的话。

本书的精华内容都被用到了展示通往这种纲领的纳斯自己的理论系统的推理之上,这个理论系统就是生态智慧T(Ecosophy T)。"T"据说代表他在山上的小屋"Tvergastein"(用石头垒起来的),但它的个人特色才是最重要的。本书认为,也许还有许多其他的生态智慧(A,B,C,……),我们每个人都可以为自己提出一套。尽管我们的意思是多少总要点头同意本书的结论,但接受它的特殊的推理链条并不是关键所在。最重要的是我们能够运用我们熟悉的感觉和推理方式达到关于理论系统的结论,而不是全盘接受纳斯的特殊步骤和他对他的推理过程的辩护。因为,重要的是要认识到,纳斯对建立一个理论系统来解释一切并不太感兴趣,他更感兴趣的是教导我们以我们自己的方式提出我们自己的理论系统。它也许不完整,但它对于我们达到现实的、有力的同类结论非常之必要——其中很重要的,就是认识到变革必须马上开始。

2. 纳斯哲学的解读与精确化

生态智慧是一种个人的理论系统、个人的哲学,且别人的生态智慧若进入我们的头脑,其中的某些东西就必定会获得我们的直接响应。它用不着全然是原创的。

这并不是每一个哲学家对如何使用他们的理论系统的看法。一些人相信他们已经解决了一切重要的存在问题,另一些人则认为他们已经证明了这些问题无法解决。但纳斯更愿意让每个人都花点时间去解读他按他自己的方式提出的东西,并认识到许多各有区别、各有差异但又彼此可接受的解读,不仅是可能的,而且是相容的。

这个想法在他20世纪50年代的语义学著作中就崭露了苗头。纳斯的看法[在《解读与精确化》(*Interpretation and Preciseness*)一书中]是,沟通者并不是在都懂得某一种语言的基础上沟通的,而是在预先理解词语和表达所意指的内容的基础上,通过彼此解读对方所说的话来沟通的①。[5] 某个特定词语对于某个人来说的外延是如此之广、如此独特,以至于当另一个人使用这同一个词语时,他所领会的意思可能离说话者的原义十万八千里。这并不是纯粹的危言耸听,而是别人的思想要真正被我们理解所面临的现实的障碍。

---

① 在本书中,"communication"视语境分别译为"沟通"和"交流"。——译者注

但沟通是可能的,比如通过允许使用含糊和一般的词汇(纳斯称此为 T_0 层次的词语),并接受许多更高层次的解读或精确化。正如他所解释的:

> 让我举一个用精确化一词所表示的意思的例子,因为这个范畴经常会引起误解。在最含糊的层次,即 T_0 层次,我们有一个这样的句子:"我出生于 20 世纪"。在接下来的更精确的层次,即 T_1 层次,我们必得讲明白这个信息,并排除掉一切可能的误解。比如,T_1 可能是"我出生于耶稣受难后的第 20 个世纪"。而另一方面,说"我出生于 1912 年"并不是一种精确化(precisation)。它是一种细化(elaboration):给出了此一情况下的更多的信息,但并不包含话本身的信息……比如,帕斯卡尔(Pascal)从睡梦中跳起来喊道:"天哪!",接着喊"真主!",再接着是"真主!伟大的亚伯拉罕和以撒!"……外延越来越小。是精确化吗?一开始我们的确沐浴在了一股激情当中。尽管这样,帕斯卡尔还是变成了一个坏例子,因为他被一种特定化抓住了,从一团热火走向了一个十分特殊的"上帝"概念,排除了其他一切上帝。[6]

帕斯卡尔提供的这类把话讲清楚的方式,抑制了他最初的直觉下的激情的效果。我们想知道这团"热火"是什么,不是靠缩小它的外延范围,而是靠理解它意指的是什么。我们应该按照同样的方式去试着理解纳斯的规范系统,即生态智慧 T。[7]

一旦纳斯以"大我实现!"（Self-realisation!）[①]规范开始建构他的理论系统,就会牵扯到方方面面。在本书中你会学习到,我们不要打算将这种实现局限于我们自己的有限的本我(egos),而要寻求理解最广袤的"大我"(Self),一个首字母"S"大写的、从我们每个人扩展到无所不包的自我(self)。

在引起太多的混乱之前,我们必须认真思考第二个相当有生态色彩的沟通概念:它的产生并非偶然。我们提出了思想,我们把它们释放到这个世界,但只有当别人也能够掌握它们时,它们才会变成集体性的存在,才会有分量。这就是纳斯的"关系思维"(relational thinking)概念的实质——无物孤立存在。个人如此,物种如此,环境问题亦如此。一个词语只有通过它的意义和适宜的解读才有生命。这也是认识到生态智慧本体论的实际效果。

我们只有通过一个范畴在其他范畴的场域中运动的方位以及它们被感知到的方式,才能清晰描绘出这个范畴的含义。在此过程中,我们辨认出被感知为本身有一种有机的可辨认的统一性、能够一体式运动的关系网络般的整体(wholes)。被选来描绘此类可理解的形状的术语就是格式塔(gestalt),它借自20世纪初知觉心理学的研究成果。[8]这个世界给我们提供了一大堆信息,但将自身显示为活着的实体的事物,其典型特征就是某种特定的自然生命,

---

① 纳斯在本书中,用首字母大小写的办法,区分了三种"自我实现"范畴:一是他提倡的"Self-realisation",首字母大写;二是一般而言的"self-realisation",首字母小写;三是"self-realisation",该首字母比小写的还低一格（详见本书第三章）。为示区别,译者将第一种译为"大我实现",第二种译为"自我实现",第三种译为"小我实现"。此外,在英语中,还有一个与"self"近义的词,即"ego",本书统一译为"本我"。——译者注

导言:生态智慧 T:从直觉到系统

如此到达我们的信息让我们坚信,认同仅仅内在于构成实体的各种关系当中。正如纳斯有一次在皓月当空、夜色如水的星空下,在摄氏零下20多度的低温中滑雪时所说:"极端的寒冷居然如此显得是格式塔的一部分,以至于要是温度再高点,我就会真的感到不舒服。"

作为一个整体的生态智慧 T 格式塔是这样一种东西,读者是不能够一级级或者一步步去认知它的。本书的论述从三段论(从 A 和 B 得出 C)的角度看并不是逻辑严谨的,因为完全用这种方法是不可能阐发一种生态智慧的。纳斯用暗示来阐发含义。谁把联系融汇起来了,他的观点和我们的观点就都有了雏形。请记住他那两个起支撑作用的信念:(1)作为个人,我们无法不自称是在某种整体观的基础上作行动和作决策的,但完全用词语把这种观点讲明白是不可能的。[9](2)理论系统起步于直接之物。它自身的规则永远都不应该掩盖直接之物。或者说:如果我们希望为某个理论系统辨认出一个出发点,自发的经验就会告诉我们它自己就是。但我们使用的任何理论系统都拥有它自身的社会语境,这个社会语境并不能剥夺或者取代最初的经验的独特性。

3. 术语翻译释疑

记住这些概念之后,现在是时候介绍生态智慧 T 所使用的一些关键术语了。从挪威语翻译到英语,这些术语有时会出现问题。英语所使用的许多名词性实词[实现(realisation)、认同(identification)、精确化(precisation),等等]在挪威语中的意思更加富于主动态。它们从来不是一些待达到的状态,而只是过程。"环境"(environment)和"内在价值"(intrinsic value)这两个词在挪威语中均更为大众化。为了让翻译进行下去,不应该把这些词当做生涩的范畴,而应该当做日常说话中所用的词语。

(a)环境

本书交替使用"milieu"和"environment"两个词来指挪威语中的一个词:*miljø*。① 为什么要两个？因为,就像在法语中一样,这个挪威语术语的含义比英语略显笨拙的"environment"更加宽泛、更加大众化。我们在这方面没有单独哪个英语词汇可用。要说不那么生僻的词语,环境保育(environmental conservation)这个概念在我们的文化中接受面可能更广些。

什么是"环境问题"？什么是"环境退化"？很简单:我们周边之物的破坏,我们身处其中的直接之物的破坏。这并不仅仅指物理自然,而是指我们生活于其中的一切,是指我们在其中能够确认我们自己的所有格式塔。照纳斯所述,当有必要揭示出我们更大的自我时,这种格式塔可以让我们的认同协调起来。

在这些范畴当中,有两个相关的格式塔,即自然和生命。自然一词在英语和斯堪的纳维亚语中有很多的外延,[10]而我们也不应

---

① "mileu"和"environment"这两个英文词,照此处所述,实际上在挪威语中是一个词"*miljø*"。英译本鉴于英语中无词可完全对应"*miljø*",于是视语境分别使用了"milieu"和"environment"这两个译法。有意思的是,中文的"环境"是一个含义十分广泛的词(甚至比挪威语的"*miljø*"更宽泛),因此,本书在翻译时,把"milieu"和"environment"统一翻译为"环境"。——译者注

该抛弃这样一个其重要性正在于其含义之丰富性的术语的诸多外延中的任何一个。科学上有特定含义的对原始的、未利用的自然的各种解释，[11]找到路子进入伦理学阵地的有复杂性、多样性和共生关系这三者。这些范畴支撑起了全书的价值推理，并且在第七章获得了相关的定义。

我不想对纳斯如何从这些术语中推出正确的概念有太多的置喙，但只要说他并没有高举"生命"规范就足矣，因为这样做似乎有滑向作为某些法西斯主义哲学之根基的"生命崇拜"的危险。也许，"生命"规范与个人之间的联系少得可怜，也与一个人应该准备好用来（借助于某种生态智慧）作出他自己的关于这个世界的决策的事实之间的联系少得可怜，并且因此，这种决策更多的是建立在拥有更具动力、更具方向性的品质的规范的基础之上，而不是建立在某种我们仅仅通过高举"生命！"所获得的东西的基础之上。

我们是如何打造从伦理原则到决策之间的联系的呢？有了格式塔理解这个概念，就出现了格式塔转换（switch）的可能性。一开始你视世界如此，但随着你对以前不知道的联系的认识日深，另一种理解突然就冒了出来，我们瞬间就作出了一种转变（shift）。一切突然的事物都变得清晰了——这是一种"啊哈！"式的体验，一种顿悟。描绘《生态，社区与生活方式》一书宗旨的另一种方式，正是将它描绘成一种旨在创造这种生态格式塔转换——如果你愿意，也可以称之为转化（conversion）——的时刻的努力。许多方法是有用的。

读过此书自20世纪70年代以来连续5个挪威语版本的许多人，都曾有人请他们指出哪个部分对他们来说更加重要，他们如何发现这部分有用。回答千差万别,因为同意作出为理解我们的物种和地球之间的谜团所需的那种特定的格式塔转换,会有许许多多的动机。纳斯的意图之一,就是尽可能多地揭示出这些动机。

(b)大我实现

所有这些动机(达到转换点的各种途径)的共性之一,是它们都把个人与自然中的内在联系原理关联起来。纳斯在这方面的核心范畴是用不同的面孔贯穿全书的"大我实现"(Self-realisation)概念。由于执着地相信 T_0 表达式的力量,纳斯坚决反对把这个术语锁定在某个严格的定义上:

> 人们或许会大感沮丧,我居然会写整整一本书来论述"既无法定义也无法解释的"直觉。这是在捉弄我们的文化,简直不可理喻……但如果你听过"众生皆一体"(all life is fundamentally one)之类的话,你就一定会在赶紧问"这是什么意思?"之前对品味这句话感兴趣。话说得精确,并不一定会产生更启发人的效果。[12]

但是,事实上,纳斯使用大我实现,是一种将"众生皆一体"的普遍陈述与我们的个人需要和愿望联系在一起的大胆举动。在不过分减损这种做法的潜在益处的情况下,我想提几点意见来减少人们的误解。

(1)大我实现不以自我为中心。记住大写的首字母"S",但同时莫以为个人的自我或本我会消融在更大的大我当中。当我们享有并塑造我们与更大的大我的联系时,不同个人及其路径的多样性依然保留着。尽管如此,陀思妥耶夫斯基(Dostoyevsky)在概述现代时期的首要危险时还是认识到了实现大我需要些什么:

> 隔阂无处不在……它还没有完全发展起来,还没有达到顶点。因为,所有的人都想拼命保住他的个体性尽可能与众不同,所有的人都希望确保他自己的生活尽可能完美,但同时,他的一切努力所得到的并不是获得了生活的完美,而是自我的破坏,遑论自我实现,到头来他达到的只是彻底的孤独之境。[13]

我们决不能分裂成一个个单元,只管着追求自己的目标。这便是纳斯为什么要求有一个更大的大我范畴的原因。

(2)如果一个人真的推己及人、推己及其他物种,推己及自然本身,利他主义就变得多余了。更大的世界变成了我们自己的利益的一部分。它被视为一个增进我们自己的大我实现的潜能的世界,因为我们也是他者的增进的一部分。

(3)该词在挪威语中是"Selv-realising",即"大我正在实现中"。它是一种积极的条件,而不是你能够到达的某个方位。没有人达到过大我实现,因为完全的大我实现要求实现一切。这恰似佛教传统中无人曾臻于涅槃一样,臻于涅槃就必须拉着全世界臻于此境。它只是一个过程,一种"生之道"。

我们将此范畴用做行动指南(guidelines)。它给我们提供下一步行动的方向,提供视我们的行动为更大格式塔的一部分的方法。纳斯扼要解释过他为什么会选择用这种方式开始他的理论系统：

> 现在,大我实现,就像非暴力一样,也是一个含糊的、T_0层次的术语……从一开始就有某种东西是不可或缺的:为了生命,通过生命。但必须有一个箭头、一个方向,从自我起步,走向大我。这是一个我能够从伦理上说它"yes"的方向。我们可以叫它"矢量"——有着数量惊人但明确无疑的维度。[14]

这些隐喻应该牢记在心:箭头、方向、矢量。它们可以帮我们搞清楚大我实现最远能够扩展到的边界,假如它并无直接限定的话。而且,这些维度到底是哪些? 如果我们讨论一个人如何沿着一种直觉往另一种直觉前进,也许就可以把这个问题搞清楚。

(c)推导

纳斯眼中的思维运动过程与推导是一个意思。而且在这方面,他将逻辑推导方向弄得很精确,比如,从"大我实现!"和"为了一切生物的大我实现!",我们就可以沿着三段论的系统推导出"多样性!"、"复杂性!"。这不是指历史推导,例如"这些范畴从时间上看是从哪里来的?";也不是指目的推导,例如"这些范畴为何对我们有用?"(即使这些问题可以在生态智慧 T 的范围内获得解决)其意是说,它是纯粹的逻辑推导。

纳斯希望表明我们如何能够通过将一切行动和信念往回联系到那些对我们来说最基础的东西,通过从大我实现起步,来证明它们的合理性。他用的逻辑的确既严格又纯粹,但核心的陈述依然极为直觉化、极为捉摸不透。

这个世界从格式塔视角看来是如何存在的？我们为什么要使用关系域(relational field)范畴？巴鲁赫·斯宾诺莎,纳斯的灵感源头之一,对这些问题有一个至今仍值得我们回味的回答：

> 我不知道各个部分是如何真实联系起来的,每一部分是怎样与整体一致的,因为要知道这一点,我们就必须认识整个自然及其所有部分……我所谓部分相联系,无非是指一部分的规律或本性与另一部分的规律或本性相适应,以致它们很少可能产生对立。[15]

这给了我们如何接纳更多格式塔关系的提示。看一看顺一个方向一道流动的物体。从中我们可以看到富于启发性的整体(这涉及到打破一些已被我们当做我们的文化的一部分而予以接受的非自然的对立)。

于是我们集中精力到每一个被发现的关系中去寻找更大的结构的映像。如此一来,我们的整体观就会在我们完成的每一件单独的事情中获得提示。我们不要相信更多的信息会使它更清楚。所需要的是思维的重新定向,通过识别特定的、简单的事物与其他事物的明确的关系,来领会从这些特定的、简单的事物中可以学到的东西。其中伴随着一个学会与其他事物感同身受的过程。

(d)认同

借助于经验的运动过程是通过认同即挪威语的"*identifisering*"表现出来的。这也是一个主动态的术语：可以视之为"正在趋于一致"(identiting)。我们发现,自然的子集就是我们自己的子集。我们不能独立于它们而存在。如果我们打算这么做,我们的大我实现就会受阻。因此,如果我们要完美存在,我们就不能破坏它们。

这变成了生态思维在特殊环境冲突中的最有力的运用的支点。我们必须将生态系统和其他物种的生死攸关的需要(vital needs),视为我们自己的需要:因此就没有了利益冲突。它是促进一个人自身的实现和生命完美的工具。《卡拉马佐夫兄弟》(The Brothers Karamazov)中的一位聪明的老僧侣也认识到了这一点:

> 爱上帝的一切造物,整体以及其中的每一个沙粒。爱每一片树叶,每一束上帝之光。爱动物,爱植物,爱万物。若爱万物,尔当知神性之秘。若知神性,尔当悟之日深……一切都似汪洋,一切都在奔腾翻卷,须臾直达天际。不要说:"罪孽难消,恶行难消,邪恶的环境难消,我们孤立无助……孩子们,飞离这种愁苦!"[16]

所以,如果我们前进得足够远,"环境"这个概念就变得无必要了。此意义上的认同就是对爱的最宽泛的阐释。在爱中,一个人失去了他的一部分认同,却获得了更大的认同,这种认同在最真实的意义上是不可言说之物。因此同时,我们并不打算使万物都成为我们自己的子集,并视我们自己为不存在之物。我们能够认同自然中的这些子集,恰恰是因为它们和我们拥有同等的地位,它们拥有一定的与我们和我们的价值判定无关的独立性。纳斯称此为"*naturens egenverdi*",即自然的内在价值。

(e)内在价值

把"*egenverdi*"翻译为"内在价值",使得该词听起来多少有些不自然:它是"自有的价值"的意思,是价值本身。许多生态哲学家在这个概念上都遇到了难题,[17]尤其是根据一些关于我们自身以及自然与大我的关系等问题的已有说法进行思考时。那么,何物独立于我们而真实存在? 价值与其说是独立于我们,还不如说是独立于我们的价值判断——如果它具有物质的或审美的性质。自然中的格式塔实体本身就是值得尊敬的,很简单,因为它们在我们之内、靠近我们,就像朋友一样——我们永远也不要仅仅把它们用做达到别的什么东西的手段。这么做是肤浅的,只看到了表面的相互作用。自然的自有性、内在性、"*egenskap*"(即自有的形状、特性)和朋友一样,直觉一看就明白,但你很容易在日常的交往中忘记这种关系。这么做,时间一长我们就会丢掉朋友。同样的情况也可能在自然身上发生。

(f)深度

维特根斯坦(Wittgenstein)指出,日常思维就像在水面上游泳一样——比潜入深处容易太多了。[18]这个大致的隐喻同样适合于描述处理生态冲突的方法。

哲学家的工作就是深入第一眼看起来简单明了的问题和情境,把根源挖出来,以揭示其中的结构和联系,使之清晰可见,就像问题第一眼看起来那样简单。这就是哲学上的生态学为什么会是一种深层生态学的原因所在。纳斯在20世纪70年代初引入了这个术语，并且自此以后，作为一个 T₀ 术语，它顺理成章地被拿来意指许多事物（往许多不同的方向精确化）：从一种有着更大视野的生态学（比如"人类生态学"），到一种激进的、试图一举破坏"制度"（system）的最深层根源的抗议形式。

纳斯曾对自己最初的意图做过简短说明［在本书第一章和"浅层和深层、长期生态运动"一文（Naess，1973）中］。深度仅仅适用于描述你在搜寻问题根源时所看到的距离，以及拒绝忽视那种也许会揭示出未知的巨大危险的难解迹象的程度。你绝不应该仅仅为了使对策简单、易于被人接受而限制问题的范围。这将无法触及核心。你不仅要思考我们这个物种，而且要思考地球本身的生命。这个星球非我们可比，比孤立状态下的我们自己这个物种更为基础、更为根本。

被用来指没有采取这样一种宽广视野的方法和对策的"浅层"一词，不幸有了一种坏的名声。而像"狭隘"、"有限"之类的词语也好不到哪里去。但有人争辩说，在现实世界中，我们能够拿出的一切对策，也许都只能归入此类。在某种意义上，一切真正深层的变革的幅度太大，我们能够提出的一切兴许只能是一连串短期的、有限的对策。但我们不应丢掉洞悉我们的直接信念与一切遥远目标之间的纽带的眼光。应该把这些特殊的对策与我们潜在的直觉以及从这种直觉中生发出来的理解联系起来。

用一些例子，应该可以讲清楚特殊的对策如何能够从深层生态学角度提出来：

（1）一场暴风雨造成奥斯陆周边森林中的树纷纷折倒，阻断了一条好走的爬山道路。人类中心主义（anthropocentric）的对策之一,可能会是清除掉所有的树,使森林看起来"干净""整齐"。深层的对策则是:清除的做法只是考虑到了爬山本身所需,我们还要认识到,砍倒太多的树也许会危及其他本来可以从树的折倒中获得更好生机的物种的生境(habitats)。

(2)一团森林大火正在一座受欢迎的国家公园里燃烧,将游客置于危险境地。应该把这团肆虐的大火扑灭,还是让它燃烧下去?大火是森林健康生存的自然因素。它们因此有时是必要的。在胡乱扑灭之前应三思而后行。

(3)建造一座水电站之前,人们通常会评估堤坝和湖水的使用寿命。多久它会被淤泥填满,会无法使用?按照行业标准,合适的寿命大概是30年。在这段有限的时期内它也许有用,但这替代不了长期思维和规划。

(4)在一个严重缺水地区规划一项灌溉工程,你应该视之为一个帮助土壤和土地本身的过程,而不只是帮助人提高生产力。处于危险之中的是土壤的健康,人只能在给予地球以应有的尊敬的情况下来利用它。[19]

(5)艾于兰河谷(Aurlandsdalen)是从哈当厄尔高原(Hardangervidda)延伸到挪威西部松恩峡湾(Sognefjord)的一段最美丽的河谷。该流域建了很多水电站,这还只是计划中的一部分,但大多数设施都建在地下,电缆的铺设也没有穿越河谷。于是峡谷本身看起来仍然完好如初。这让一些人十分满意——但那些还记得往日里飞流直下的瀑布的人,发现他们对河谷的格式塔式理解已经被打乱了。水量如今仅仅如一条小溪,恍如旧日如虹气势留下的影子。瀑布的伟岸形象已残破不堪。

人们的思路很难赶得上深层生态学对策的令人信服的例子，因为生态智慧T中的术语离规划者所习惯使用的语言非常遥远。正如纳斯所述（本书第三章），系统金字塔的中间部位是空的——没有人花过时间去精心阐述生态智慧的基本原则与多姿多彩的现实世界的细节之间的联系。这是一件憾事，因为，如果有一天有人要检验生态哲学的价值，这就是其一。因此这是一个有太多工作可做的领域！

并且，在生态智慧的这种运用中，我们有望保持某种形式的乐观主义，尽管负面信息每日里都在漫天飞舞。哲学源于惊奇，这种惊奇中的喜悦即使在条件显得异常恶劣之时也不能失去。因此，应该把惊奇导向问题本身，从实质上看透它们。

正是用这种方法思考事物的这种能力，可以成为哲学家们对我们这个"绝望的时代"所做的贡献。当纳斯在一家荷兰电视上被问到知识分子在我们的现时代应有何种社会责任时，他回答说：

> 我认为，知识分子应该遵照一种更为斯宾诺莎化的方式来看待他们的知识，并且培育出……一种爱他们已有深刻理解的东西的态度，同时用一种极为宽广的视野来思考它。而且知识分子在这么做时，应该避免犯下变得多愁善感、盲目狂热的不可饶恕的错误。[20]

这是一项从哲学上判断一个人的观点是否合理的任务，哪怕这些观点仅仅是直觉，或者仅仅是带有情绪性的观点。纳斯会说，此类观点是客观现实的不可分割的一部分，并因此在生态争议中值得我们认真考虑。在一切生态冲突的场合,或者我们拿出我们关于自然的观点的场合,我们都应该有能力用一种类似于客观的、统计学事实的方式把这些情感融为一体:

> 作为行动中的个人,我采取了一种立场,我暗中作出了许许多多的假设,并且用我学到的关于一体化(integrity)的斯宾诺莎式的知识——首要的事情是成为一个一体化的个人——我现在尝试着禁绝所有这些怪异行为。我邀请你也这么做。[21]

随着有更多的人学会这么做,我们手中握有的就不会是某种浅层的东西,而是对同一个核心问题的多个阐释。面对生态智慧T的系统,我们应该花时间去接受改变。

另一方面,一个人在不改变他的生活方式、行为方式的情况下,也能够夸夸其谈、言辞凿凿。这是一个伪善的年代。想是一回事,做是另一回事。纳斯对此类"一体化"也有进一步的评论:

> 人们可以被称为"矛盾包"。描绘此类"包"不是我的工作。事实上,关于极为严实地一体化的特征还有许多话要说。没空去搭理那些言行不一、任性妄为、玩世不恭的人……[22]

4. 深层生态学的定位

展示完纳斯如何运用与生态智慧 T 有关的基本词汇之后,现在去比较一下这种生态智慧与其他环境哲学在提出实际建议方面、在得出全面观点的方法方面的异同,将很有益处。在此过程中,将出现很多种对"深层生态学"本来特性的阐释,其中一些还可以被称为误读。在 T_0 层次上说话总会有这个危险,所谓拔出萝卜带出泥,它们很容易就可以往不同的方向被人加以解释。但这些解释,有些和你头脑中想到的差之千里!在本部分,我们将审视环境哲学的分类方法,并尝试扫除一些有关深层生态学概念解读的基本错误。一个共性的问题是,运动和哲学之间的区别并未获得认识。哲学有可能是运动的一种鼓舞力量、一种支撑力量,但没人说它能够取代各种类型的实际行动。

在奥赖尔登(O'Riordan)《环保主义》(*Environmentalism*)一书中,我们可以找到一个有用的图表,它显示了一种类似于浅层/深层大纲的架构。[23]奥赖尔登对比了生态学的环保主义与技术性的环保主义,或者说生态中心主义(ecocentrism)与技术中心主义(technocentrism)。奥赖尔登进一步阐释所采用的次分类是十分重要的,因为它们正好说明了原始术语的易变性(参看第 26 页表格)。

基本的区别是准确的,但深层生态学与自立自足(Self-reliance)技术之间的分别却表现出了一种常见的误读——缩小了深层生态学的范围,使之远离了对人和社区(community)[①]的现实关切,似乎它仅仅是对动物和物种权利的一种讨论。奥赖尔登的深层生态学一栏所列举的要点,应该被视为一种旨在为开发更合适的技术和管理方法的特殊工作提供支撑的世界概念基础,而不是某种更激进、更极端的东西。

"生态中心主义"总的含义接近于、相当于纳斯用"深层生态学"所指的意思:以生态圈(ecosphere)为中心。试比较一下奥赖尔登的"生态法则统领人类道德"(ecological laws dictate human morality)的说法与纳斯更富于摸索性、情感性、倾听性的寻找自然中的行动指南的方式:

> 有一种深层的对自然说"yes"处于我的哲学的中心。我们对什么说"yes"?很难发现出来——有一种深层的无条件性,但同时又有一种悔恨、悲伤、不快……自然并不野蛮,但从人的观点看来,我们的确又看到了野蛮性——就像我们从阳光中看出黄色一样,就像我们从这扇窗户望出去看到摄人心魄的层峦叠翠一样。[24]

而奥赖尔登接下来的话是说:深层生态学的部分内容是"生物权利(biorights):独一无二的原始景观的权利"。若纳斯回答,他的答案也许是:不是"独一无二",不是"权利",而是首先想到景观,

---

① "Community"在社会学、政治学上通译为"社区""共同体",但在生态学中通译为"群落"。本书将视当时语境而定译法。——译者注

在人类需要之前就想到,然后再去发明技术,再去管理,而且这些技术、管理,都要立足于地点和自然的基础性。

你应该能够在深层生态学中看到大片的乐观色彩,只要你想把它用做一个建设性的概念——不能把它纯粹视为某条线性坐标上一种特别极端或者悲观的立场。只有对分类作了如此一种修正,奥赖尔登的第一个并且是最精确的对深层生态学的概括才有可能:"自然界对于人之人性具有内在的重要性。"

但是,仍然有许多人忽视了这一核心内容,并且往不同的方向扭曲了这一术语。20世纪70年代在美国进行的一项环境态度民意调查,就将其视为有待迈出的特别漫长的一步:

> ……深层生态学是一种比大多数替代性技术的支持者所采取的立场还要激进得多的立场,就像它所做的那样,它包括:反对经济增长、反对支撑西方科学的系列前提、使人类社会从属于自然过程,是一种宣扬人类与非人类自然之间有一种玄妙的认同的教义。[25]

通过使用诸如"从属于""教义"等词,这种负面、静态形象令深层生态学变成了某种十分不现实、不开通、非建设性的东西。相反,我们应该将深层生态运动视为一种与自然(不是非人之物,而是人的扩展)相认同的努力。我们不要从属于而要融入自然过程。经济增长鉴于其自身原因也许要反对,但我们反对的不是重新按照更加生态化的方式定义的增长或进步。

生态中心主义与技术中心主义

环保主义			
生态中心主义		技术中心主义	
深层生态学者	自立自足的软技术专家 (Soft technologists)	环境管理者	丰饶论者 (Cornucopians)
自然界对于人之人性具有内在的重要性 生态(和其他自然的)法则统领人类道德 生物权利——濒危物种或者独一无二的未受烦扰的景观的权利	(1)强调规模小,并因此强调居住、工作和休闲中的共同体认同 (2)通过个人和共同体的进步过程把工作和休闲概念一体融合起来 (3)参与共同体事务的重要性,以及保证少数人权益的重要性。参与既被视为一个继续教育的过程,也被视为一份政治责任	(1)相信经济增长和资源开采可以继续下去。它假设: (a)适度进行税收、规费等方面的经济调整 (b)完善法律权力以满足环境质量的最低要求 (c)令那些经历过有害的环境和/或社会影响的人满意的补偿措施 (2)接受新的项目评估安排以及技术与决策审查安排,以允许更广泛地讨论或者真正地寻求到不同利益政党的代表群体的共识。	(1)相信人总是可以找到办法摆脱困境,不管它是政治的、科学的,还是技术的 (2)认为增长优先目标限定了项目评估和政策形成的合理性的范围 (3)对人改善全世界人民的命运的能力持乐观态度 (4)坚信科技专业知识为有关经济增长、公共卫生和安全的建议提供了根本的基础 (5)对扩大项目评估、政策审查中的参与基础以及拖延本已旷日持久的讨论的企图持怀疑态度 (6)相信只要有毅力、独创性和源自经济增长的充足资源,一切困难均可战胜
(4)对现代大规模技术及其对精英分子的专业知识的相关要求,对中央国家当局及其天生反民主的制度和机构,缺乏信心 (5)暗示物质主义(materialism)本来就是错的,并且经济增长能够调整到与满足那些处于生存线以下的人的基本需要相匹配			

资料来源:O'Riordan 1981。

如果把深层生态学视为现实工作的基础，而不是一种伦理法典，上面概括的非现实性就可以避免。但同一个理想主义的外表却让莱斯特·麦尔柏(Lester Milbrath)把深层生态学者描写成一个特别无力的群体：

> "深层生态学者"在情感上和哲学上沉湎于自然当中，而不是积极涉足政治和政治改革。他们中许多人生活在反文化的共同体当中，与自然很接近，当他们与自然互动以满足他们的生活需要时，他们会将对生态圈的干扰降到最低。就此而言，他们既激进，又保守。尽管我们的社会最终会从这些人生活于新的共同体里的经验中学到重要的一课，但他们并没有构成一股变革目前的社会的强大力量。[26]

反思一下这个概括，我们应该第一时间指出，情感和哲学上的沉湎与政治上的涉足并不排斥。相反，应该把它看成实现真正的长期变革的第一步。告别头脑当中或者生活方式当中的制度，决不应被视为与这些短期变革工作背道而驰，用这种方式去解读深层和浅层的区别会出错误。轻易实现的事物，往往经不起长久——浅层生态对策正是如此。

但是，当麦尔柏称"深层生态学"既激进又保守时，他显然对深层生态学这一特性的长处有了深刻理解。这暗示本书第六章所讨论的绿色政治有一种潜在的力量，这也应该可以消除这样的看法，即深层生态学是某种全然非政治的东西。

甚至华盛顿一些相当保守的说客也开始对这一运动深表担忧:

> 在被人称作"深层生态学"的环境运动中,出现了一种走向新的革命潮流的趋势……这个强大的派别不仅仅满足于谋求环境保护,而且试图培育一种自由主义的、几乎是反文化的世界观……今天的环保主义者不纯粹是为了清洁、安全的环境,而是要谋求实现某种含糊的政治目标,其要义是通过阻止我们所知的能源生产来实现这种图谋。[27]

这与麦尔柏对深层生态学无关宏旨的看法差之千里!所以才有一些组织害怕深层生态学有可能具有革命性质。那些强烈不赞同深层生态学原理的人有所关切不是一件坏事情,但担心和害怕却是一种错误反应。应该花很大的心思去与那些不赞同者沟通——而且要从左右两边同时进行。深层生态学内部的任何日程,切莫忘了与反对者相沟通的任务,要在行动中、在著作中、在言谈中去沟通,要像甘地那样不厌其烦地强调再强调(本书第六章)。

有了这种想法,就可能出现一种天马行空地夸大全新理解自然的好处的危险,尤其是当你还没做好拿出这种理解的准备,而只是喊出你对它的需要时:

> 深层生态学正在崛起为一种在个人、社区和一切自然物之间发展出新的平衡、新的和谐关系的途径。它有

可能满足我们的深层渴望:对我们最基本的直觉的信任和坚持,采取直接行动的勇气,与通过运动所发现的感觉上的和谐共舞的愉快信心,与我们自己的身体的节奏、流水的节奏以及地球上的生命全过程的愉快共振。[28]

你应当提防对深层生态学寄予太多的期望。尽管此处描绘的图景让我们着迷,但如果没有人花时间跳出这些 T_0 表达式,那就很危险:许多潜在的支持者就会转身离去。花里胡哨的用词也可能有危险。这就是纳斯为什么避免使用过于夸张的风格的原因。

但他依然鼓励那些意见冲突而又拥有沟通手段的人继续走他们自己的道路,同时坚持这一信条:"手段简朴、目的丰富"。

我们不能说所有这些解读都是错误的,但它们多少有点还没理解深层生态学就已经先入为主,从而未能讲清楚它的潜在的意义。它们也是 T_0 表达式,当然也是摘自篇幅大得多的作品,因而脱离了它的具体语境。给事物贴上标签是一件最容易的事情,但要跳出"浅层"和"深层"这样的言简意赅的形容词则会很难很难。上面所有这些"解读"例子都告诉我们,精确化有可能缩小一个范畴的意义,并由于使用了有限的信息而使之歪曲。本书的副标题是"生态智慧纲要"。它在许多方面都只是一份草图。但作为读者,填补漏洞使误读尽可能少地发生,恰恰是我们的任务。

但要使深层生态学成为一个可行的、富于创造性的哲学研究领域,我们还应该提供更多如何往下走的行动指南。有人让自己仅限于把它描绘成某种类型的道德和伦理扩展,以涵盖动物、植物、生态系统甚或整个自然界。这是一个"本体论"的问题,而不是伦理问题",纳斯写到(本书第二章)——对我们如何感知和建构我们的世界的重新审视。澳大利亚哲学家沃里克·福克斯(Warwick Fox)在最近的文章中对这点做了很好的呼应,[29]他也坚持本体论的路径,而反对有人最近对深层生态哲学的批评[30],后者把一切深层生态学文献均斥为"前后矛盾的垃圾"。

将所有的东西解读为"垃圾",这种情况只有在你将注意力过分集中于重新审读深层生态哲学的大纲式表述上,而不是基于你自己的经验把它们用做解读的建议时才会发生。福克斯的结论——这一结论在许多生态哲学家的著作中找到了支持——是:你应该绕开"环境价值论",也就是说,不要在自然中寻找价值。你应该努力往纳斯在本书中提出的认同和大我实现的方向,去改变你感知你自己和这个世界的整个方式。福克斯总结说:

> 描绘和呈现深层生态学的适当的话语框架,不是从根本上考察非人类世界的价值,而是从根本上考察自然以及自我的可能性,或者,我们应该说,考察我们是谁、能够变成谁、在更大的事物范围内**应该**变成谁的问题。[31]

"**应该**"一词(黑体字由引者所加)暗示价值问题依然存在。而且,也许不是地球的价值,而是为了地球,才引起人类去选择。但我们能够着手作出这种选择的唯一方式,是深入到我们自己的经验内部——但绝不要头脑中首先只有我们自己的利益。

关于我们所选择的(或者被迫选择的)与环境互动、建设环境的方式的概述可谓汗牛充栋。[32]在此类讨论中,有多种多样的趋势和方向事实上被搞模糊了。人是自然的一部分吗？人受自然的限制吗？或者，我们是可以自由随意地建构自然，还是可以通过既包含观察者"建构他的现实"也包含"事物将它们自身显现出来"的各种各样的现象学路径而进入自然本身？

在最后面这种二元的路径中，有些东西和纳斯所提倡的路径比较接近。本书提出这一路径（也许还是最难的路径）的章节是第二章，它讨论了格式塔视角，尤其是具体内容(concrete contents)这一范畴——亦即我们在事物中感觉到的一切特性多多少少存在于事物本身的一致性(identity)当中。

具体内容法对于环保主义来说的优势在于，它能表明我们能够在自然中、同自然一起学会感觉到的同一感(feelings of oneness)的确存在于自然当中，并且和一切可计量的、可以纳入成本-收益分析的环境一样真实。

至于我们如何才能够重新定位我们自己，纳斯让我们走向参与式理解(participatory understanding)：

> 我对伦理和道德并无太多兴趣。我感兴趣的是我们如何体验这个世界……如果深层生态学要深入下去，它就必须联系上我们的基础信念，而不只是伦理学。伦理学肇始于我们如何体验这个世界。如果你能够把你的体验明确表达出来，它可能就是一种哲学或一种宗教。[33]

但问题是，我们该如何体验世界呢？接下来，我们该如何明确地把它表达出来呢？有没有扩大了的视野的例子？它看起来、感觉起来、品味起来、闻起来、听起来像什么呢？若我们正在接近它，我们是怎么知道的呢？

这些问题依然存在。本书提出了一种往前走的方法。它源于直觉，并将终于直觉。但这些直觉是你们的直觉，而不只是作者的。理论系统起步并终结于直接之物。

大卫·罗森伯格
1986 年 9 月 16 日于奥斯陆

注释：

[1] Arne Naess, "How my philosophy seemed to develop," *Philosophers on their Own Work*, Vol. 10 (New York: Peter Lang, 1982), p. 270.

[2] 参看本书第七章纳斯对自我的成长和扩展过程的看法。

[3] Arne Naess, "Modesty and the conquest of mountains," in Michael Tobias, ed., *The Mountain Spirit* (New York: Overlook Press, 1979), pp. 13-16.

[4] A. R. Ammons, "Essay on poetics," *Selected Longer Poems* (New York: w. w. Norton, 1980), p. 50.

[5] 对纳斯语义学研究的较好的概述，可参看：I. Gullvåg, "Depth of intention", *Inquiry* 26, 1973, p. 33. 也可参看纳斯本人为普通公众所做的介绍：*Communication and Argument* (Oslo: Universitetsforlaget, 1966)。

[6] 引自："Is it painful to think? A discussion with Arne Naess," in Peter Reed and David Rothenberg, ed., *Wisdom and the Open Air* (University of Oslo: Council for Environmental Studies, 1987)。

[7] 在用挪威语表达纳斯规范系统的概念的过程中，动词"*presisere*"是一个关键术语——"精确"的主动态的动词形式，是一个精确化的过程。遗憾的是，我们必须把它翻译成笨拙的英语单词"使之精确化"(to precisise)。

[8] 关于格式塔知觉研究的理论思想成果，可参看沃尔夫冈·柯勒(Wolgang

Kohler)的著作[《格式塔心理学与价值在事实域中的位置》(*Gestalt Psychology and The Place of Values in a World of Fact*)],以及库尔特·勒温(Kurt Lewin)的[《拓扑心理学》(*Topological Psychology*)]。最近,保罗·古德曼(Paul Goodman)和弗雷德里克·波尔斯(Frederick Perls)在《格式塔疗法》(*Gestalt Therapy*)一书中将最初的思想运用到了他们的实际工作当中。

[9]参看:Arne Naess, "Reflections about total views," *Philosophy and Phenomenological Research*, 25, 1964, 16-29.

[10]参看:Arthur Lovejoy, "Nature as aesthetic norm," *Modern Language Notes*, 42, 1927, 445-51,以及:Jens Allwood, "Language, beliefs, and concepts" in *Natural Resources in a Cultural Perspective*, Swedish Research Council, 1979。

[11]在挪威语中,把"自然"一词用做一个对象、一件可以享受或体验的事物是很常见的。我们可以说:"看那优美的自然!"这种用法在英语中很少见,但在挪威语中则可以。

[12]同注释[6]。

[13]Fyodor Dostoyevsky, *The Brothers Karamazov* (New York: Random House, 1950), p. 363.

[14]同注释[6]。

[15]引自:Letter xxxii, *The Correspondence of Spinoza*, ed. A. Wolf (New York: Russell and Russell, 1966), p. 209. 中文译文见《斯宾诺莎书信集》,洪汉鼎译,商务印书馆1996年版,第142—143页。

[16]同注释[13],pp. 382-383.

[17]例如,可参看:J. Baird Callicott, "Intrinsic value, quantum theory and environmental ethics," *Environmental Ethics* 7, No. 3, 1985, 257-276.

[18]由作者归纳。

[19]在实际的土地利用政策规划中运用的深层生态学思维,可以在瑞典水文学家马林·福尔肯马克(Malin Falkenmark)的著作中找到。比如,可参看:Malin Falkenmark and Gunnar Lind, *Water for a Starving World* (Boulder, Col.: Westview Press, 1976)。

[20]引自纳斯和 A. J. 艾尔(A. J. Ayer)之间的一场争论:"The glass is on the table: an empiricist vs. a total view", in Fons Elders, ed. , *Reflexive Water: the Basic Concerns of Mankind* (London)。

[21]同上,p. 58.

[22]作者与纳斯 1986 年 8 月的私人通信。

[23]T. O'Riordan, *Environmentalism* (London: Pion 1981), p. 376.

[24]同注释[6]。

[25]Robert Cameron Mitchell, "How soft, deep, or left? Present constituencies in the environmental movement for certain world views," *Natural Resources Journal*, 20, 1980, 348-349.

[26]Lester Milbrath, *Environmentalists: Vanguard for a New Society* (Albany: State University of New York Press), 1984, pp. 25-26.

[27]T. M. Peckinpaugh, "The specter of environmentalism: the threat of environmental groups," (Washington, DC: Republican Study Committee, 1982), p. 3.

[28] Bill Devall and George Sessions, *Deep Ecology: Living as if Nature Mattered* (Salt Lake City: Peregrine Smith Books, 1985), p. 7.

[29] Warwick Fox, "Approaching deep ecology: a response to Richard Sylvan's critique of deep ecology," Hobart: University of Tasmania Environmental Studies Occasional Paper 20, 1986.

[30]Richard Sylvan,"A critique of deep ecology," Canberra, Australian National University Discussion Papers in Environmental Philosophy, no. 12, 1985.

[31]Fox(1986), p. 85.

[32] David Pepper, *The Roots of Modern Environmentalism* (London: Croom Helm, 1984), p. 124.

[33]Fox(1986),p. 46.

第一章 环境危机与深层生态运动

1. 事态的严重性

人类是地球上第一个能自觉控制自己的数量并与其他生命形态保持长期的、动态的平衡的智慧物种。人类能够感知并关心他们周边事物的多样性。我们的生物学遗传让我们能够欣喜地看待这种复杂精细的、活生生的多样性。这种欣喜的能力还可以进一步完善，促使我们与当下的周边事物开展创造性的互动。

一种首先带有技术—工业性质的全球文化，如今正在侵蚀世界上的一切环境，玷污后代人的生活条件。我们——此种文化的有责任的参与者——虽然迟缓但也的确已开始拷问，我们是不是真的认可我们过去选择的这种独一无二、冷酷无情的角色呢？我们的回答几乎众口一词是否定的。

人类历史上第一次，我们敢于直面一种强加给我们的选择，而它之所以能强加，是因为我们已被我们对物和人的生产所持的懒惰慵懒的态度所把持。我们会用一丁点儿自律和合理的规划去维护和发展地球生命的丰富性，还是会一步步浪费掉我们的机会，任由发展受盲目的力量所摆布？

是什么造成事态如此严峻？大致说来就是：呈指数加剧，且局部或总体上不可逆转的环境退化和破坏趋势,是由根深蒂固的生产和消费方式以及正确的人口增长政策的缺乏一步步保持下来的。

"退化"(deterioration)和"破坏"(devastation)在此被理解为一种趋向于坏的变化,一种价值的下降。其中预设了一种伦理理论,一种让人可以将变化判定为消极变化的理论系统。化学、物理学和生态科学只承认变化,不承认价值上的变化。但你我大概会同意说,一条河流或一片海洋的生命条件出现排斥大多数生命形态的变化,就会构成一种价值的退化。我们的评价性思维会主张说,它将构成一种多样性的破坏。生态科学无力公开谴责雨林土壤流失这类过程,这意味着我们需要改弦更张,令它担当的不可推卸的角色不仅包括宣布"事实",还要宣告"价值"。

我们需要的社会和共同体类型是这样的:在其中,你会因均衡的价值创造局面而欣喜,而不因价值中性式增长的荣耀而欢欣;在其中,最重要的是与其他生物相共存,而不是掠夺或杀戮它们。

促使我们如此这般讨论环境危机的原因,是由于人类拥有未实现的潜力去体悟各式各样的在自然中的体验、对自然的体验:危机有助于或者能够有助于开启我们的头脑,让我们找到有意义的生活的源头——它在我们努力适应城市化的、技术工业的宏大社会的过程中,基本上被轻视或无视了。

设想不经过政治上的激烈交锋和经济上对工业国家所追求目标的深刻变革就可以为大多数人实现改进,可能是不明智的。价值优先顺序(Value priorities)在社会和经济方面是锚定的,而这些顺序的改变也总是与广袤无边的、动态的总体中的其他改变不断交织在一起。

设想任何一个群体都有充分的智慧看清并掌控技术经济制度,也是很危险的。危机的深重,部分就源于它的大体上失控的性质:发展以一种加速的步伐往前推进,即便没有任何一个群体、阶级,或任何一个自然,必然会决定、计划或接受下一步。一看内置的机械就知道速度降不下来。我们自认为是我们之奴隶的齿轮,恰恰把我们卷进了机器。

抵达新的进步目标需要更深入地探究这部机器,这不仅要深入到权力精英的内部,而且要深入到一般民众的内部。后者应该尽可能地既参与新目标的构思,也参与有关抵达这些目标的路径的建议。

2. 生产与消费:意识形态与实践

在一切严肃的场合,进步总是通过能源消费与物质对象的获取和积累的速度来衡量的。那些看起来改善"好生活"的物质必备条件的东西,其优先顺序是在不问生活是否体验为好的情况下给定的。但口味才是布丁的真谛,越来越多生活在所谓丰裕社会(affluent societies)里的人发现,这个社会的滋味不值一提。"我有钱",作为一种体验,大体上(但也并非完全)是与通常的好生活必备条件无关的。高的生活质量——是有关;高的生活水平——也许是,也许不是。

政客们和能源专家们谈起呈指数增长的能源需要,就好像它

第一章　环境危机与深层生态运动

们是人的需要,而不仅仅是市场需求(demands)。物质生活水平和生活质量,对于一切意图和目的来说,都被认为是同一个东西。这造成物质需求呈指数化膨胀。认识到这一点是很重要的,即百分比增长是一种指数化的增长,一年增长1%或2%,会在每一年的时光里除了无数积累起来的变化之外,还带来渐增的社会和技术变化。

生产和消费意识形态的深层根源可以在一切现存的工业国家里找到,但也许在富裕的西方国家最清晰。大量可获得的经济生活内部的心智(mental)能量,被用于创造新的所谓的需要,怂恿新的客户增加他们的物质消费。如果不这样,经济危机和失业马上就会降临到我们头上,据说是如此。

由人造速度和人造"现代"生活所引起的不满和不安,在被写入资产负债表时写者通常会眼皮子都不抬一下。生产和消费意识形态的变化,若无经济机器的大变化就是不可能的。当前,这部机器似乎需要且产生了一种扭曲的生活态度。在这样一个运转顺畅的制度里,修改价值标准,使之侧重于全方位的经验价值,即生活质量而不是生活水平一方,听起来必定像一个危险的提议。

我们已经"进步"到了这样的程度,即必须把好生活的目标视为威胁。我们被乱糟糟地卷入了这样一种制度,它通过破坏性地增加物质的丰裕度,来确保世界上一小部分人的短期安康(well-being)。特权只为某些地区保留,因为同等增加非洲、亚洲和南美洲的丰裕度本非所愿,且会加速环境末日的来临。

那些描绘环境问题、急切想宣扬他们的解决方案的学者,经常会提到一些恰当表明危机状况的指数曲线。而那些希望宽慰心神不宁的民众的学者,以及那些积极赞同富裕国家经济增长再翻番的学者,则会提到完全不同的曲线[至于例子,可参看朱利安·西蒙(Julian Simon)1984年出版的《富饶的地球》(*The Resourceful Earth*)]:生态上的利益曲线是指数性的,这和新的减污技术的进步曲线一样。有利于环境的立法在20世纪70年代已呈指数增加。所以,真的还有理由继续呼吁新的努力么?好问题值得翻来覆去问:对呼吁作出的积极回应如果正在呈指数增加,难道这也不能成为停止呼吁的依据么?万事大吉,不是么……?

但是,(没有我们的努力)"环境危机有可能被战胜"的说法,属于那种自我否定的类型:站在它一边的人越多,或者更准确地说,认为它为真的人越多,证明它为真的可能性就越小。

(如果你我都不作努力)"100年内,人类将经历一场大灾难",这个说法同样属于自我否定的类型:站在它一边的人越多,为伪的几率就越大。而且在此情况下,这个说法被证明为错本来就是可取的。

我的结论是,还需要有更多的人去呼吁尽速转向。生态学家和其他环境科学家指出,我们依然走在灾难的道路上,但他们并没有拍胸脯预言到底会发生什么。他们的说法以"如果"开始:"如果我们继续按当前的方式生活下去,结果就会如此如此。"

地球上的生活条件危机可以帮助我们选择一条新的道路,用新的标准去衡量进步、效率和理性行动。我们的处境的这种积极面,促使我写了这本《生态,社区与生活方式》。环境危机可以促发一场新的复兴;伴随新的共存的社会形态的,是与文化融为一体的(对自然干涉更少的)更高水平的技术和经济进步,与一种约束更少的生活体验。

3. 我们的生态学知识严重不足；无知的生态政治后果

生态运动仰赖于生态学以及最新的保育生物学研究的成果(Soulé, 1985)。但让很多人大吃一惊的是，科学结论往往却是一些无知的陈述："我们不知道拟议的生态系统干涉会产生什么样的长远后果，所以我们不敢得出任何严谨的结论。"关于新化学制品对哪怕是单独一个小小的生态系统的影响，科学家们也只能作出很少的准确预测。

所谓的生态末日预言是关于一些灾难性的、如果某些新政策不马上投入实施就无法阻止的事态的说法。我们很少甚至根本不知道这类新政策能够发挥作用到什么程度。人类走在灾难的道路上，这一事实并不能得出灾难一定会发生的结论。事态严峻，是因为我们不知道这条路线会不会发生正确的、根本的转变。

政治家们和其他现在还在留意环境科学家言论的人会被科学本身正在宣扬的太多的无知所雷倒！让新的、政治上很难说得过去的政策以无知为基础，这是一种很奇怪的感觉。但我们还不知道后果如何！我们应该推行这样的方案，还是不应该呢？举证的责任居然要去仰赖那些侵蚀环境的人。

为什么举证的责任要仰赖侵蚀者呢？我们所干涉的生态系统一般处于一种特殊的平衡状态，有理由假设它在这种状态下，比在受扰乱状态以及由此导致的不可预测的、影响深远的变化下，能够更好地为人类服务。一般情况下,在一次干涉引发严重的、不好的结果之后,它不可能再回到原初状态。通常只能为一小撮人带来可见的、短视的收获的干涉,具有一种对大多数人或者所有的生命形态有害的秉性。

对生态系统的研究让我们对自己的无知有了自觉。专家们在提醒形势严峻之后,强调他们知识不足,并建议设立可以消除这种知识不足的研究项目。而政治家们的最自然的反应就是打算把事情摆上桌面讨论,或者推迟到有更多可获取信息时再说。例如,一个有可能防止森林灭亡的提议被推迟了,为的是搜集到更多树木死亡原因的信息。似乎,留心生态专业知识的公众和官员都必须习惯于新的正规程序:大胆的、激进的有关保育步骤的建议和呼吁,是由我们知识不足的说法来证明其合理性的。

4. 深层生态运动

"深层生态学"(deep ecology)这个术语是在一篇名叫《浅层和深层的长期生态运动:一个概述》(Naess,1973)的文章中首次提出的。这里重抄一下部分关键段落:

> 生态学家以前身份比较低微,他们的崛起标志着我们科学圈出现了一个转折点。但他们透露的信息被扭曲了,被误用了。一场浅层的但眼前比较强大的运动,以及

一场深层的但影响力稍弱的运动,在竞相引起我们注意。我应该花点力气描述一下它们的特征:

1. 浅层生态运动:

反对污染和资源消耗。中心目标:发达国家人民的健康和丰裕。

2. 深层生态运动:

a. 拒绝"环境中的人"(man-in-environment)的图式,偏爱关系型、"总场域"(total field)的图式。生物体就像是内在关系场域中的结点。A 事物和 B 事物之间的内在关系是这样一种关系,它内含于 A 和 B 的定义和基本构造当中,以至于要是没有这种关系,A 和 B 就不再是它们本身了。总场域模式不仅消解了"环境中的人"的范畴,而且消解了每一个包裹严实的"环境中的物"(thing-in-milieu)的范畴——除非在谈论它们时沟通的水平比较肤浅或者幼稚。

b. 生物圈平等主义(Biospherical egalitarianism)——原则上的。之所以插入"原则上的"这一短语,是因为任何现实性的实践都需要一些杀戮、掠夺和抑制。生态领域的工作者要求对生活方式和生命形态抱有一种深植内心的尊敬,甚至是崇敬。他要从内部去达到一种理解,这是其他人为自己的同类、为一小类狭小的生活方式和生命形态而保留着的理解。对于生态领域的工作者来说,同等的生存与繁荣的权利,是一条一眼就看得明明白白的价值公理。限制它施于人,就是一种对人类本身的生活质量有着不利影响的人类中心主义(anthropocentrism)。这种质量一定程度上依赖于我们从有着另外的生命形态的亲密共生者(partners)那里得到的深层的快乐(pleasure)和满足(satisfaction)。无视我们的依赖性,建构一种主-奴角色,这种企图正是造成人与人本身相异化的罪魁祸首。

到最近的20世纪70年代,要想明确表述一些非常具有概括性的观点,得到在我看来属于深层生态运动支持阵营的人的一致同意,已经是很难了。最终,乔治·塞申斯(George Sessions)和我拟定了8个表达式,用了179个词,外加一些评述(下文)。我们同意称它为一种"深层生态纲领"(deep ecology platform)式的建议。我们希望,那些觉得"浅层"(或"改良")和"深层"之间的区别有用的人,那些在某种程度上认同后者的人,会花心思去拟定他们自己的替代性表达式(例如,参看 Rothenberg, 1987)。任何一类表达式都会染上个人或团体色彩。因此需要百家争鸣。

在具体的环境冲突中,深层生态学的支持者们将倾向于站在同一边,但纲领式的表述不是为了列举具体情境下的共同观点,而是为了表达他们共同拥有的最一般、最基本的观点。这些观点在抽象的意义上并不基本,但在支持者共同拥有的观点中是基本的。

5. 深层生态运动纲领

(1)地球上的人类和非人类生命的繁荣均有其内在的价值。就人类目的而言,非人类生命的价值与它们对人类的狭隘的有用性无关。

(2)生命形态的丰富性和多样性本身就是价值,且有助于地球上的人类和非人类生命的繁荣。

(3)除了满足生死攸关的需要以外,人类无权减少这种丰富性和多样性。

(4)当今人类对非人类世界的干涉过度了,且事态正在急速恶化。

(5)人类生命和文化的繁荣与人口的实质性下降并不矛盾。非人类生命的繁荣需要这样一种人类数量的下降。

(6)使生命条件向好的重大变革,需要政策的变革。此类变革将影响到基本的经济、技术和意识形态结构。

(7)意识形态的变革主要指重视生活质量(栖居在内在价值的状态里),而不是执着于高的生活水平。到那时,人们对大和好(big and great)之间的区别将有更深的认识。

(8)赞成上述观点的人,均有参与落实必要的变革的或直接或间接的义务。

以上8个表达式当然有必要加以进一步澄清和说明。兹作少许补注:

补注(1)：与其用"生物圈"(biosphere)，我们倒不如用"生态圈"(ecosphere)一词来强调我们当然不会将我们的注意力局限于生物学上的狭义的生命形态。这里使用的"生命"一词是广义的、非技术性的，它也指生物学家可能会归于非生命类的事物：河流（流域）、景观(landscape)、文化、生态系统、"活的地球"。诸如"让河流活下去"这样的口号，说明这种广义的用法在许多文化中真的是很普遍的。

补注(2)：所谓的简单的、低级的或者原始的动植物物种，本质上有助于生命的丰富性和多样性。它们拥有本身的价值，并不仅仅是走向所谓的更高级的、理性的生命形态的一个阶段。第二个原理预先假设，生命本身作为进化时间尺度上的一个进程，意味着多样性和丰富性的增进。

为何要谈到多样性和丰富性？我们设想对某个生态系统的干涉达到了这样一个程度，即1000个脊椎动物物种每一个都被减少到了存活的最小值。第2点没有被满足。丰富性，这里用来指有些人所说的"丰裕度"(abundance)，它已经被过分减少了。要维持丰富性，就必须去维持个体的生境和数量（种群的规模）。这里不指任何精确的数字。问题的关键是，即使完整的多样性获得了维护，地球上的生命也有可能受到过分干涉。

上面关于物种所说的话，同样适用于讨论生境和生态系统，它们表现出了很大的相似性，因此把它们包含在内是有意义的。

补注(3)：这个表达式也许语气太过强硬。但是，考虑到有太多的生态上不负责任的人类权利宣言，宣布一条有关人类没有权利去做何事的规范，也许才能令人警醒。

第一章 环境危机与深层生态运动

"生死攸关的需要"一词比较含糊，让人有很大的自由判断余地。气候以及相关因素的差异，以及社会结构的差异（诚如当前所见），需要我们考虑进去。此外，满足需要的手段和需要本身之间的差异也必须考虑在内。如果某个工业国家的一位捕鲸者放弃了捕鲸，他也许在当前的经济形势下会失业。捕鲸对于他来说是一个重要的手段。但在有着高生活水平的富裕国家，捕鲸并不是一种生死攸关的需要。

补注(4)：干涉的现状。关于全球状况的现实评估，请参看国际自然保育联盟（IUCN）的《世界保育方略》（*World Conservation Strategy*, 1980）的未删减版。另外还有几本值得鼎力推荐的作品，比如吉拉德·巴尼（Gerald Barney）的美国《2000年呈总统全球报告》（*Global 2000 Report to President*, 1980）。

一夜之间是无法让物质上富裕的国家的人民把他们对非人类世界的过度干涉减少到适中的水平的。少点干涉的意思，并不是指人类不应该像其他物种那样改变生态系统。人类已经改变了地球并将继续这样做。关键问题是这类干涉的性质和程度。

保护和扩大荒野地区或近荒野地区的斗争应该继续下去，并应该集中精力于这些地球的一般生态功能（功能之一是：大的荒野地区是生物圈允许动物和植物物种继续进化所需的）。当前被指定的荒野地区和禁猎区不够大，不利于大的鸟类和哺乳动物的物种形成。

补注(5)：人口限制。人口的稳定和下降是要花时间的。需要提出一些过渡性的策略。但这决不是当前可以松一口气的借口。我们当前处境的极端严重性必须首先让更多的人知道。但我们等待的时间越长,所需的措施届时就将越严厉。在尚未实现深刻的变革之前,丰富性和多样性的大幅减少是很容易发生的。物种灭绝的速度将比地球历史上任何一段时期都快。

合理的目标也许是,如果当前的亿万人朝着生态负责任的方向从根本上改变他们的行为,非人类生命就会繁荣。表达式 5 的前提是,经济和技术的足够深刻的变革,其概率太小,可以忽略不计。

补注(6):需要有政策的变革。工业国家当前设想和推动的经济增长与表达式 1-5 不相容。

当前的意识形态倾向于为事物定价,因为它们是稀缺的,因为它们有商品或市场价值。大量消费和浪费在大众心目中自有其地位,在许多相关因素中,我们只提这二者就够了。经济增长主要记录可上市价值的增长,而不是一般的价值包括生态的价值的增长。"自我决定"(self-determination)、"地方共同体"(local community)、"全球思考、本地行动"(think globally, act locally)依然会是重要的口号,而深刻变革的实现却越来越需要有跨越每一条边境线意义上的全球行动,尽管它也许会与地方共同体的狭隘利益相违背。借助非政府组织来支持全球行动,变得越来越重要。许多这类组织能够从草根到草根地在本地行动,因而避免了消极的政府干涉。

今日的文化多样性需要有发达的技术,此即推动每一种文化的基础目标实现的技术。所谓的软技术、中间技术、适宜技术,是通往这个方向的几个阶段。

补注(7):一些经济学家批评"生活质量"这一术语,因为它被认为太含糊。但是,进一步考察显示,他们认为含糊的东西,实际上是这个术语的非量化性质。我们无法充分量化对于此处讨论的生活质量来说十分重要的内容,而且也没有必要这样做。

补注(8):包容关于优先顺序的不同看法的空间很大。第一步应该做什么?下一步呢?什么是最紧迫的?相对于什么是最可取的而言,什么又是必要的?这些问题上的观点差异不应该排斥鼎力的合作。

深层生态运动的大多数或者所有的支持者,今天可以从上述试验性地提出的基本观点中得到什么呢?但愿它能使得确立深层生态运动在许多"替代性"运动中的地位更加容易。但愿这不会引起隔阂,而会导致与许多其他替代性运动的更好的合作。它也可能使得我们中有些人对于我们站在何处更清楚,对于哪些争议最好减少、哪些争议最好扩大更清楚。毕竟,正如我们看到的,"多样性"是一条高层级的规范!

6. 深层生态学的主题如何在下文提出

正如从纲领式的表述中能够获知的,深层生态运动触及了当代每一个个人的、经济的、政治的和哲学的重大问题。必须要有选择,而我已经尽力把主题集中于那些在已发表的文本中似乎还不够清晰和详尽的问题。

本书开头三章关注两个不可或缺的要件:思维和现实经验中的评价与情感,以及它们如何造就了一种成熟的、完整的、立足整体观(total view)而采取行动的人格(personality)。深层生态运动的战略和战术仰赖于从这两个必备条件中得到的结果。

第二章一开始是不可回避的术语讨论：生态学、生态哲学(ecophilosophy)、生态智慧(ecosophy)之间的关系是什么？中心的问题是如何让生态学超越一般的科学，如何借助于被人称作生态哲学的研究来寻找智慧，如何努力臻于生态智慧——半由生态科学，半由深层生态运动的活动激发出来的整体观。社会运动不是科学，它的清晰发声，必须处处充满我在本书用语中用感叹号标记出来的价值和价值优先顺序——规范、法则(rule)、律令(imperative)——的宣示。

这引出了一个相当哲学化的主题：承载着价值的、自发性的、情感性的经验领域，是不是与数学物理学不一样，不是现实知识的真正来源？如果我们回答"不是"，那我们描述自然还能有什么结果呢？深层生态运动也许会得益于更加重视自发的经验，更加重视哲学行话中被称作"现象学"的视角。

第三章进一步深入剖析与价值和决策相关的思维。和一切科学的推理一样，价值演绎思维中的论证链条，也是以这样的前提为基础的，即它不是从其他前提得出的结论。这并不意味着终极的、往往是明显的直觉性的伦理判断和其他规范性判断就是"主观的"。

深层生态哲学坚持认为，每一个非终极的论点都必须放到它的终极的基础上去检验：指导成熟个人或负责任群体作决策的这些价值优先顺序。浅层运动的局限性并非源于某种弱的或不道德的哲学，而是由于缺乏对终极目的、目标和规范的明确关切。因

第一章 环境危机与深层生态运动

此,哲学上头脑清醒的深层运动支持者,其相当大部分工作就是去质疑狭隘的功利性决策:它们是如何与终极之物关联到一起的?

此类活动的重要工具之一是规范系统。第三章简要地提及了多种可能的终极价值系统,从而对这一概念进行了说明。"自我实现"作为一个终极规范,是以一种初级的方式提出来的。

接下来的三章哲学色彩没有那么浓,它们追溯了技术(第四章)、经济(第五章)和政治(第六章)广大领域内的哲学问题的影响。

技术进步从来不是纯技术性的:技术变革的价值取决于它对一般意义上的文化而言的价值。在一个比终极的文化目标更小的语境中评价技术变革,会破坏文化本身的存在。"先进"技术是那些推进生命终极目的的技术。合理性是相对的:合理只是在为了达到人类终极目的时才是合理的,不管这个目的是幸福(happiness)还是完美(perfection)。由于技术在达到终极目的上的重要性,我们应该更加严肃地思考技术在我们的社会中的地位,而不是相反。

古典经济学本身是关切大部分人类需要的。其视野既是哲学的也是实践的。现代经济学倾向于缩小视野并用市场上的需求来代替人类需要。生态智慧呼吁重建古典视野,并用文化人类学的真知灼见来补充。领先的工业国家的一项主要工作,就是去帮助发展中国家避免落入"过度发展"的陷阱。除了别的方面之外,这意味着要有一个转变,即衡量一项成功的经济政策的标准,应从平均生活水平转向平均生活质量,尤其是弱势群体的生活质量。生态智慧的反思倾向于支持手段简朴、目的丰富(simplicity of means and richness of ends)的经济理念。

第六章关注深层生态运动的政治维度。运动的热情支持者及其先驱们,比如约翰·缪尔(John Muir),已经步入政治斗争的低迷期。运动是长期的,政治是短期的。自然不是压力团体,政治家只服从压力。"绿色"政党和团体至今还不能指望长久的胜利。但蓝色、红色和绿色"三分天下"的局面在许多国家的政治生活中已然昭然若揭。绿色技术、绿色经济、绿色人口政策、绿色社区生活和绿色和平运动,都已成为支持生命丰富性和多样性的股肱之力。

一些支持者极力贬低绿色生活方式的固有价值(inherent value)或有效性,而另一些人则宣布说我们不能这么做,必须从我们自身开始,改变我们的生活。然而,似乎我们必须承认,阵线很长,支持者们也许会在某一段阵线找到他们的位置——在政治活跃人士、社会改革家当中,或者在那些"厌倦"政治和抛头露面的人当中。

最后一章回到了基本问题,并且染上了我本人的稍显狭隘的生态智慧类型即生态智慧 T(Ecosophy T)的色彩。在这里,历史证据被搜集起来以支持"自然本身有价值"的观点,数个建议被提出来以说明如何去塑造一种与真正尊重自然的态度相协调的世界观。最后,生态智慧 T 的最基本的规范和假设被增补了一个系统性的概论,之后是对深层生态运动未来前景的简短述评。

第二章 从生态学到生态智慧

本章第一部分介绍了阐述一种整体观的基本特点的方法,这种整体观对于所有希望大声表达他们的基本态度并将自己与其他人——尤其是那些看似反对强有力的生态政策的人——区别开来的人也许会有帮助。本部分讨论的是方法论,并不局限于我自己的独特观点,即生态智慧 T。

第二部分着手讨论本体论问题,即"何物存在"的问题。生态哲学思维不谈论现实或世界,却对自然、人与自然的关系谈论个不停。有人还作出尝试,试图捍卫我们的自发的、丰富的、表面上矛盾的自然经验,认为它们并不只是主观印象,它们构成了我们世界的具体内容。和其他所有的本体论一样,这种观点是很成问题的——但对于方兴未艾的环保主义反对当代所谓的科学世界观的近乎垄断的地位,却有着巨大的潜在价值。

1. 生态学、生态哲学、生态智慧等术语

谁看了这三个术语都会问它们的确切定义——但在今日我们被抛进的混乱的术语处境下,不管是描述性的还是说明性的定义都多少有点武断。在本书中,这三个词有三种非常不同的、契合我

们的意图的含义。但是,有着其他意图的其他人也许总有一丝不同意这些明确的含义。

a. 生态学

生态学在今日世界声名显赫:三个领域——生物战争、基因工程、生态学——的生物学研究迅速抢占了"现代人"的未来,它们关涉到我们所有的人。这些领域急切呼唤着评价性的思维:我们想要什么?如何实现?这里所恳求的"我们",是一个有着统一的基本价值观的集体,还是一帮注定会在绵延不绝的对立中因为不可退让的利益之争而冲突不断的乌合之众?

"生态学"这一表达被注入了多种含义。在此,它意指关于相互之间、与其周边有机和无机之物之间交互作用的生物体的生活条件的跨学科科学研究。至于这些周边之物,基本上可以用"milieu"和"environment"这两个术语换着来表示。

进一步的表述并没有额外的启发作用。它很大程度上取决于你对一种特殊的动物物种——现代人——的研究的态度。是否所有的有关人类与一切可能类别的周边之物的关系的研究,都属于生态学呢?很难说。

在下文中,生态科学最重要的方面是这一事实,即它首要关注的是实体之间的关系;这些实体本身为何物,其本质性内容正是这种关系。它们既包括内部的关系,也包括外部的关系。例子如:一只鸟吃一只蚊子,此时它就进入了与这只蚊子之间的一种外部的关系当中,但"吃"是一种它与环境之间的内部关系。(蚊子一开始是在鸟之外的,但它们都处于环境当中)。这种方法能用于很多探究领域——因此走出最初所属的生物学王国的生态学,其主题的

第二章 从生态学到生态智慧

影响力越来越大了。

b. 生态哲学和生态智慧

生态学研究指明了一种可以用"万物共生"(all things hang together)这句简朴的格言来提示的方法和路径。它在哲学问题中已有运用,并与哲学问题交织在一起:人在自然中的地位,以及借助系统和关系型的视野对此做新的解释。

对生态学和哲学所共有的这些问题的研究,可以称之为"生态哲学"。它是一种描述性的研究,譬如说,适合于大学的环境。它并不在基本的价值顺序之间作选择,而只想审视两个研究颇深的学科之间的独特的交叉问题。

但这样的价值顺序对于一切实用的主张来说却很重要。"哲学"一词本身可以意指两个东西:(1)一个研究领域,一种知识方法;(2)某人自有的个人价值符号,一种指导某人自己作决策的世界观(若他从内心里觉得并认为它们是一些正确的决策)。一旦涉及有关我们自己和自然的问题时,我们就把后面这个"哲学"词语的意思称为"生态智慧"(表 2.1)。

表 2.1

	包罗万象	聚焦于与自然的关系
研究领域	哲学	生态哲学
立场、观点	某一种哲学	某一种生态智慧

我们研究生态哲学,但一接近实际状况就会涉及我们自己,因此我们的目的是发展我们自己的生态智慧。在本书中,我提出

了一种生态智慧,武断地称之为生态智慧 T。不指望你同意它的所有价值和推导路径,只希望你学会方法,去提出你自己的理论系统或行动指南,比如,生态智慧 X、Y,或者 Z。说"你自己",并不意味着生态智慧无论如何要是你自己原创的。只要它是一种你感觉熟悉的整体观,知道"你在哲学上属于哪一边",就足够了。在你自己的一生中,它总是变化着的。

"生态智慧"是经济学和生态学二词中的前缀"eco"与哲学一词中的后缀"sophy"合成的。在"哲学"一词中,"-sophy"表示真知灼见或智慧,而"philo-"则表示喜爱。"sophia"不需要有特定的科学主张,这与"logos"的合成词(生物学、人类学、地质学等等)相反。但是,所有的"sophical"真知灼见都应该直接与行动有关。通过行动,某人或某个组织就会用实际事例表现出 Sophia、睿智和智慧——或缺少它们。"Sophia"展示的是熟知与理解,而不是非人格化的或抽象化的结果。彼得·韦塞尔·扎普夫(Peter Wessel Zapffe)[①]的"生物智慧"(biosophy)做的是同一件事情:评价生命,尤其是评价问题重重的"人类条件"(human condition)。更靠谱的"赞同或反对"(*pro aut contra*)的对话法,以及尊重公允的规范的(用挪威语来说,即"saklighet"——与眼前的状况相适合)科学伦理学,都可以用来帮助我们探究我们的存在。

---

① 彼得·韦塞尔·扎普夫是挪威第一位生态哲学家。他在 20 世纪初提出了哲学和人的生物学场所之间的联系。他的核心观点是:人最终是一种悲剧的存在物,因为他已足够了解地球,认识到没有人类出现地球可能更好。他的主要作品《论悲剧》并没有翻译成英文,唯一翻译成英文的作品可见于:Reed and Rothenberg, 1987。——原注

从词源上说,"生态智慧"一词融合了 oikos 和 sophia,即"家庭"和"智慧"。正如在"生态学"一词当中一样,"eco-"比家族、家庭和社区的直接含义要宽泛得多。"地球家庭"更接近这个意思。38 因此,生态智慧变成了一种哲学世界观,或者一种从生态圈里的生命条件获取灵感的理论系统。于是,它应该可以用来作为个人接受本书第一章末尾部分所概述的深层生态学的原则或纲领的哲学基础。

有意识地改变针对生态圈中的生命条件的态度,其前提是我们已将自己与某种在一切决策关键问题上的哲学立场联系在一起。因此,语境化和系统性的思维在整个此类工作中都应获得重视。

但是,持有一种世界观是一回事,试图给它一种系统性的表达又是一回事。哲学上的系统有许多构成要素。逻辑学、一般方法论、认识论、本体论、描述性和规范性的伦理学、科学哲学、政治和社会哲学、普通美学,是其中最广为人知的构成要素。生态智慧 T 是这样谈论这种多样性的:一切紧密相互依存!你将在本书中看到它们全都密不可分。不在方法论、规范哲学等方面设定立场,就不能具体地提出某种形式逻辑。生态智慧眼中的一切社会发展都暗含了某种政治哲学。反过来说,不预先假设形式逻辑,不对用词和沟通因而语言哲学持有立场,你也不能提出某种政治哲学。在一门科学学科中持有态度,意味着在所有其他学科上可能都会持有立场。对前提所做的足够深入的分析表明,任何科学中的立场都以所有哲学学科中持有的态度为前提。"持有"一种世界观或哲学,并不是一种自负。我们也许会强调我们十分十分之无知。如果真有什么东西自负的话,那就是声称自己行为举止像一个完人。如果我们这样说,我想,那也非得承认我们已有某种预设的前提不可,不管这种前提是明言的,还是未明言的。

基本的观点是,作为人,在涉及与能够针对我们自己来追问的一切问题有关的动因和前提时,我们在行动中是有负有责任的。不用说,一种整体观,任何个人或团体都无法把它完全阐述清楚。中世纪教会和辩证唯物主义曾打算这样做,但他们很少取得持久的成功。然而,我们所做的一切多多少少意味着存在这样一种理论系统,不管它们相对于具体的描述是如何的隐晦(Naess,1964)。

本书鼓励读者努力把他或她自己没有明言的观点的必要部分或段落明明白白地阐述出来,希望这样可以搞清楚直面和应对我们生态圈中的生命挑战的艰难历程。

c."生态主义"的危险:视生态学为终极科学

包罗万象的哲学观点多多少少总是从科学中汲取灵感的。在印度哲学中,语法对于帕妮妮(Panini)①来说很重要,而在古希腊哲学中,几何学[对于柏拉图(Plato)来说]和生物学[对于亚里士多德(Aristotle)来说]尤其具有启发性。生态智慧 T 同样是从生态学中汲取灵感的,但它无法从生态学或任何别的科学中推导出来。

一些包罗万象的哲学观点,例如赫伯特·斯宾塞(Herbert Spencer)的社会达尔文主义,是作为某门科学或一门科学中的某

---

① 帕妮妮:公元前 4 世纪印度语法学家。——译者注

个理论的一般化或普遍化而形成的。既有的某门科学内部的概念框架和一般发问方法,于是被当成了普遍的、可用于所有探究领域的。在西方世界,这样一种系统化的程序在毕达哥拉斯(Pythagoras)说"万物皆数字"时就启动了,他试图借此将数学普遍化。笛卡尔(Descartes)几乎将力学普遍化了,但他为上帝和自由意志保留了一小片余地。

当费希纳(Fechner)创建心理学时,心理学研究被人们热情地称颂为思想的一般基础。但数个事件,例如试图将逻辑还原为一种心理学的思想规律的研究,引发了一场猛烈的反叛运动[弗雷格(Frege)]。对依然在分析哲学中流行的心理学的旷日持久的反感,一定程度上就肇源于这些企图。将心理学绝对化——即一切科学的总系统和共同框架——被人们称为"心理主义"。在辩论中,给某种立场贴上"主义"(ism)标签,往往意指它将某门科学的概念一般化得过头了。比如:社会学主义(sociologism)、历史主义,等等。

许多强调生态学范围很广的人,同时也在一定程度上禁锢了它的范围。他们认为它是一门自然科学,或者首先使用具有自然科学特征的例子。只要你坚持使用当前的自然概念,而不是斯宾诺莎的"自然"或其他外延广泛、内涵深刻的自然概念,生态学在自然科学大厦中的地位就只会对浅层生态运动有利。

生态学也许包含了大量内容,但绝不应该把它视为一门普遍的科学。当我们聚焦于事物之间的关系时,事物的许多有限的、孤立的方面就会被我们所忽视。生态主义(ecologism)是生态学范畴和理论过度普遍化和一般化的结果。用某种关于行为和生存的生态理论全盘取代知识理论,这种做法会招致极大的困难(迷宫般的认识论),或者更准确地说,你会遭遇到巨大的不一致性和矛盾性(Naess,1939)。

如果你运用明确限定在生态上、涵括了认识论现象但又与模型理论严格保持一致,即与探究多少有点武断地选择的现象的各个维度("变量")的意向严格保持一致的思想模型,生态主义就不会出现了。与一个模型相关的定理并不必然与否定它的定理相矛盾,如果后者是与另一个全然不同的模型相关的话。因此,没有哪个认识论模型能够与最全面的(亦即哲学上的)知识理论相媲美。模型的骄傲之处是启发性上的,而不是本体论上的。

浅层生态运动经常提出技术性的改革建议,例如,技术上的减污,减少第三世界国家的消费。深层运动是全球性的,而生态主义因此总是一种威胁(Galtung,1973;以及本书第六章)——这种威胁也许不是表现在有意识的哲学探索中,而是表现为在激烈的辩论中动不动就上升到普遍的高度。

2. 规范性评价

a. 客观的科学无法提供行动的原则

如果"客观性"一词意思是指确定性、主体间性(intersubjectivity)、稳定性,那么,当用作前提的评价被明确提出来时,科学的文本就获得了客观性。

价值是相互联系的:于他物为佳之物,于第三物亦为佳。在既定的生态学或其他科学的探究中,详尽地探究各种评价,并不能揭示出到这个过程结束时才出现的价值。在科学过程结束时,会出现终极的哲学类型的假设。至于其他所有的价值,这样问是贴切的:有人说好的东西就算好,对不对?"好"在具体事例的探究中由什么所构成?例如,许多人主张说,更大的生产力是有价值的,因为它提高了普遍的物质丰裕水平。回过头来,这变成了一种人们交口称赞的对安康有益的价值。有人批判这两种价值中的第一种,他可能会提出这样的问题,比如:"更大的生产力扩大了还是缩小了一个国家内部富人和穷人之间的差距?扩大了还是缩小了富国和穷国之间的差距?""物质丰裕水平高就必定对幸福有益?""年年提高的丰裕水平对人们的愿望有什么影响?""你是不是在鼓励大家相信天上总是会掉下馅饼?"这些问题可以从经验上去解决,答案兴许也可以在科学探究的基础上提出。相反,好的生活对谁来说才算好?这个问题,不管是问题本身还是它所激起的反应,都必定是哲学的。

当评价形成时,这个问题中的整组陈述的可检验性并不一定会降低,但它更复杂了。我们得到的不是一个由真正的评价和描述性的论断所构成的陈述 p,而是得到了两个陈述,q 与 r。一个是明确表达出来的评价,一个是描述性的陈述。由于 q 是 p 所意指的信息的一部分,去掉 q 就会有问题。这么做只会掩盖有效性或真理的现实条件的关键维度。当手中的问题既由评价也由所谓的事实所构成时,公允的探究就少不了明确的评价。

大批贴着"生态的"标签的主题也是"生态智慧的"。这很难说有何不幸。没有生态智慧,生态学就无法为行动提供准则,无法为政治和个人的努力提供激励。

在生态意识(consciousness)增长的早期日子里,生态学家有时会说,像"关于不该做什么的知识"之类的东西,"都源生于科学,尤其是生态学"(K. Caldwell,可见于:Darling,1965)。诸如此类的说法是在鼓吹这种不足为凭的信念,即只要给予生态学和其他科学研究的资助足够多,专家们就可以得出有关我们可以做什么的结论。但没有规范,我们就寸步难行! 假如,由于水道遭到污染,我们决定某家工厂必须关闭或迁走,除了一些多少有点科学的、关于水道污染的假设之外,我们接受的却是一大串不属于任何科学的评价:"水道不应该有毒!""工厂的员工不应该没了工作!"不管是科学假设,还是评价,都必须精心构思,各自的推导关系也必须讲得清清楚楚。当一位生态学家说这或那必须做到时,例如,说"我们必须降低地球上的人口水平"时,这位生态学家其实已经暗示了这是可以做到的。但做到何种水平? 且"我们"是谁? 这隐含着他或她已经预先假设了某些有关政治条件和地方的、国家的、全球的权力集合体的假设和规范。所有这一切都可以用言语表达么? 不,但搞清楚争议还是足够有把握的。

b. 规范和假设;规范系统

现在可以引入一种阐述哲学的特殊方法了。至少可以把它看做一种系统化的练习。这个游戏的材料是两个处于不同层面的句子,即规范性的句子和描述性的句子。在极端简化的形式下,可以把它们安排进一张显示陈述之间逻辑推导关系线条的图表。

在这两类陈述中,第一类叫做"规范"——以一定方式去思想或行动的规定或指引。它们写出来后面会跟一个惊叹号,例如"不要掠夺！""老实点！""不要污染！"为了证明、解释并将此类信念或宣示彼此联系起来，需要有一个支持非规范性陈述的网络。它们写出来后面不会跟一个惊叹号，并且会被叫做"假设"。这第二层面的陈述的名称之所以这样选择，首先不是为了表示非确定性，而是为了表示一定的尝试性或可修正性。

在本书中，规范的排列将用 N_1, N_2, N_3……这样的字母来表示，而假设则为 H_1, H_2, H_3……图表将用来显示规范系统内部的逻辑推导关系。

有人反对说，"规范"这个术语和惊叹这个符号会使得规范性句子看起来太绝对，太生硬。事实上，一般规范的作用就是尝试性地指引。明智的决策——此即规范性思维的目标——在不是得以执行就是受到阻挠的意义上是绝对的。与学术上的哲学不同，在生态智慧中，决策和行动比理论概括更重要。

系统化一种整体观有多种方法。厘清推导思路也没有什么非此不可的途径。选择一条不是从其他规范中逻辑地推导出来的意义上的基本的、终极的或最基础的规范，某种程度上的确有点武断。而且，即使规范和假设的词语表达是按照一种确定的、权威的方式来安排的，解释时依然有分歧的余地。

在概述规范系统时，我们有一种严肃的考虑，即偏爱一定的含糊性和歧义性。与其尝试性地否定一个规范或假设而选取另一个完全不同的规范和假设，倒不如另设他法，着手对最初的用词或"出发点"用词作出新的解释。表达假设或规范的最初的含糊和有歧义的句子，于是就可以被尝试性地赋予更精确的含义，产生新的叫做"精确化"的表达式。精确化范畴是经验主义的系统沟通理论的核心范畴之一(Naess,1966)。大致说来,当且仅当句子 S_0 包容(用日常的或技术性的话来说)句子 S_1 的一切解释且反过来 S_1 不容纳 S_0 的一切解释时,S_1 才比 S_0 更精确。简言之,更精确的句子的"看似合理的"解释的集合,是精确性稍差的句子的真正的子集。

在最初步的论证时选择一个相当不明确和有歧义的句子,会使得这些论证十分简短,易于理解,而且为推导和解释开辟了各种各样的可能性。与其多少有点武断地坚持说你的句子是按照独一无二的方式解释的,倒不如像在自然科学中那样,保持选项开放,只要在解释上简便即可。

十分抽象和普遍的系统化所需要的那类高度精确的句子,是很容易就变得冗长和复杂的。因此,它发挥不了稍少精确的句子所具有的特殊作用。更详尽、更清晰,并不会使含糊性和歧义性变得废弃无用。我们必须持续不断地在不同水平的精确性上做文章。

当我介绍说规范被弄得更精确时,我的意思不过是指一种点状的、片段化的或者主题受到限制的构思:我们树起了一个松散的规范和假设的关系的架子,这个架子的每一个转角处都融化在含蓄的雾霾之海中。陈述的片段化性质必须获得毫不讳言、毫无保留的承认,否则我们将陷入口号化政治思想的泥淖,并借"民主"、"自由"之类的词语掩饰自己的底气不足。

我们也许可以总结说,沟通不是被视为两个或两个以上的人使用一种完全"共有的语言"的过程,而是每个人都在沿着他们自己的精确化方向进行个性化的解释的过程(Gullvag,1983)。所以,一切要被用来作为某种类型的共同纲领的系统,都必须在低精

第二章 从生态学到生态智慧

确度上加以阐述。

回到实际的论证,几个基本的要点如下。

(1)一种规范系统,例如一种伦理,并非仅仅由规范所构成。大多数规范性观点汇编,占主体的还是非规范性的句子。

(2)规范一般是从其他规范和假设中推导出来的,很少单独源自其他规范。

(3)规范的推导至少需有一个假设作为前提,由此确立了推导出来的规范的假设特征。用做前提的假设一旦改变,规范通常也会随之改变。规范的有效性取决于非规范性的设想以及假定、理论和观察结果的有效性。例如:不接受某些民族有问题的假设,你就不会接受系统化的种族主义的各种不友善的规范。这些规范并不是从假设中逻辑地推导而来,而只是由此类假设在心理上激发出来的。

从方法论上说,最后这一点在论证中具有决定性意义:当规范与假设之间错综复杂的内在联系还没有搞清楚时,每一个规范都容易被当做绝对的或终极的规范。这将压缩或消除理性讨论的空间。为了与此处建议的方法论相一致,当规范在争辩中遭到反对时,问对手这个问题总是合适的:"你认为哪几个假设与你采用的规范有关呢?"

不管是在我们自己的前提和结论中,还是在我们的对手的前提和结论中,我们都应该想办法揭示评价的"根源"和整个系统,"根源"一词在此包括心理的和社会的深层动机,也包括逻辑上的基础的规范和假设。但在本书中,我将集中探讨认知的尤其是逻辑的关系,而非意向性的关系。

c. 我们中的普遍论者

当一位科学家设想某个评价的有效性已获得普遍的同意时，他并不对此持怀疑态度。评价的有效性已预先设定。但是，他或她这样做时并不是科学家，而是一位普遍论者（generalist），一位哲学家。一位生态学家说，生态学指示我们应该考虑雨林被砍光所引发的气候后果。生态学家们也许会亲自去探究毁林的生物学影响，气候学家们会警告它对天气的影响，而经济学家们则会强调这类影响可能会具有的坏的经济后果。但仅仅以假设为前提，是不可能逻辑地推导出这些价值论断的。在后果问题上精准无误的伦理学是不完整的：一个后果还必须被判断为是好还是坏。只有把这类判断放到与我们生活中的基础规范的关系中去，才能证明它们的合理性。其中总是会涉及到大的关切领域。因此，只有我们中的普遍论者，才能建立起用"我们应该"或"我们不应该"作结论的生态智慧型的价值优先顺序。说到底，某种整体观被预先假设为有效了。

只有最草率作出的价值判断才是纯工具性的。更深思熟虑的价值判断则是出于自身考虑而要达到的、内在的或真正的目的，而不是实现其他目的的手段。没有此类自在的目的（goals in themselves），就会出现无尽的循环。生态科学无力把此类目的拿给你。事物既可以有内在价值，也可以有工具价值。比如，可以出于利润或休闲的考虑而保护森林，但这并不排斥视森林保护本身为目的的观点。森林因此秉承了一种与或大或小的实用价值无关的意义。

画一幅价值优先顺序图有多种方法——与本书所提供的规范

第二章　从生态学到生态智慧

和假设相一致的分析性系统化方法只是其中之一。不过，装腔作势说这类终极的优先顺序是由社会学、文化学、生物学或经济学所决定的，则太过平庸。我们因此逃脱不了这一任务，即把这些优先顺序注入我们的意识，并作为融会贯通的个人去评估它们的有效性。此类陈述是生态智慧的支柱。

我们每天都在彼此冲突的考虑和利益之间作决定。打造一种在生态上更负责任的个人和社会的生活方式，因此就不只是生态学家的工作。也不只是哲学家的工作。我们应该一道去做，做一个普遍论者，而不是特殊论者。我们都有过选择行动路线的一定数量的亲身实践，这意味着我们都会有作出全面的价值判断的能力。

在一系列给定前提的基础上下决心证明这些选择的合理性，最终会促使我们去详细阐述某一种哲学理论系统，即再现我们的生存的所有维度之间的情景化联系。庆幸的是，日复一日，我们似乎没太受催逼也能做得很好。但是，生态挑战正在催赶我们去全面澄清各种价值，解开其中的各种纠结。

强调个人的价值优先顺序判断和世界观，有可能让我们误以为价值优先顺序只和我们个人有关。全球影响力只有通过参与到有组织的努力中才能实现，《世界保育方略》(1980年)这本重要的但往往被人忽视的著作曾对此作过清晰的论述。忽视起因于生态政治在每个国家都很弱小，这恰恰说明采取政治行动的必要性。但这些集体的任务并不会使得个人的价值优先顺序判断和世界观无关紧要。人是作为一个人，而不单是作为一名职员，在组织内工作的。在组织内部仅仅作为一名职员去行事，就会贬低人的尊严而把人当做沉默的机器。

所有这些任务都是必要的,因为深层生态运动支持者的目标不是稍稍改革一下我们当前的社会,而是大跨度地重新定向我们的整个文明。

d. 保育生物学

在过去的10多年里,一门推动这种大跨度地重新定向的、把生态学的真知灼见与规范化和普遍化的维度结合起来的新科学发展起来了。保育生物学(Conservation biology)是以科学为基础的环保主义的排头兵。坚定执着、受过生命科学教育、运用他们的专长直接服务于保育事业的环保主义者,很容易聚集在这门学科的麾下。它是一门应对危机的学科,就像癌症生物学一样,因而是自然的管理者和研究者之间进行合作的一件必不可少的工具。

该领域的领军学者之一米歇尔·索勒(Michael Soulé)的著作(Soulé,1985)是我主要参考的材料之一,他曾提出了四个规范作为保育生物学的言简意赅的基础:(1)"生物体的多样性是好的";(2)"生态复杂性是好的";(3)"进化是好的";(4)"生物多样性有内在价值"。

在把这些规范纳入生态智慧T时,我更愿意把它们写成后面带惊叹号的名词,例如"生物体的多样性!"前两个规范在生态智慧T内部的推导过程用不着赘述。至于"进化!",这个规范被安插了一种深层生态运动的长远视野的特征:"整个系统的长久生存力!"。今日还在继续的,是继续进化所需条件的破坏,包括未来千百万年里物种形成的破坏。

继续进化对于生命形态的多样性和丰富性的长期维持来说不可或缺(比照一下第一章所述纲领的表达式2)。这种不可或缺性

第二章　从生态学到生态智慧

是以假设的形式体现在生态智慧 T 里面的。从表达式 2 和这个假设中，我们推导出了保育生物学的第三个规范。第四个规范，即"生物多样性!"，是"生命形态多样性!"的特殊情形，如果我们使用纲领表达式 1 所使用的广义的"生命"概念的话。当然，生态系统、生境和群落（communities）等概念早已在保育生物学家头脑中烙下深深印记。

保育生物学的规范特征所造就的建议和决策，一旦我们当前的政治结构有需要就可以尽快形成。这些特征例如已经影响到了西新几内亚岛（伊里安查亚）的政治决策，促使该地建立了一批国家公园。相关建议在生态学家对物种减少是否还在继续等问题开展常规科学探究之前就已提出。政治约束使这类探究无法进行，但保育生物学的规范特征却能让科学家们在决策过程中占有一席之地。

事态的严重性在一些已得到确凿证实的保育生物学的"假设"中已经昭然若揭。物种是彼此的环境的重要内容，因此走向非自然（人为）群落的趋势将对物种的结构、功能和稳定性构成威胁。群落的某一个物种灭绝，最终会引发其他数百个物种的灭绝。因此，保存下来一个，就会保存下来数百个。但时间已所剩无几了！

另一个假设：在更大的自然区或自然保护区，物种有更大的机会存活。理由方面的例子如：某个物种种群的突然的、巨量的、"爆发式的"增长，可以摧毁其他物种。它们"在缺乏一批完整的种群缓冲机制的小场地最有可能发生，这些机制包括散居个体所需要的生境水源、足够多的捕食者、严酷季节里替代性的觅食场所。经常发生于自然保护区的不寻常的高种群密度，也能加快疾病传播的速度,这往往会引发流行病,影响到每一个个体"(Soulé,1985,p. 730)。

显然,要延缓这个星球上当前的灭绝速度,需要面积大得多的自然保护区,也需要人类居住区面积的大幅度下降:

> 自然保护区对于大型的、稀有的生物体来说内在就是失衡的。这有两个原因。首先,在自然保护区大小的栖息之岛上,灭绝是无法避免的;对于许多分类群来说,物种多样性必须靠人工来维持,因为源于外部的自然迁移(重建)基本上是不可能的。其次,对于自然保护区里的稀有或大型生物体来说,物种形成,作为将物种替换掉的唯一非人工的手段,也不会发挥作用,因为保护区几乎总是太小,无法使大型或稀有生物体在保护区内部单独呆很长时间,在各个保护区之间被孤立开来的种群如要继续存留,将不得不依靠人工基因流来维持(Soulé,1985)。

汲取哪怕极小一部分保育生物学提供的信息,也能使这一点变得很清楚,即若想保育这个星球上大部分现存的生命形态的多样性和丰富性,就需要纲领表达式 4—6 所表达的基本类型的变革。

借助于保育生物学的规范来说明的这类阐释,可以加以普遍化并弄得更精致。我们于是触及了复杂的哲学阐释层面上的规范系统,或者系统化了的整体观的脉络。但不对感知和体验自然本身的各种各样的方式进行探究,下一步工作就无法进行。

3. 客观的、主观的和现象学的自然描绘

人们对自然、对他们近处的周边事物的态度的深层差异,通常被称作主观性:"不同的感觉和知觉是由同一个事物在不同的人群中诱发的。"事物被假设为客观的,而知觉是主观的。是什么让你相信我们对其持不同态度的事物是同一个呢?答案很简单:自然以及由此当下的物理周边事物任何时刻都有一系列被独特地决定了的特征。这些特征被视为不取决于个人如何理解它们。它们属于自在之物(things in themselves)、物自体(Dinge an sich)。

主体(人类)被假设为面对着物质的和其他的客体,并借此创造出有差异的图像或范畴。原原本本描绘客体的客观范畴,必须独立于这些差异。这种思维方式消除了感觉特性的一切个体差异。于是,物自体就不能再有颜色,也不能有形状。

留下的还有什么?也许只有某种类型的抽象结构——无论如何,物理学的最新发展似乎正好表明了这一点。似乎既没有世界也没有自然留下,只留下数个适合于数学描绘的共同的参照点。

在一些受过教育的公众当中,占支配地位的答案极有可能是,正是数学化的自然科学,才对作为自在之物的环境作出了大致正确的描绘(我们已学会承认这种描绘也许从来不会与事物完全一致)。我们是否离建立在伽利略(Galileo)和牛顿(Newton)的工作基础上的长期科学走势越来越近了?

俄罗斯诗人丘特切夫(Tiutchev)曾用诗歌反驳过这种已然深入人心的观点(Perminov, 1970, p.54):

> 自然,超出我们所信。
> 它有灵,有自由,
> 有爱,也有语言。

哲学家们和科学家们曾试图提供可理解的对事物本身的描绘,即绝对不依赖于我们通过感觉或其他任何方式所了解到的东西的描绘。我相信,我们可以很有把握地说,所有这些尝试都失败了,并且出错的正是这个问题的构思本身。

从牛顿到康德(Kant)及其物自体的长盛不衰的哲学传统,实在没有什么积极的方面可言。我们的教科书不仅不可理喻地前后不一致,而且往往走到半路就停下来了:形状、重量以及其他某些特性是客观的,而颜色、气味据说则是主观的。

但是,假如我们提起诸如"椭圆形"、"正方形"这样的特征,它们不可能客观上是一张桌子的质量,因为质量无法离开相对论中的时间和速度范畴。此处提到的特征也不是主观的,而是像气味一样,与我们的世界范畴深处于一种相互依赖的关系当中。这就是用"相关的"(relational)而不是"相对的"(relative)或"主观的"来称呼它们的原因。在它们不取决于人喜欢不喜欢的意义上,指它们为客观的确属合理。我们触及的不是事物本身,而是关系的网络和场域(field),事物参与其中,且不能游离于外。

爱因斯坦(Einstein)曾寻求一种适合任何一位观察者的、无关乎观察者相对于被观察者的移动状态的结构样式。客观性可被阐释为"对于一大群或者全部的观察者来说共同的方面"。但是，注意到这一点是很重要的，即共同的那一方面是极端抽象的、完全无形的且绝不是肉眼可见的。（我估计，相对地说普遍性也永远也不会是肉眼可见的）。立足于这类范畴去创造一种对世界内容的描绘，这种企图注定会失败。我们至多能够触及一个幽灵般的、全然非人类的世界。孩提时的幻想很有趣，但真的去描绘它又毫无用处。

认为对于一类中的个体来说共同的东西，本身必定是这个类中的一个个体，这是一种错误的观念，它在语义学和概念学中的影响是可悲的。比如，一个表述可以合理地沿着10个方向被弄得更精确，于是你认为这10个方向所共有的东西，就是第11个方向，它必定是"最正确的"。所有的狗有很多共同点，但试图想象一只有共同点的狗，以及只想象所有狗的共同样貌，不仅会看不到狗的颜色，而且会看不到一切将牛头犬与梗类犬区别开来的东西。单独由我们意见长期一致的样貌所构成的自然，就像如此一只幽灵式的狗一样——因此任何客观的自然概念都不能被视为我们都同意在"那儿"的东西。

在保持恒常的、确定的、被我们假设为桌子本身的形状的圆形或正方形方面，量子物理学已不再成功了。但物理学家们也用不着将自然的内容设想为真正地、客观地截然有别于我们（以及古典的自然主义者）经验到它的方式。也许这么说他们就会满意，即一张桌子或整个宇宙应该以一定的模型为基础、按照一定的方法来描绘。只有方法论研究能够加深我们对物理学思维模型的功能的理解。这可以大大减少我们用于区分事物和自然本身即"自在的"（an sich）自然与对于我来说的自然即"自觉的"（an mich）自然的无用功。这种区分本身可以慢慢淘汰掉。

有人也许会得到这样的印象，即我从根本上得出结论说，一切都是主观的，我们最初所作的主观和客观的区分毫无用处。如果你记住下面的话，这种印象就会消除：相对的事物与只不过是某个人所表达的个人判断的事物之间是有区别的。当我们说"埃菲尔铁塔在左边"时，我们描述的是一个并不表达某个人的个人判断的事态。但是，当它从特殊的地理情景中被剥离出来时，该陈述就变得不完整了，"偏振了"。相对于其他地方，埃菲尔铁塔成右边的了。个人站在什么地方并不是证明埃菲尔铁塔的相对位置所必需的。"相对的"并不是"主观的"。

简言之，不存在独此一种对自然的自然科学描绘，只存在你有我也有的功劳。物理学提供了一些比如时空坐标、经纬度等共同的方位点。但十分明显的是，这些方位点是无处可寻的：很少有人会相信，当一艘船穿过赤道时，一个人必须站在船头，用刀把赤道劈开。物理学上的赤道是看不见的！

同时，这些方位点创造了一种纯粹的结构或形式。说结构是"纯粹的"，意指它缺少肉体的或其他的内容。你很容易就可以想象原子核是有颜色、表面坚硬的小物体，但科学关于原子核的陈述中的内容是抽象的，唯独以结构为基础的。这样一种理论科学在任何文化中都可以被知悉为、理解为、承认为有效的，这不是因为它描绘了共同的现实，而是因为它描绘了一种独立于大多数文化观念的结构。结构属于现实，但它不是现实。它可以一再被修正，使得大大有别的对现实的阐释、大大有别的通往现实的路径都成为可能。

所以,将世界理解为有着恒定的或变化的特性的事物的集合,这种理解当你想把它弄得十分精确并把它用于自然科学或历史研究时,就无法自圆其说了。我们必须尽力去熟悉那种接近于赫拉克利特(Heraclitus)思想的理解:万物皆流。我们必须抛弃固定的、固化的点,保留相对直接的、持久的相互依存关系。物理学提供给我们的"客观的自然描绘",不应当被视为对自然的描绘,而应当被视为对相互依存关系的某些条件的描绘,并因此能够成为普遍的、一切文化所共有的。这个方向的合作在任何情况下都将实现普遍化的意图,同时捍卫好人类文化的多样性。

"现象学描绘"的名号可用于十分迥异的心理学和哲学场合。比如,在心理学中,对驾车人和行人的描绘据说就是现象学的,假如它细致入微地描绘了驾车人是如何观察行人的,或行人是如何观察驾车人的——决不质疑行人是否是驾车人所描绘的样子(例如,非常不小心)或者驾车人是否是行人所阐释的样子(例如,非常神气)。至于应该是什么样子,或者它是为何、如何表现出来的,更没有人去问。哲学现象学[多多少少受埃德蒙·胡塞尔(Edmund Husserl)的工作所启发]还试图描绘直接理解(apprehended)之物以及自我理解行为本身。

现象学的视角在增强对"直接的自然体验的非工具性、非功利性内容"的意识方面,是十分宝贵的。例如,我们在思考颜色时,并不考虑它们作为数学运算结果的波长,或者它们具有的"信号功能":"褐色"在一些人眼里有"干旱"、"贫瘠"的信号功能,这妨碍了他们理解荒漠景观的某些特性。每一个画家都必须磨练出不落俗套地看颜色的本领。没有实践,一个人看事物就会像"常人"[海德格尔(Heidegger)语]那样看事物,换句话说,即在我们的社会中,用一种具有功利意识的、中庸的或者平庸的方式看待事物。对自然的愉快(joyful)体验部分取决于是否有意或无意提高了对特性的感受力。

任一事物都拥有足够多的特性!那些对变化多端、丰富多彩的特性极为敏感的人,在生活中将会占尽先机,假如他们能够同时在经济上独立的话。

4. 第一、二、三重特性:它们在自然中存在吗?

"自然是个枯燥的东西",怀特海(A. N. Whitehead)反话反说,"无声、无味、无色"(Whiteheas, 1927, p.68)。诗人应该是在用玫瑰花香来赞美他自己。玫瑰本身既不能有颜色,也不能有气味。怀特海在开玩笑。但一些自然科学家和技术人员却相信感觉到的特性的主观性,这也许是由于这些特性无法按照他们的方法来测量。在他们看来,真正的自然与人类直接体验到和鉴别出的东西截然不同。与自然对话是根本谈不上的。什么"我-它"关系?根本不可能!

我们在今日一些哲学素养颇深的生物学家那里也发现了同样的观点。例如,明斯特大学(University of Münster)动物学研究所所长伯纳哈德·伦奇(Bernhard Rensch)。他在"生物哲学"

(biophilosophy)上的工作,是一种以生物学为基础创建一个科学哲学理论系统的尝试。至于"玫瑰"所属的事物,客观地说,只有某些化学和生理学的特质是我们的感知能力能够指明的。感觉到的特性是主观的,不是客观的(Rensch,1971,p.258)。

> 我们确信玫瑰本身不拥有颜色,但从它上面反射出来的光波在我们的眼睛的视觉细胞上产生了光化学反应,特殊的脉冲通过视觉神经传导给了大脑。颜色的感觉于是和生理活动协调起来了……

这种"协调"在伦奇的哲学中说的是最令人费解之物。

让我们看一看历史之光中的东西:在17世纪,下面的区分一般为科学家们所接受:

(1)第一重的、几何学和机械的特性——大小、形状、运动。它们被视为物体的一部分,是"在客体本身之内"的。

(2)第二重特性——颜色、温度、味道,等等。这些特性仅仅被视为感觉和感受的代名词,是人在外部的、物理的世界中体验到的(未加解释的)物理和生理过程的效应。

笛卡尔和伽利略为这种区分奠定了基础,而牛顿则在他的《光学》(*Optics*)一书中给了它以权威的认可。

(3)第三重特性由知觉上复杂的特性组成,比如有力的管弦乐和弦与一头攻击性公牛的视觉印象结合起来所表达的力量特性,以及诸如悲痛、美丽、威胁、感伤之类的特性。像公开和不公开地涉及到景观的那些特性,就可以被解读为第三重。它们均有着多多少少显著的复杂的格式塔特征(参看本章后半节)。

关于(1)和(2)之间的区别,我们可以说第一重特性被视为客观的,不取决于观察它们的任何一个主体;而第二重特性则被视为非客观的,取决于主体的构造,尤其是主体的感觉器官。进一步说,第一重实际上被视为"在外面那儿",在客体之内;而第二重仅仅是看起来在外面那儿,实际上在意识之内。它们被认为是以某种方式"被投射"进自然的:野外的、开满鲜花的草地,实际上是在我们的头脑当中。真的很神奇!在原子的观念在我们这个世纪消弭成抽象的数学结构之前,在外面那儿的,仅仅是无色的原子。

从伟大的机械论者托马斯·霍布斯(Thomas Hobbes)那里借来的例子,可以说明身体最细微部分的形状的差异如何被认为造成了味觉特性的体验的差异。他猜想,甜味是由圆形的原子在缓慢的、循环的运动中造成的;又苦又甜的味道是由椭圆形的、狭长的原子在剧烈的循环运动中造成的;酸味是由细长的椭圆形原子在直线的、忽前忽后的运动中造成的。霍布斯承认,这是纯粹的猜测,并对这些超乎寻常的发生在人体内部的因果关系未作任何解释。

对自然和环境不友好的观点通常显得是对事实的客观条件的描绘;而相反的观点则被指为、被类推为第二重特性的描绘,表现为多多少少偶然的主观评价、"纯粹的"感觉和感受。诸如忧郁这样的第三重特性不被接受为自然或环境的特性,而是被放在身体的内部,比如,作为一种忧郁的体验和感受,然后被投射出去进入自然。一片景观也许本身是 40 平方公里,但它不是忧郁的。然而,话不说彻底怎么可以呢?很难理解为什么长度以及其他源自

第二章 从生态学到生态智慧

人类主体内部的特性"投射出去"就不是必然的。如果我们这样做了,我们就触及了作为一个无法言说的"x"的"自在之物",而万物也就归因于创造我们切实所体验到的世界的主体。这是一个很让人心动但毫无内涵的范畴。

我们也许会发现,没有嗅觉器官,松果的气味是很难想象的。在有嗅觉器官之前,世界上怎么会有气味?同理,对于颜色而言,我们兴许都会同意说,在有眼睛之前,冰川不能是白色的,天空不能是蓝色的,夜晚不能是黑色的,雾霾不能是灰色的。我们到头来得到的是类似于哲学家费希纳(Fechner)所说的与日间的景色相反的"Nachtansicht der Natur"(自然的夜景)——无形状、甚至无黑色,没有我们所知的任何特性。自然就像原子物理学所描绘的,比如,既不黑也不亮。通过这种观点,人类的现实与自然的本体就被割裂开来了。一切荣耀都属于现实之核,它是现实的、可测量的、科学的。基本的"波粒子"[waveicle,爱丁顿(Eddington)的简化叫法]的不可达到的、计算出来的概率,被假设为"真正的现实"的一部分。

但我们在挪威小说家菲恩·阿尔纳斯(Finn Alnæs)的话中看到的是,当一个人全身心地关注"客观的"数学计算所预测到的吸引和排斥过程时,甚至这些"现实的"过程也能激发出想象力和情感。

> 哦,天哪!原子聚在一起,原子靠近原子,物质伴着齐整的节奏手拉着手,粒子团聚在密集的云层,弥漫的雾气像巨轮般旋转……看那儿!最小的轮盘围着最大的轮盘跳起了圆舞——因为这就是规律:最大的质量吸引

最……

显然，即使是这种被发明出来用于覆盖数学实体的元素世界，也远不是干的、无色的——看看当阿尔纳斯在他的《动力学》(Dynamis)中将我们带入到元素世界本身的浪漫可能性的时候，事情会是什么样子。

怀特海不无恰当地说(Whitehead, 1927, p. 69)，自然实际上没有颜色、声音、气味这种自相矛盾的假设之所以存在，是因为我们混淆了我们的抽象与具体的现实。这个取而代之的假设在我们的世纪之所以能够闪耀夺目，则可能是抽象支配我们的力量在我们这个高度技术化的时代日益增强的结果——也许所有专家中有多达99%的人在教育之下相信了一切美丽的、可爱的（或者丑陋的、"讨厌的"）的东西都是由人创造的，自然本身是无。但人是离不开自然的！我们能够用某种技术乌托邦罢黜自然吗？机器能否直接刺激神经系统，模仿我们中有些人喜爱的自然的特性……？

如果我们要放弃这种信念，即我们丰富的感觉世界是人所创造的一种投射物，那么，我们就需要回到自然中寻找特性。这是个问题，但并非不可能，下面我们就会看懂这一点。

5. 普罗泰戈拉式的"两可"理论

a. 关系域

假设我们一只手插在口袋里，另一只手露在寒冷的外面。如果我们把两只手都放到一桶水里,一只手会告诉我们水是热的,而另一只手则告诉我们是冷的。

通往"物自体"悖论的老路,以及主张唯有第一重特性具备现实性的理论,也许可以从"既不……也不"地回答下面这个问题开始:"水是冷的还是热的?"回答可以是水本身既不冷也不热。我们作为主体,根据我们的手的状态把不同的特性投射进了水中。但是,按照塞克斯都·恩披里柯(Sextus Empiricus)所言,普罗泰戈拉(Protagoras)是用"两可"(both-and)来回答的。他说,我们所感知到的一切,其基础都在物质内部。因此,物质本身拥有每一个人所感知到的一切属性。每个人掌握(理解、感知)的东西都不相同,同一个人在不同的时间掌握的东西也不相同。

由此,这种理论辩解说,水既是冷的也是热的。一个人的手处在不同状态时,冷热同时都能感知到。

现在假设另外 10 个人把他们的手伸进同一桶水里,并都大喊"是温水!"这种感知是否更有根据呢?普罗泰戈拉的回答似乎是肯定的。在涉及水时,人类有一种自然的状态。在这种状态下,他们大致感受同一,并且据信会说出从社会角度看正确的回答,或者对于水的冷热问题的标准回答。但是,从水本身对于有些人表现为冷,对于另一些人表现为热这一事实看,它既是冷的也是热的。

从生态智慧上看,要点是:(1)第二重特性被理解为物体或自然本身的真正特性。(2)由有人把一个事物感知为热的、冷的、绿色的或黑色的这一事实,可知它本身就在事物内部。(3)关于这个事物的两个陈述,即它是热的和它是冷的,并不矛盾。(4)普罗泰戈拉所说的"从社会角度看正确的回答"只是一种折衷式的回答,因此在哲学上并无新意。

我对普罗泰戈拉这个框架作了延伸和提炼。我将谈论"关系域"(relational field),而非物质。"关系域"这个词指的是我们相互关联的经验的整体,但一般不指时间和空间。"物质性事物"之类的规则性事物,被认为是场域内的结合点。同一个事物在我们看来是不一样的,在不同的时间特性相异,但它们依然是同一个事物。我对此的解释是,从概念上对事物作出规定的"关系",在同一个结合点聚合在一起了。

一个事物同一时间既热又冷,这并不会引起前后矛盾,因为事物在某个关系中属于热的事物,而在另一个关系中又是冷的事物。一切"关于事物"的陈述都是关系型陈述:像"事物 A 是 B"这样的陈述,在生态智慧 T 中被放弃了,取而代之的是"事物 A 在与 C 的关系中是 B"或者"相关事物 AC 具有 B 的特性"。比如,"水 A 在与手 B 的关系中是热的","相关事物'手 A-水 B'具有热的特性"。

这个例子说明,此处采用的关系论并非总是适用于感觉、知觉、灵魂、意识或者主体。它所涉及的要素有水、手、冷和水、手、热。尼尔斯·玻尔(Niels Bohr)在他那次广为人知的与莫斯科辩证唯物主义者的辩论中,就借用了同样的关系论:量子力学并不把主体带入物理现象,只带入工具(Muller-Markus 1966)。在我们的例子中,手扮演了工具在量子物理学中所扮演的角色。

无矛盾原理的一种重要的表达方式是,同一个事物在同一个关系中不能既具有又不具有同一个特性。"两可式"的解释并不能证明这个原理自相矛盾:"A 又热又不热",说的是 A 既具有又不具有热的特性。这个陈述违背了一致性(identity)原理!但是,

"A在与B的关系中是冷的,而在与C的关系中是热的"却没有。

值得注意的是,在关系论思维内部,一致性原理是不能违背的,除非采用负的特性的说法,比如,"非冷"或"非热"。这些"缺席的特性"有一种十分显著的状态:它们是不存在的!有热的事物和冷的事物,有不是热的事物和不是冷的事物,但没有"非热"或"非冷"的事物。弃这些"非特性"而不用,我们损失很小。严格说来,我们根本没有什么损失。

借此而重建的"两可"理论,让感觉的现实拥有了纯正的本体论状态。第二重和第三重特性是现在当下唯一有的东西,倘若第一重特性被解释成如在机械世界描绘中的那个样子,即被解释成数学-物理学想象的抽象关系(长度、曲率、波,等等)的话。这类抽象特性获得了某一种存在,即想象之物,它们"是"某物,但在某棵大树或某片丛林下,或者在任何别的地方,是找不到它们的藏身之处的。

关系域,和数理物理学中的物体一样,获得了一种观念性的存在。关系论具备生态智慧价值,因为它大大有助于破除这样的认识:把生物体或个人看作某种可以孤立于其环境的东西。谈论生物体和环境之间的相互作用,易于引起错误联想,似乎生物体才是相互作用者。生物体和环境并非两个东西——如果一只老鼠被投入完全的真空,它也就不再是一只老鼠。生物体以环境为前提。

同样,人是自然的一部分,因为他或她也是这个总场域内的关系结合点。认同的过程是这样一个过程,对结合点加以限定的各种关系越来越扩展,涵盖面越来越大。"小我"(self)长成了"大我"(Self)(第三章和第七章)。

接下来的分析不能说是直接针对伽利略的话"自然这本书是用数学文字写成的"的批评。作为一种结构,关系之网部分或全部是可以用数学来描绘的,并因此是可以用主体间性来描绘的。但在我们懂得更多之前,他的格言也许应该代之以"自然这本书的一种是用这种文字写成的",或"'自然之书'是用这种文字写成的",或"'自然'这本书是用这种文字写成的"……

b. 具体内容的世界①

概言之,"两可"的回答也许可以表述如下:没有完全可分割的客体,因此也没有可分割的本我、媒介或生物体。但关系域的真正内容是什么呢? 在这样一个场域内,任何具体内容都只能一对一地与某一个不可割裂的结构、某一个要素丛集关联在一起。具体内容和抽象结构如事实上那样构成了现实。叫它仅仅是像某一个主体所感觉到的那样的"现实的",可能会让人误入歧途。

具体内容与要素丛集之间有一种一对一的相互关联关系——在具体和抽象之间有一种同构性。当我们说海现在是灰色的时,海水只是海这个丛集的一部分。当然,它怎么说也是最主要的部分。我们不会说海与我们之间的空气是灰色的,或者我们是灰色的。海有千万个作为其固有属性的颜色色调,但没有哪个色调是孤立的事物。我们必须综合考虑天空的颜色、浮游生物的颜色、波浪,以及观察者的感觉。海的颜色是无数个格式塔的一部分。

我愿意为之辩护的本体论是这样的:事物最主要的属性(在狭义上)是抽象结构的"思"(entia ration)的特征,而不是现实内容。

---

① 本章部分段落引自:Naess, 1985a。

世界的几何学并不"在世"。

我们在这里深入探讨的"两可式"回答,断然否定了投射理论。这类投射感觉特性的过程是不存在的。这个投射理论是一个聪明的主意,既可以保住自在之物的概念,又可以在置第二重和第三重特性的令人迷乱的多样性于不顾的情况下保住这些自在之物各自的一致性。但这样袒护伽利略本体论的代价是极其高昂的:无论如何都没有证据显示存在这样一个投射的过程。

6. 格式塔和格式塔思维

"万物共生"是一句好话,但如果我们不形成万物如何共生的观念,这话也没有太多意思。"事物"到底是如何的呢?也许我们需要摆脱某些关于"万物"状态的范畴。在我们讨论第二重和第三重特性时,我们忽略了这样一项任务,即提出一种描绘它们是如何共生的有效方法。下面,我将提出一种把世界构想为既不是事物的堆积,也不是特性的堆积的方法。

在我们自发地体验现实时,我们所体验到的东西多多少少是综合的、复杂的。当我们听到一首广为传唱的复杂音乐片段的开头几个音符时,对这几个音符的体验将极大地区别于假如我们从来没有听过这个片段所得到的体验。在前面这种情况下,音符据说符合了某个格式塔,符合了我们对作为一个整体的音乐片段的理解。整体的基本特征无疑地影响着我们对每一个音符的体验。

举个贝多芬(Beethoven)《第八钢琴奏鸣曲》的例子。全曲共分为三个乐章——快板、慢板、快板。许多人只知道第二乐章。这本身是一个真正的整体,对每一个音符的体验都将毫无疑问地受到整个乐章的影响。但通常情况下,如果人们熟悉了整个奏鸣曲,体验就会不一样。乐章是从属性的整体,是作为音乐现实一部分的从属性的格式塔。而在乐章内部,各个系列的音符也许又构成了一个个彼此有别的整体。我们因此有了一个复杂的、层级众多的格式塔王国。我们由此可以谈论低阶或高阶的格式塔了。这种用词比谈论整体和整体论更有用,因为它会引领人们更加勤勉地去思考整体与部分之间的关系。它帮助分析性思维从强大的原子论或机械论潮流中解放了出来。

历史上看,格式塔研究始于知觉心理学,而非始于本体论和对现实的概括。广为人知的格式塔有模糊视觉格式塔,这种格式塔可引起摇摆的图像知觉:你看一张脸,几秒钟后看另一张脸,不久你就看到一张脸在变来变去了。

进入一间屋子,也许你自然而然就会把它当作一个整体来体验,不管这个整体是强烈的、明确的冷色调还是暖色调。在屋子内,对某个从属性的整体的体验——围着壁炉摆放的椅子的格局——也许会决定性地改变你对屋子的体验,例如从某个明确的否定的格式塔转向某个明确的肯定的格式塔。因此,在格式塔的层级内,影响也许会沿着不同方向扩散。往上一个或往下一个层级,或者在同一个层级内平移。

复杂音乐片段的格式塔是服从于特定情境下对这些片段的体验的。这些片段也许在广场演奏,也许在漂亮的建筑物里演奏,也许在难看的建筑物里演奏。如果我们有特定的同伴,我们与同伴的关系在此情景下也会影响到对音乐的体验。任何一部分体验都不是完全孤立的。

同样,一朵花的格式塔——随着它所有的组成部分都聚拢到一起——也受到包括周边事物在内的更高阶的格式塔的影响。如果我们看到一棵30厘米高的开花植物和一棵5厘米高的、开满了大小相称的一大簇花的开花植物放在一起,我们会觉得前者小而后者大,因为我们通过体验两个物种所形成的格式塔以及关于两个物种平均大小的知识在起作用。

格式塔心理学最有名的一句话就是"整体大于部分之和"。这句话很好地驳斥了机械论的模式,但它并未提到整体的特征对每一单个部分的渗透。它忽视了可以被称为"全息部分"(hologrammatic part)的那些事物,"全息部分"这个范畴描述比如一个音乐片段这样的部分,它远不只是一种从似乎可以分开存在的整体那里获取它的意义的碎片。整体和部分是内在地关联在一起的。一般的格式塔思维和本体论不接受这句话,但它们同样接受不了"整体处于部分之内"这样的话。这句话,就它是指你除非通过从属的整体,否则就无法掌握某个事物或某个可以展示出来的事物的整体而言,它的确具有启发意义。

我们用"片段"来指某种最容易被理解为某个更大的格式塔的一部分的事物。一粒沙也许很自然地就会指示一片沙滩。但是,这样一个"原子"当然也会被我们拿来查看,并被体验为具有一定的形状,有一定的颜色和光亮模式的事物——这个微观世界给我们提供了无尽的探索机遇。因此,即使是这样小的事物也能够拥有格式塔特征。自然中的万物,就像自然一样,都有这个能力或潜质。

听觉和视觉上的格式塔被我们融合成了更高阶的格式塔。三座山丘或山峰就能勾勒出天空的轮廓,打个比方说,最矮的在左边,稍高一点的在中间,最高的在右边,如此一来,我们就得到了一条弓形的、上升的线,它立即产生了一个犹如音乐前奏一样的格式塔,如贝多芬《第八钢琴奏鸣曲》开头三个渐强音(图 2.1)

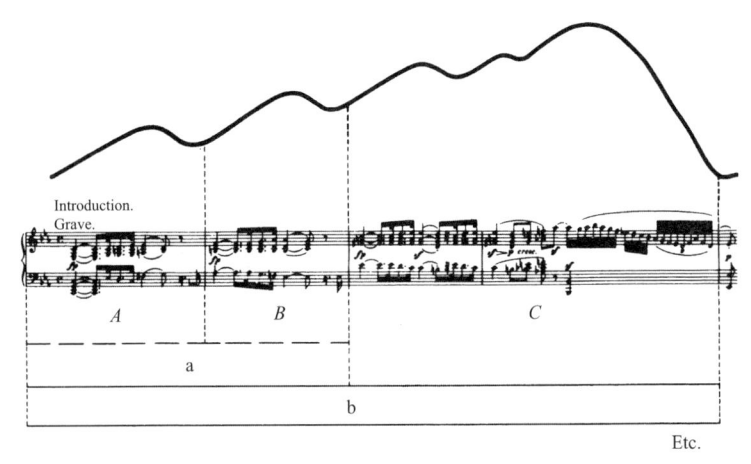

图 2.1 对一个音乐片段的格式塔理解

(贝多芬《第八钢琴奏鸣曲》,作品:第 13 号)

注:一开始的主题 A 通过自身的重复 B 得以进一步升华。它们作为格式塔 a,共同构成了奏鸣曲起步段落的第一部分。C 部分增加了音乐的高潮和结论性的主题表达,成为本段落的完结,这个段落便是更高阶的格式塔 b,同样的,整个《第八钢琴奏鸣曲》的各个不同的部分都只能以熟知它们在连续的格式塔阶次中的位置为基础才能加以理解。

这条线之所以是上升的,是因为它构成了一个运动的格式塔,在其中,我们的头和眼睛很自然地是从左边移到右边,或者从低处

第二章 从生态学到生态智慧

移到高处的。音调的拉高或增强也合成了一个格式塔,但它依然是感觉上的、知觉上的格式塔。一条线是画在图中的,若它靠近页边,却会暗含着一种上升,这也许是因为我们把纸举在眼前的方式造成的。比如,我们常说"页眉"。笔画的深度包含了强度的格式塔,浅浅一画往往被称作轻轻一画。"音乐和山"的例子表明,更高阶的格式塔可以由这样的"事物"所构成,它们通常相互之间毫无关系,但又是某个共同的现实的真正部分。除了节奏和形式,山和音乐还有什么共同点呢?是内容么?"生长"(growth)这个术语是否与某种具有格式塔特征的具体内容相符合呢,抑或它仅仅是给我们的思考贡献了抽象的工具?

有一本书,专门探讨了线条的格式塔以及符号价值的格式塔,它就是保罗·克利(Paul Klée)的《思维之眼》(*The Thinking Eye*, 1961)。当一个格式塔把至少两个要素综合进入一个更高(更全面)的单元,且至少一个要素来自感觉领域,至少一个要素来自规范领域和(或)论断式领域时,我将把这个格式塔称为统觉格式塔(*apperceptive* gestalt)。在老式工厂,共同劳动逐渐让位于分工劳动,这意味着更高阶的格式塔、有意义之物、人的意图——这是统觉格式塔的一个重要层级——的下行。

当一个人的注意力不是有意专注于感觉上的格式塔时,所有的经验就都是统觉性的了。其单元是统觉格式塔,而不是感觉要素,不是知性要素。"事实"和"价值"之间的区分只有通过抽象思维活动才能出现于格式塔当中。这一区分是有用的,但不是在我们的意向是描绘我们生活于其中的当下世界、格式塔的世界、鲜活的现实、我们唯一可知的现实的时候有用。

特征十分复杂的格式塔很容易被有意识地分析它们的片段的做法所破坏。它们非常经不住推敲。用通常的方式也很少能学到它们。即使在昏暗的光线下,有人也能确凿地分辨很远处飞翔的鸟的种类。然而,试图精确地构思那些显著的特征(这就是格式塔知觉的个人成分),这样的尝试已被证明是徒劳无功的了,而且会降低一个人在困难条件下分辨物种的能力(Lorenz,1959)。我们必须预料到,如果在早期学龄阶段抵抗力还没有养成时,就把科学观察习惯运用于更大更广的领域,将会弱化我们的格式塔能力。

格式塔把"我"(the I)和"非我"(the not-I)融合在一个整体之中。高兴,不是"我"的高兴,而是变成了某种令人高兴的东西,我和其他东西在其中都是相互依赖、不可分割的片段。"桦树欢笑着,所有的桦树发出欢快的、轻松的笑声……"这个格式塔是一个创造,只能被不完整地拆分给那个将笑声投射到不笑的桦树之上的"我"。

赞颂传统的"科学"思维,就是对这类创造的嘲弄。它会把格式塔撕得粉碎。

量化的自然科学必须对现实的个别方面使用模型。这干扰了日常生活中形成的格式塔式自然范畴。但所谓的神话思维正是格式塔思维。语言与一种文化所共同享有的格式塔相契合。这是言说和表达那些由多种多样的要素所构成的格式塔单元的源头。

夏尔巴人告诉我们,他们的大山叫做"次仁玛"(Tseringma)。我们于是想,"次仁玛"是一个地理概念。当我们知道"次仁玛"也是一位肤色白皙的公主的名字,也是"祥寿佛母"时,我们以为我们发现了一种含糊性。但非也!这个词明显是一语双关。(而且,我们自己文化中的地理特点的命名不也是一样么?)这个统一体(unity)被青年时期的(他后来放弃了这一思想)列维-布留尔(Levy-Bruhl)和其他奥古斯特·孔德(Auguste comte)派的学者说成是"神话的",且神话的推理具有自相矛盾的特征。有人注意到,一块被欧洲人类学家简单地看做坚硬的石头的物件,也是一种精神,是某种并不坚硬的东西。这被视为一种逻辑上的不可能性!然而,如果我们假设命名总是与某个格式塔的单元相契合,神话思维就变得更易于理解了。而且,如果格式塔而不是它们的片段,被认同为现实的内容,那么,神话思维所刻画的内容,在我们的文化中就是基本上找不到的。这样一种认同(第七章)对于生态智慧 T 的本体论来说至关重要。欧洲人类学家过去很少拥有共享外来文化格式塔的经验。土著的就是"非逻辑的"。格式塔思维为不同文化间的交流提供了钥匙。格式塔在语言上的退化("石头就是石头!"),意味着文化的退化。我们自己的文化也概莫能外。

在非游牧文化中,尤其是在农业文化中,地理上的归属感非常重要。更具体些说:房子、室内、楼梯、庭院、花园、附近的树、林子——所有这些东西全然无意识地变成了"我们的东西"的一部分,变成了一种强有力的格式塔。地理关系在城市化的评估和设计环节,以及在城市化对人的人格的深刻转变过程中,都十分重要。

在孩子长大时,更高阶的家的格式塔逐渐发生了变化。某些让人害怕的事物不再让人害怕了,因为他变得更大更强了。一些较远或较神秘的事物靠得更近了,因为跨距离的能力增强了。保持下来的精华构成了归属感的特征、在家感的特征,构成了一种相互交织的、带有极强符号价值的格式塔多样性：当 A 在观念体验上代表 B 时，A 就拥有了 B 的符号价值［用古老的公式表示就是：Aliquid stat pro aliquo（一物代一物）］。必须把符号功能与信号功能区分开来，因为若没有在一个格式塔中结合起来，A 很可能只是 B 的一个信号。另一方面，只有创造出一个囊括 A 和 B 的格式塔，A 才能拥有与 B 有关的符号功能。一盏红灯让我们停下来，我们能够发展出一种使它成为停止的符号的格式塔，但更有可能的是，它只会继续作为一种外在的关联物，一个停止的信号。在B 通过 A 而符号化的过程中，A 和 B 被捆绑在了一种内在的而不仅仅是外在的关系之中。

用漂亮、好、枯燥、安全、熟悉等评价性谓词来描绘家乡的环境，在那些还没有出过远门的人听来有点儿故弄玄虚，因为环境的格式塔本身就包含了这类评价。中性的、命名式的描绘听起来更正确。这点很重要，因为它某种程度上解释了为什么有那么多久居在某一个地方且非常适应的人，不觉得赞美自然或环境会是自然的。它听起来像是同义反复——美就在"其中"，不是被发现或者议论出来的。

我们的至高无上性还留下了什么呢？当我们进入自然，我们经常听到有人说，在那里"你可以成为你自己"。这似乎是在说，你没有受到自然的压迫，你"处于安宁之中"。这个说法当然挑战并提出了我们这里要解决的问题，但在这样的联想中存在着一种并非社会环境的本质维度的唯意志论元素。

在挪威塌方地区，自然正在压迫、包围或威逼人，与自然正在促进人的解放、扩张和大我实现，这两种关系之间的边界可以是有

第二章　从生态学到生态智慧

意为之的。"我们是该搬走呢,还是该留在这个我们所属的地方,我们的家里?"家是一个积极的、被珍视的地方,可以一定程度上按照与自然的关系来界定的地方。塌方关系产生了压力,当然就是消极的。搬出塌方区,意味着会丢掉一个人的一部分宝贵的自我——丢掉了由"一个人的根"、"我的故里"、"我们的故里"等构成的格式塔。新的格式塔必定会在新的地点建立起来,但日月沧桑之后,要再造最基本的格式塔和符号已然是不可能了。你内心漂泊无依,或者,你还保留着旧日的联想,但你的自我已属于别的地方。你是一个游子。

这些符号和格式塔上的关系十分重要,因为它们关系到集中化、城市化、效率增进和移动性增强的社会成本。在有生态担当的政策的初始阶段,比在保持物质增长的政策中,更容易考虑到这些关系。对于前者来说,地方社区乃是政治协商很自然的出发点。

在"从我做起"方面做得不错的人们越来越感到无意义,其原因一定程度上在于对符号的此类漠不关心。按照通常标准取得成功的人们很容易把一切都看做手段。在这种情况下,我认为,最好的疗法就是环境疗法和自然疗法,而且合适的环境的确秘藏着创造有意义的和美好的生活的宝库。与此相关的自然范畴暗示着自然不仅仅是某种用来实现这个或那个目的的手段,它本身是独立的东西,需要我们无条件地予以关注。生态心理学和病理学是把这点看得很重的。

"只盯着"自然是一种十分怪异的行为。要想体验一种环境,就得在其中做事、在其中生活,在其中思和行。不考虑我们身处其中的各种要素之间的相互作用,就无法用一种生态智慧的方式把

"自然"和"环境"等范畴确立下来。斯宾诺莎就把知识设想为理解和爱的认知活动。

格式塔的形成,打破了惯常被严格划分为思想的东西和情感的东西之间的藩篱。人们很容易把三重特性与格式塔加以割裂,并把三重特性仅仅当做主观的情感。克服这种偏见对环保主义具有深远意义。

7. 情感、价值与现实

生态运动的行动主义往往被解释成非理性的,是对现代西方社会理性的"一味的"情感反叛。人们没有注意到,被自发体验到的现实,把情感的东西和理性的东西一并融合成了不可分割的整体,即格式塔。人们经常说,评价无非就是从正面表达对某个东西的情感上的喜好而已。

并非只有在技术取向性的文献中,我们才能发现对生态运动内部的重情倾向(尤其只讲宗教情感)的警告。一些生态学家告诫,要反对"宗教性的情感主义",或者"在自然面前的宗教谦卑"(Watson, 1985)。但经验证明,这种谦卑恰恰与科学上的清醒并行不悖。深层的宗教动机可以搅动起全世界的反应:蕾切尔·卡森(Rachel Carson)写作《寂静的春天》(*The Silent Spring*)的动机,部分就是内心谦卑的感情。人类,"生命之流中的一滴水",不应该毫无头脑地想要改变这股洪流。

在讨论价值思想时,搞清楚自发的感情、它们通过我们响亮的

第二章　从生态学到生态智慧

声音所作的表达,与由强烈的感情所激发但有着明显的认知功能的价值陈述或规范宣示之间的关系,是十分重要的。当人们对环境冲突中的感情表达心生抱怨时,很容易把这种表达定性为价值无知的结果。当然,感情的爆发不是论据,但它是有些东西被人感觉到很紧要的证据。感情陈述的例子有:"在这里很好";"某某是我真正的朋友";"这栋房子既吓人又生冷"。

在这些陈述中,感情是与意向密不可分的。举例者可能是被人弄错了:"当时的特殊氛围影响了我说在这里很好的想法"。"某某很难说是一位朋友——昨天我们才打过交道。""只凭匆匆忙忙的第一印象就说冷。我搞错了。"倘若这些句子当时仅仅是感情的外露,举例者后来就不能得出它们错了的结论。

一个陈述的思想内容包括论断性的内容,通过查找可能的错误而把论断性内容搞清楚是很有用的。自然地,当陈述尚被感觉为无可置疑的正确时,这方面的技巧是发挥不了作用的。总之,价值陈述通常是与积极的或消极的感情一道形成的,此时奢求中性会很荒谬。

说感情的爆发并不能为一个人的价值系统提供合适的指引,无疑是正确的。比如,在环境冲突中,表达自然之爱还不够。更重要的,或者毋宁说,更应当重要的,是冲突中实际表达出来的规范和价值的优先顺序。在支持挪威北极地区一个名声不好的水电项目时,挪威下院的议长说,他和反对派一样喜欢自然,但问题是优先顺序,以及政策——爱的行动。

自发的或积极或消极的反应往往至多只是表达了一个人喜欢或不喜欢什么而已。价值立场则是与这类反应有关的反思:"我到底喜欢它么?"我们于是得到了一个四维坐标:积极的评价——一个人喜欢他喜欢的、喜欢他不喜欢的;消极的评价——不喜欢他喜欢的、不喜欢他不喜欢的。

因此,想要在一场公允的讨论中消除感情因素,其成数并不大。如要辩论深入下去,就应该把这些感情搞清楚,且一旦有需要还应当弄得清清楚楚。而如果辩论涉及到多多少少具有一般性的规范,特定个人的、特殊性质的感情成分就必须被筛除出去。当一个陈述的论断性和评价性内容由于内容具有强烈的情感色彩而被抛弃时,其"要义"也就失去了。我们得到的辩论结果就是把孩子和洗澡水一起倒掉。为了避免出现这种情况,环保主义者应该在明确言说价值和规范方面加强训练。构思出强有力地、清晰的价值和规范表达方式,让对手刮目相看吧!

8. 从情感到评价

由于本书的主要意图是使哲学前提和价值观前提与生态问题的具体貌态相吻合,所以我应该把注意力引向下面这些多少有点学术性的问题。说可以把表达感情的形容词用于物自体是否合适? 又或者,这类形容词只能刻画产生感情的主体? 我将描述在生态智慧T当中如何解答这些问题。

"看那棵高高的、阴沉的、忧郁的树。"虽然把高度加诸树本身是允许的,但把处于人的意识和头脑中的阴沉和忧郁放在这里,却不伦不类。事物的三重特性具有一种最好由复杂关系来表达的本体论状态。这些关系发生于复杂的事物特性与某个场域之间。按照符号逻辑，一棵树的忧郁 S 是由关系符号 S(A,B,C,D……)来代表的，A 可能是地图上的某个位置，B 是观察者的位置，C 是人的情感状态，D 是描绘者的语言能力。这里边有无数个变量，而技术上的高度 h(P, Q)只有两个变量，P 给出了高度的单位值，Q 给出了是哪种单位。

如果你能够准确而详尽地说明特性所产生的背景，不管是在 S 还是 H 中，都不一定会出现主观主义。

忧郁和树的高度一样，不在我们的意识"之内"。这个定位自威廉·詹姆斯（William James）时代以来在心理学内部就已有描述。意识不是某种堆砌三重特性的仓库！即使大脑发展到了目前的程度，把我们昂贵的电子显微镜用来在头脑中寻找忧郁，亦可谓是乱弹琴。特性可以在别的地方找到——在树中，要是给定了关系网络的话。

把基本属性等同于客体本身的基本属性，其所得到的自然范畴丝毫不具备我们自发地体验到的任何特性。现在，还说我们不应该把这样一种苍白的自然仅仅看做一种资源、一种作为我们的经验的起因的工具价值，已经没有什么好的理由了。一切以诉诸任何类型的感觉特性为基础的保存部分自然界的诉求，都变得无意义了。一切包含深层感情、移情作用甚至与自然现象相认同的热烈诉求，因此都必须被当做无用之物予以扫除。真正的事实的范围被压缩至机械解释的数理物理学的范围。

但被体验为一系列用抽象结构来解释的具体内容的世界，其情况并非如此。当你陷入对具体的、自然的事物的沉思时，就不会有主客体关系的体验了。沉浸于娴熟的行动中时也不会有，不管此时你是动了还是没有动。不存在什么认识论上的本我能够探出头来查看和了解一棵树、一个交战的对手，或者某个决策问题。自发体验到的树，总是某个整体、某个格式塔的一部分。分析活动也许能找到许多结构上的元素。有时是一种本我关系（ego-relation），有时则不是。格式塔是一个整体，它自己决定自己、自立而又自恃。如果我们称之为"格式塔的经验"，我们很容易就会在主观主义方向上迷失。

在描绘格式塔的关系丛集时，关键是不要让通常对认识论上的主客体区分的强调，主宰了我们的表达。在自发的体验中，对应于这种区分的元素也许有，也许根本就没有。

开发者和保育者之间的对立暴露出了体验何者为真的难度。保育主义者视为、体验为现实的东西，开发者基本上无视——反过来也如此。保育主义者把一座森林视为、体验为一个统一体、一个格式塔，并且在说到森林的心脏时，他或她并不是在谈论几何学上的中心。一个开发者则看树的数量，并辩解说穿过森林的那条路只占了很少的土地，尤其是与整座森林面积相比，所以，何必如此大惊小怪呢？而如果保育主义者紧咬不放，他就会说，那条路并没有碰到森林的中心。他可能会想，心脏还是保住了。对立两派的差异与其说是伦理的，倒不如说是本体论的。他们也许有共同的基本伦理处方，但在使用这些处方时却不一样，因为他们看和体验现实是很不一样的。他们都用到了"森林"这个词，但指的是不同的实体。

"森林的心脏"、"河流的生命"、"湖泊的静默"这些格式塔在保育主义者眼里是现实的本质部件。对于保育主义者来说,开发者似乎患了一种不可救药的盲症。但在环境问题上,一个人的伦理观大体是以如何看待现实为基础的。如果开发者能够看到整体,他的伦理观也许会改变。只要他还坚持他那些仅仅把森林看做一排排树木的观念,就没有办法让他诚心实意地去保存森林。他对保育主义者的指责,即他们是受主观感情所驱动,牢牢地以他的现实观为基础。他认为他自己对开发的积极感情是以客观现实为基础,而不是以感情为基础。而且,只要社会基本上还由开发者所主导,他就用不着在言谈中脸红脖子粗。容易脸红的,正是那些抗争的少数派,而不是那些跟着主流走的人。

我认为,在环保主义哲学中,关键是要从伦理问题转到本体论问题然后再转回来。搞清楚本体论的差异,可以大大帮助我们搞清楚不同的政策及其伦理基础。

在以具体内容起步的分析中,实然-应然、事实-价值的二分法看起来与休谟(Hume)始创的、事实判断和价值判断的二分法很不相同。具体内容的表达,是特指(designations),而不是陈述性的句子。

"客体 X 具有价值 Y"这类表达式,立刻就会引来这样的问题:给定一个客体 X,我如何评估它的价值 Y 呢?如果我们以具体内容的特指起步,比如"马上可以吃的美味的红番茄"或"味道真差的烂番茄",评价性的用语在我们分析的一开始就有了。况且,可以与价值相分离的番茄是不存在的!

柯倍德(J. Baird Callicott)说,"生态学通过改变我们对世界的看法和我们自己与世界的关系的看法,改变了我们的价值观。

它揭示了客体内部的新关系,而一旦揭示出来,它就搅乱了我们古老的道德感的核心"(p. 174)。这种搅乱本身就是某个格式塔的一部分,而因此之故,它是脱离不了"客体"的。我所做的,就是去解释我们对世界的看法发生了何种改变,以及讨论中涉及的主体的状态如何。

在据信作为以格式塔形式表现出来的内容的全世界所有物品之间,存在着内在的结构关系,但它们并不给内容的集合增加什么。我们可以随意按不同的方式从概念上描述它们。生态系统范畴被用于描绘抽象结构,而深层生态运动某种程度上也对抽象结构十分关切。尽管不能高估抽象结构考量的重要性,但就像地图一样,它们的功能不在于给疆土即内容增加点什么,而在于使疆土更加一目了然。整个地球不是地球加它的绘图。

因此,从情感转向评价,与其说是一种真实的变动,倒不如说只是着重点的一种转换,是一种在已将感情接受为激发我们多种多样的、真实的世界观的基本动力的基础上对着重点的转换。余下的任务于是就只是探究我们能够将何种感情接受为证明我们的行动的合理性的指路"明灯",以及如何在一个始终如一的、能够阐明和解释我们的信念并由此将这些信念转化为行动的理论系统中去察知这盏"明灯"之光。

第三章 事实和价值:基础规范

1. 铿锵有力说出你的价值优先顺序

深层生态运动设想有一场基本态度的转变,即从主流工业社会的主导范式处转变过来。规范和价值必须一再被拿来与其他东西作比较,不是与任何明晰的、证明主导范式合理的哲学(似乎尚不存在)相比较,而是与它的实践相比较。

这样一来,我们就需要对我们那些契合基本态度转变的规范和价值加以详究。这又要求对这些规范和价值加以尝试性的系统化。这就是为本章搭建舞台的理论背景。本章将讨论一些哲学上成问题的话题,并牢记它们对于现实中的生态争议的重要性。我将用不同的方式来精确地讨论同样的主题,因为我们发现,读者背景不同,搞清楚同样的话题需要不同的路径。

不是一切都是可以证明的——这是亚里士多德最先强调的旧思想了。证据链在任何明确的场合都必须有一个从某处起步的问题。这类论证链条的第一个不证自明的环节被称作"公理"或"假定"。那些靠这些假定来证明的,叫做"定理"。数学史和逻辑学史告诉我们,理论系统多种多样,但它们都有一个自己不去捅破的出发点。它们也有法则,一些法则是从其他法则推导出来的,但至少有一个法则必须是简单地假定的,不用任何证明。

当价值优先顺序被追溯至此类基本原理时,后者的有效性就能够推敲了。证据任何时候总是止步于某种既非证明的又不可证明的、既非解释的又不可解释的东西。

但是,价值公理难道就一定不比其他评价更加主观吗?原则上说,这种情况与数学上的公理和基本法则的情况并无区别。它们出现时,教科书第一页上并没有摆出证据,但这不能说明它们就更加主观。假如情况真的如此,那你该如何解释这一事实,即用"主观的"公理和证据法则推导出来的定理,可以是主体间的并在客观上有效?

在科学中,正如在一切其他沟通领域中一样,我们必须从某处开始,并拥有明晰的法则、规范,含蓄的评价和简明的论断。我们可以用马丁·路德(Martin Luther)的话说:"我站在这里,其他都是废话!"我们可以补充道:"我就是这样看和体验世界的!"而且,可以在"这样看和体验"中间再插入别的话,也可以用括号把它们括起来。与我们的对手面对面的时候,我们已经知道提出看法的就是眼前这么个人。那么,在表达评价时,为何还要加上一句"我想"或者"就像我体验到的"呢?我们不说"就像我体验到的那样,公共汽车是在两点钟离开的"。一些规范和评价就像公共汽车的时间一样清楚明白。当我们想好了个人的评价时,让我们忘掉谦卑的"我认为……"或者"我不得不认为……"吧!总把规范挂在嘴上,那是得了臆想病!

但是,任何时候增强规范上的直白性,都应该同步消除与时间、社会空间和物理空间的有效性有关的绝对论、夸夸其谈和"永恒论"。

把某个特殊规范接纳为基本原理,或基础规范,并不意味着非得断言其绝对不会出错,或者非得说接纳一个规范与它在现实情境中的具体结果无关。武断或玩弄辞藻一开始就不应当有。

就像对待描绘性陈述一样,我们应该坚持可修正原则。在规范领域,一味地固执己见会使得平和的争议事实上成为不可能。一般来说,接纳一个给定的基础规范,比如普遍放弃使用暴力,是由无条件拒绝使用暴力的具体事例来激发的。由此起步,对其他可能情况的反思就会导致规范的普遍化。逻辑上说,论证则朝着相反的方向来进行,即从普遍性到特殊性。对具体事例的证明根据基础规范来进行,而对规范的接纳则由与具体事例有关的经验和反思来激发。改变推导出来的规范不仅在逻辑上合理,而且具有激发特性,而基础规范的改变则纯粹是激发性的。

身处我们的社会中的我们,还包括大多数社会中的人,也许都受到了我们早期无助感的影响,因为当我们还是小孩时,大人们总是口气强硬地说:"你应!""你该!""你必须!"后来,对此类说话方式的反感也许会向一切直截了当的评价扩散,甚至扩散到更加中性化的评价如"正确的做法是……"。对于我们从学校讲台上得到的评价而言,情况尤其如此。这种说法也许会让人们重新唤起孩提时代的笨拙样子,感觉到自己正在被权威影响所操控和笼罩。

许多科学家似乎极力想用解释性的句子来代替描绘以避免直接的影响。但如果我是用"根据挪威法律,正确的做法是"来取代"正确的做法是",我依然能够施加某种影响。限制自己使用描绘性的陈述,并不能防止出现可能的影响;相反,这种影响往往会更加强烈。非规范性的"有钱的吸烟人吸某某牌子的烟"也许比"吸某某牌子的烟!"更加具有暗示性。

哲学界有一种反对声音,即当规范发生直接冲突时,必须停止进行公允的讨论:后续的进展已无可能了。绝对主义或者缺乏规范辩论的训练,也许是罪魁祸首。停下来,可以保证讨论建设性地进行下去,尤其是当情形属于非暴力沟通的时候。

如果你承认评价是可以证实的,那么,此时的情形就与(非规范的)描绘直接相冲突的情形并无二致。"根据挪威法律……""不,挪威法律并没有说……"分歧在于对挪威法律的描绘不同。"如果你饥肠辘辘、身无分文,从店里偷面包吃就是正确的!""不,这可不能当成常理!"上面两个在前的陈述,其证实的企图已做出。但在这两种情况下,基本的方法都是假定的,若不靠循环推理,其自身就无法被证实。

换句话说,"在公开的规范冲突中公允讨论的继续是不可能的"这个论断是无效的。这可能很难,但一切种类的分歧,其情况莫不如此。在数学、物理学以及其他一切产生此类分歧的领域,情形概莫能外。

如果一个说话的人所说的规范"否认 x 是对的"被听众回答为"否认 x 是不对的",那在这场吵吵嚷嚷中是一无所获的。这种情形必定还要付诸辩论。一场辩论需要先搞清楚价值的优先顺序。"我认为……""我感觉……"之类的套话或许也能引发辩论,但它们往往具有相当不诚实、不坦荡的特征。其中的短兵交接不多,更多的是躲躲闪闪。没人想去伤害谁,也没人想去硬扛什么、坦白什么。用一种尽可能直接和具体的方式表明一个人的态度,则要好得多。

规范表达谨慎与否,密切关系到人的直接行动角色。行动的对立源于规范的对立,反之亦然。我伸手去拿金条,别人也要去拿。如果我们每个人都认为自己的姿态应该在伦理上有担当,甘地解决冲突的策略就可以拿来使用了。我们一边握着金条不放,一边与我们的对手交谈。即使是在这样一种直接的行动中,互动的意义也不会有丝毫减损。

前述内容与深层生态运动有何关联?涉足"环境"问题的官僚机构成员、政客以及他们的科学和技术幕僚,似乎总有这样一份工作负担和工作责任,即寻找仅仅基于"事实"的论据。一切不契合既定框架的东西都会轻易被感觉为一种威胁。一切为直截了当的评价击节叫好的行为都不允许。

不铿锵有力地说出更大框架内的价值优先顺序,深层生态运动的目标就无人能理解,更遑论实现。

强大的利益集团所提及的最常见的反论据,一般都由诉诸民意所构成:公众需要的是更高的工资、更低的税率、更多的物件、更长的假期、更高的生活水平、更少的失业、更多的医疗:都是些一时的满足!

在社会冲突中,对立双方自然会形成看待对方的思维定式。那些多多少少要为从深层生态学观点看来有害的决策承担责任的人,容易对深层生态运动的支持者尤其是激进的支持者感到不顺眼、不理解。而后者也会对前者产生定式化的看法。偏见会增强对立阵营的动机,但它还会使沟通产生扭曲,偏离非暴力解决冲突的原则。心胸开阔和公平竞争可以战胜这个难题。

在20世纪早期,许多人相信高度发达工业社会里的政治将具备社会技术化的特征:何者明智,是可以计算出来的。"意识形态的终结"曾是个强有力的口号。"政治家"将被淘汰,取而代之的将是——行政方面的、经济方面的、技术方面的——专家。决策于是可以在远超出普通人能力的计算的基础上作出。

对技术的信仰如今依然鲜活,"但这只是一个技术问题"的主张依然经常假设我们生活在一个"进步本身"由并且必须由技术引领的社会当中。终极价值的公开讨论被简单地归结为没有必要——事情总是依其自身的惯性发生发展的。

很少有什么东西比"阻止进步是没有意义的"这个说法对率直的言论,以及更一般的,对生态运动中的亲身参与更具破坏力了。"发展"和"进步"被认为是技术-工业增长式的"发展"和"进步",是向更少、更大的组织单位的变革,是集中化,是空前更"有效率的"工作流程:"技术发展使得空前大的机场成为必需";"进步要求有更大的工业单位";"发展使得更大的政府单位成为必需"。

有意思但令人不安的是,我们发现,某些技术-工业的生存维度如今被接纳为不可变易的、客观的。我们不说:"进步要求我们把贫民窟消灭掉,企图阻止这么做是没有意义的!"贫民窟也许到我们达到商业太空飞行的时候能够消灭掉,但为什么"发展"和"进步"这些词在这方面的感染力如此之小?换句话说,我们为什么不说"进步要求我们每一个人都能够接近自然,我们的孩子都能够有一个适宜的环境。反对这种进步是没有意义的",或者,"进步要求宪政民主转变为一种真正共生共荣的民主"。我们到底该在什么时候才选用"进步"这个术语呢？我们为什么闭口不谈生活质量上的进步？

深层生态运动的力度,取决于其支持者迫使事实依赖型的、支撑环境决策的专家们用价值和优先顺序的语言开展讨论的力度(Naess,1986a)。

2. 总系统:金字塔形的规范系统模型

系统是"系"和"统"二字组合而成。系统化就是使某些事物相互契合进而成为一个整体。下文的意图是把许多特殊事物契合起来,并提出一种整体观。我们必须去处理的丛集联系十分紧密,不形成显著不同的丛集特征,就不能把各特殊要素独立出来。换句话说,丛集是一个环环相扣的统一体。从具体语境中去看待事物,用此处所定义的系统化的眼光去看待事物,是生态思维的典型特征。因此,"万物内在皆联系"的口号,指出了阐明整体观、在每一个决策中把原则上有关联的每一件事物都联系起来的必要性。

因此,"系统"一词在此有着积极的价值内涵,而不像在大多数反对大系统建构者的现代哲学思想[阿奎那(Aquinas)、笛卡尔(Descartes)、斯宾诺莎、黑格尔(Hegel)等等]中那样是消极的。但提倡系统化并不意味着提倡系统教条主义——把某一个理论系统鼓吹为唯一的真理、永恒的真理。理论系统是陈述的结构聚合,一切理论系统都是暂时性的、试验性的。一个包罗万象的哲学系统,其意图就是想表达思想和行动的一切基本(或基础)前提,并提出一些具体应用的领域。这是一个最小值。确切地说,即无法把这个理论系统扩展到适用于一切决策。杰里米·边沁(Jeremy Bentham)曾精心编制他的政治哲学,居然把投票箱的首选颜色也包括了进去!其他的决策也许更重要。

公允辩论的法则要求我们在解释、定义和说明等问题上端正立场。如果提出的论断不止一个,你就必须确保它们彼此之间的一致性(consistency)。任何情况下,你都必须正视一个特殊论断所引发的后果。进一步说,从结论到前提的"后退"道路必须是看得见的,让人可以回溯得出这个论断的论证轨迹。当某个论断至少有一个经验的要素时,经验检验的可能性就必须费费思量。你必须准备好承受将你的行动立足于这个论断所带来的一切结果或后果。

这与深层生态运动的支持者有什么关系?他们接受的培训主要是讨论事实,却很少是讨论价值,至今很少是系统地说明价值优先顺序,很少是认真地将具体的环境冲突事实与强有力的哲学和宗教基本立场——他们自己的终极前提——联系在一起。这和他们的对手真可谓是不分伯仲。为说服对手,或者至少是使对手的反对态度稍加软化,他们需要做的,就是使辩论真正建立在优先顺序的基础之上,尤其是那些长期的优先顺序的基础之上——不厌其烦地请他们表明他们在长期的价值、深层的价值上的立场,以及更加重要的,在规范上的立场。

"你太教条,太简单化了""你太固执地相信你的系统了",该如何看待他们这些反应?

在辩论中,这意味着如果你觉得和我一样,你就应该大胆宣布你站在哪一边。但即使此时,你也应该在真理面前保持全身心的谦卑。承认困惑,但坚决主张再困惑也要行动——即使弃权也是有政治后果的。记住:有一种东西叫做"玩忽职守"。行动起来、加入战斗吧。你的对手,多半既看重个人的忠诚和诚实,也看重承认自己意志薄弱、易犯错误的态度。但在公开场合讨论价值需要训练,其中一些(当然只是一些)是理论方面的。

在生活当中,在社会当中,新的、意料不到的考量总是不断产生、不断冲突。需要我们作出判断的情形总处于不停变化当中。我们对我们的行动和政策的效果所做的假设,不管它们是公开的还是私下的,难免总是出现错误。规范的碰撞不可避免。自始至终绝对一致,那是一种幻想:你变了,事物也变了。我们是否应当始终如一地建议立刻停止"无用"物品的污染性生产?或者,我们是否应当始终如一地首先为那些因为停产而受到波及的工人在附近安排好新的工作?也许都不应当?但我们需要普遍性的行动指南!

我们对做什么或者应当做什么的看法,很大程度上依我们对世界是如何组织起来的假设而定。套用到生态关系上,这意味着我们的规范依我们在生物圈内部相互依赖关系上的信念而定。

可以把一系列规范排列成金字塔形,或者更准确点说,排列成一个梯台形,底部宽,顶部窄。非推导出来的规范放在顶部(图3.1)。尽管这是一个有用的概念性设计,但如果你把它类比为结构、组织或沙盘,那也有问题:记住,这个金字塔只是为了逻辑上的推导!上部的规范不被认为是伦理上用来接替下部的规范。我们使用了金字塔形的系统化,但只有在对态度和优先顺序等关键术语加以新的概念上的厘定之后才可以使用。(必须充分理解这一点,为的是避免产生弗里乔·卡普拉[Fritjof Capra, *The Turning Point*, 1982]将会批评的那类误解——如果你认为"规范树"的意象(顶层的规范就像是树干和树枝)更加合适,那么,就放心大胆地使用它吧。

每一个规范都有它特定的位置。顶层的规范也许涉及到自由、平等、友善、对邻里之爱,或者对真理的追求。系统化范围之内的其他一切规范和评价,于是被认为是相对于基础规范而言的推导出来的规范。推导也可以叫做合逻辑。"推导"一词的其他用法,比如历史的推导或者生成性的(寻找起源)推导,在此需要回避。

当某个价值被说成是既定的系统化过程当中的手段时,这并不意味着它就缺乏内在价值,而只是说,任何这类潜在的内在价值在系统化的过程当中并没有露面。举个例子:从"选择最经得起时间检验的东西"、"忠诚最经得起时间检验",(用尚可容忍的逻辑)推出"一定要忠诚",这样的推导与忠诚有内在价值并不矛盾。

只是在成为另一个更加基础的规范的实现手段时才有效的规范,叫做纯工具性规范(purely instrumental norm)。一个真规范(genuine norm)则是其有效性不取决于手段-目的关系的规范。它的实现有其高于、超越于一切手段价值的内在价值。成为一个真规范,并不妨碍它额外拥有手段价值。忠诚一方面可以被认为有内在价值,同时它在实现我们的社会存在中的许多规范方面,也有手段价值。因此,"一定要忠诚"既是一个真正的、基础的规范,也是一个工具性规范。

如果考试和打分的规范相对于合作、友善、爱等规范被认为是纯工具性的,那么,合作、友善和爱等规范则占据了目的-手段金字塔的更基础的一个层级或平面。因此,"要帮助你的朋友"和"考试时不要帮助任何人"之间的规范冲突,就可以通过否定考试的规范而得以解决。

记住,这种比较只能是在涉及逻辑上的推导时才可以,决不能用于伦理或道德的优先顺序。如果基础规范是"决不要把另一个人仅仅用做手段"(康德语),而人又分为黄种人、白种人、棕色人和黑种人(这是一种相当奇怪的分类),结果就有四个推导出来的规范:"决不要把黄种人仅仅用做手段";"决不要把白种人仅仅用做手段";等等。鉴于这些规范是推导出来的,于是就赋予它们更次的伦理或其他方面的有效性,这是荒谬的。另一个例子是:如果我们把"不要杀生"与"不要弑母"比较一下,第一个规范在逻辑上就有优先性,因为从它那里,我们可以推导出第二个规范,反之则不行。第二个规范则有伦理上的优先性:如果接受了第一个规范的某人受到诱惑去杀戮,是杀他的狗还是杀他的母亲,这时伦理上的情形就清楚了。

现实利益的推导,需要有有关世界中的实际条件、我们的实际倾向等等许多东西的陈述。从统计上看,在用语言表达出来的意识形态当中,与规范性的陈述相比,所谓的事实性的陈述占了压倒性的大多数。希特勒(Hitler)的《我的奋斗》(*Mein Kampf*)尽管想起来令人不快,但例子还是很典型的,它就大部分由包含描绘性内容的陈述,即关于犹太人的臆测所构成。

这些臆测显然非常怪异，但必须被人接受，否则整本书的结构就垮了。正如我们大多数人今天不会接受这些臆测中的任何一个一样，我们也不能接受希特勒关于如何对待犹太人的规范。

生态运动的热忱参与者也许会让其他所有的人经受雷霆万钧的规范暴风雨。许多规范采取的是口号、格言、箴言的形式。可以想象，它们很多是不准确的，在不知情者眼里有可能是教条的、偏狭的、狂热的。（把洛杉矶还给秃鹰！①）因此重要的是，那些毫不留情地使用这些规范的人心里头其实明白，这类口号原则上都是无意义的，离开大的规范性和描绘性的概念情境是无法证明其合理的。即使我们能够解释预先设定的规范系统，我们也必须对我们在给定的情境下能够传达出多少东西的狭隘局限性了然于胸。

比如，有一句很好的口号，说要把私家车换成自行车来做上下班的交通工具。但向全世界宣布这样一条普遍的规范"骑车，别开车去上班！"其中包含的不合理性就会让人毛骨悚然。如要系统化地思考这个主题，就要考虑许多因素——千千万万个地方社区的千差万别的条件、各种各样的气候条件、公共交通的多种多样的可能性，当然还包括其中涉及到的距离因素、骑自行车造成的污染、交通拥挤时骑车的危险性。在某些情况下，换成骑车也许意味着资源消耗的增加——比如，如果骑车人每次骑车后都要洗一个用

---

① 1984年第23届奥运会上，有一只秃鹰突然在洛杉矶死掉。这只秃鹰名叫"轰炸机"，乌褐色的两翼展开足有2米长。当时正准备让这只秃鹰参加奥运会的开幕式表演。后经解剖，这只秃鹰死于烟雾诱发的肺尘病、血液中毒和血管破裂。各家报纸竞相报道，是臭名远扬的"洛杉矶烟雾"杀死了这只秃鹰。——译者注

第三章 事实和价值：基础规范

油烧出来的桑拿浴,或者,这样一种交通方式反而妨碍了公共交通工具的使用。如果你打算系统地思考某个冲突四起的主题,构思就必须精确并细细权衡,提出的规范和假设的大意必须表述清晰,同时要讲明它的不足,比如,难以避免地缺乏的完整性。

纯工具性的规范要尽可能少,这对生态运动最为有利。在讨论自行车时,不仅要提到可获得的内在价值,比如更亲近户外生活(outdoor life),而且要提到踩自行车脚蹬而不是踩汽车油门所包含的真正的乐趣。记住,反污染的规范往往具有一种令人厌恶的工具性特征:"注意点吧,别再污染了!"(美国国家公园管理局20世纪70年代广告中的"林中猫头鹰"如此鸣叫)避免出现这类规范的根本方法,比如,可以是间接反对使用易拉罐的行动。但宣布说:"不要使用易拉罐!",这不过是用一个全然工具性的规范换上另一个全然工具性的规范。

如果与特定目的有关的规范相互之间并无关联,规范的冲突就会时时处处产生。没有哪个规范能够绝对地或最大化地适用——它们哪个都必须顾及其他所有的规范,都必须调整自身以适应其他所有的规范。反对资源消耗的极端规范将挡停许多活动,比如生态学研究,并因此阻滞各种负责任的全球生态政治的发展空间。要求地方完全自立自足的极端规范,将意味着每一个地方都会"各人自扫门前雪,哪管他人瓦上霜"。所有的规范之上,总会有一些居间的、限定性的要素。

前述的例子说明了生态主题所面临的系统语境。当特殊的规范被孤立起来并被普遍化时,结果就不会是生态政治上负责任的政治,而是各自为政的政策大乱局。

遗憾的是,有一种倾向认为,一个规范的最终后果只有把它孤立出来并普遍化之后才能露出真容。那些尽管某个规范不是某个整体的一个片段也依然死守着它不放的人,却被称赞为遵循逻辑、前后一致!

生态协商(Ecological deliberation)发生在最广阔的供人思考的领域。因此,把它阐述清楚的努力,导致了哲学理论系统的出现。即使采取的是教条主义可能性最小的态度,比如,只是提出问题,你也要以假设和规范作为基础。否则,我们根本无法构想出特定的议题。

对于每一个参与辩论的人来说,出发点有两个:我们自己的理论系统或者世界观,以及我们在周围发现的某一种或某一些有意义的思想。我们的行动是在社会场域中采取的,我们必须也将会考虑各种评价和各种对事实的解释,否则知识的缺乏将会借此在特定的语境中统揽一切。

社会哲学,正如它在公开辩论尤其是在政治决策制定上表现出来的那样,采取了一种金字塔的形状,但这个金字塔的中间部位通常十分凌乱,甚至空无一物。换句话说,从基础规范推导出具体决策,其逻辑往往不靠谱。从民主、自由、公正、安康等基础原则,通往实现这些原则的具体政策的道路,就像深山小径一样,踪迹难寻!政府的表态本应该包含重要的生态政治原则,但这些原则看起来往往与决策沾不上一点儿边。那些提到了具体行动计划的稍微具体点的政策,则经常与这些原则相背离,只是重走了一遍过去的政治过程的老路。

中空的系统金字塔可以用图3.1加以形象说明。从原则到现实决策,中间连一条推导线也没有。

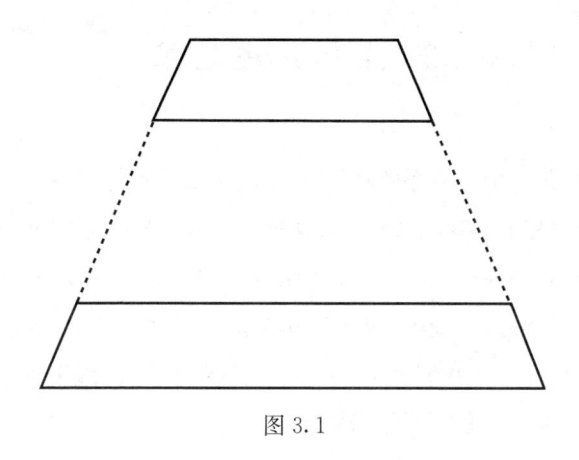

图 3.1

中间部位完全没有接合的例子,可以在挪威小学目前的课程表计划中找到。它宣称,学校教育只是一种手段,目的是让孩子们养成一种以真理、正直、诚实、合作和仁爱为中心的生活态度。但这个目标如何才能实现,则只字未提。孩子们通过学习事物、学习各个科目,就能够变得仁爱么?考试是不是紧紧扣住了这些价值?孩子们为什么不能在考试时合作?为什么它不是一项团队的任务?

这种课程中隐含的是这样一种学校教育理念,它十分狭隘,实质上只局限于给一群群相互竞争的孩子们提供教学科目。大量的规范和假设仁慈地逃过了批判眼光的审视。它们属于金字塔的中间部位。没有了它们,顶部悬浮半空。假如使用了十分宽泛的定义,学校教育上的辩论就可能成果丰硕,公众的兴趣也可能大增。

3. 生态系统思维

由于在一个生态系统内部可以发生数不胜数的相互作用,因此,方法模型的运用将发挥决定性的作用,尤其是那些可用数学方式表达的方法模型。生态系统内部各种关系的选择是特定的。这一选择某种程度上是对"现实"的模拟。一个首要的概念就是"t时的系统状态"。我们将从一定数量的维度来描绘它的状态,而每一维度又将用一系列变量来表示。

系统生态学的进展依赖于系统建模,后者则是在系统的规模和细节的各个水平上建构起来的。例如,你可以研究和预测一个驯鹿种群如何关联到并取决于捕食者的数量以及其他一些因子,而用不着研究单个的驯鹿与特定捕食者的关系。对后者的研究发生在更低阶的相互作用系统。同理,你可以在不研究特定动物的单个细胞的情况下,研究它的生与死。不研究细胞中的每一个分子的化学结构,也可以用许多方法去研究细胞。有人提到过集成平面(planes of integration),我们就可以在这个平面上研究一系列复杂的系统要素的活动,而用不着非得研究每一个要素的子要素不可。

我想说的要点是:所有这些研究都是零碎的:经过抽象分析,它们选择并割裂了关系网络。它们永远不打算去研究整个网络。可是,根据我们的直觉,世上有一种我们叫做现实的东西,它在某种意义上是个统一体。整体性的观念不能打折扣。

零碎的研究之所以让人满足,只因为提出的问题也是零碎的。问题之所以零碎,是因为我们不能同一时间研究每一件事物。在我们的日常工作中,在我们的学科间合作中,我们有时必须拆开整体性的思考。但每当要作出生态政治上的决策时,综合的工作就非做不可了:此时我们必须对眼前问题的所有方面和维度负责。

让我们思考一下一些在整体与整体各要素之间的关系问题上比较极端的立场——这些立场往往被称作"整体主义"(holistic),即特别强调整体。

一个活细胞只能从表面上被看作一个有质量的物体,因为更深入的描绘就会引发场思维,在场思维中,把细胞"本身"局限在一定的时间、空间或其他维度中的做法已遭放弃。整个细胞单元的运动,已远远超出了它的可见的范围。电荷和化学过程在广袤的领域内都有发生,因此把细胞"本身"从某个环境中孤立出来是毫无意义的。细胞壁不是不依赖于它们的周边事物,但它们并不是通常意义上的壁。我们应对的是一张力和相互作用的"天网"(Weiss,1971)。

正如此处表明的,很明显,整体与部分的划分不适用于活细胞。部分是无法分离出来的。无物可以从中分离。这就是"整体大于部分之和"的含义。此话活灵活现地展示了格式塔思维。

生物学中的系统理论家们,正在为改变习以为常的人类与其周边事物之间的关系的观念结构作出贡献。

(1)人在环境中不是一个物,而是无确定时空边界的关系系统中的一个接合点。

(2)关系系统把作为有机系统的人,与动物、植物以及传统上被说成是在人的生物体之内或之外的生态系统连接到一起。

（3）我们关于事物与质量、部分与整体的陈述，不转往场思维和关系思维，就无法弄得更精确。

戴维·博姆(David Bohm)在谈到他"在'一切此类事物的整体'的普遍性质问题上的建议性看法"时说，"在（现实的）这种发展的任何特定的时点上，可能产生的任何此类看法至多只构成一种建议。它不被当成一种有关终极真理据信是什么的假定，更不被当成一种有关此类真理的性质的结论。毋宁说，这种建议本身变成了存在的整体中的一个活跃因素，这个存在的整体，既包括我们自身，也包括我们的思维和试验性探究的对象"(Bohm, 1980, p. 213)。当我们提出我们的假设、宣布我们的规范时，我们的言行所具有的此类局限性并不减少我们要去提出和宣布的权利和义务。

上面引用的这段话对于搞清楚这一点很有用，即"揭示"对"一切此类事物的整体"的看法的工作，本身就是这个整体的一部分，是这个整体的一个次属的格式塔。当我们积极揭示我们的看法时，我们在塑造和创造任何时点上"有什么"时就有了创造力。

4. 终极目标的寻求：快乐、幸福还是完美？

"萨尔特达尔(Saltdal)想要自然——不是水电"，这是挪威报纸上的头条标题。萨尔特达尔人也许是想说，两个都有也许最好，但问题是如果只能得其一该怎么办呢？"纯朴的自然对我们来说比任何拿到手的特许费都重要。在这点上全镇人都没有异议。"

假如物质生活水准和普遍的富裕不再足以成为一切政治的第一目标,那什么可以代替它们呢?安康?生活质量?像这样的野生自然(free nature),它既不是安康,也不是生活质量。因此,它必定是某种通过保护野生自然所获得的东西——或许是某种有助于安康或生活质量的东西?但什么是"好生活"的质量?如果它们无法兼得,至少是不能同时得到,应该把优先顺序给予其中哪个呢?

下面,我会提出一些十分初步的考虑,来说明什么可被称之为这个问题的"基础规范":可以把什么树立为最伟大的共同目标,应该把个人和社会的一切努力引向何方?

关于这一点,曾经被我们、并将继续被我们提到的三类目标,大致可以用三个人人皆知的术语来表示(表3.1)。

聪明的人不能只知晓这些词所包含的基本道理,还必须把它们想得很清楚,并决定如何运用它们。

具有生态智慧的人必须彻底想明白并"感觉出来"他或她真正想要什么,而且不能只是把它作为一件私人的事情,而是要从社会和生态智慧的角度予以探究。这里的问题不是如何描绘出某一种本质上已经给定的视角的后果,而是如何把态度搞清楚,如何在与一切周边事物的深层联系中而不是在孤立状态中"寻找自我"。

要实现规范阵列中处于核心位置的规范,就必须对它在特殊环境因素既定的情况下如何实现抱有信念、成竹在胸。当一个人或一群人对某一条实现路径好于另一条信心满满时,恰到好处的能量就会释放出来。这里边的典型词汇是追求目标的热爱、激情、全身心投入、热情。当人充满激情地投入某件事情时,其他的烦恼和痛苦就会烟消云散。头脑一时发热,失败必定来临。如果热情消退,无数的烦恼就会占据我们的心灵。生活的乐趣就会越来越平淡。客人感、病人感就会侵入我们的心灵。一旦成为被照顾的病人,我们就只能坐等别人施舍了。

表 3.1

目标	规范
(1)快乐	快乐!
(2)幸福	幸福!
(3)完美	完美!

心怀这种登高似的哲学和心理,我于 1965 年倡导并发表了下述"公式":

$$W = \frac{G^2}{P_b + P_m}$$

其中:W:安康

G:热爱(激情、热情)

P_b:身体上的痛苦

P_m:精神上的痛苦

这个公式的意思是说,安康的水平与热爱的水平的平方成正比。所以,只要有足够量的热爱,任何量的痛苦都将被克服。

这个公式的用处(当然,在数学界和心理学界,这个公式是可以设计得更精细的)取决于它能够在多大程度上促使人去发现他

第三章 事实和价值：基础规范

们内心渴望什么，并因此推动他们甘冒一定的痛苦和不适之险去追求。就人总是不惜一切代价逃避精神和肉体上的痛苦而言，这个公式的用处也许被高估了。典型的情况是，人们到那时发现的、可以让一切变得有意义的东西，不是快乐或惬意的幸福，而是某种别的东西，某种本应带来、但毫不确定是否能带来这样的幸福的东西。

可以预料，一些人会反对这个"公式"，因为他们认为对这类重要问题加以量化是一件坏事情。尽管如此，这个公式还是可以略带微笑地接受的，而且这点很重要。

与上述三个可能的目标有关的基础规范可作如下表述：

(1)选择给人以最大快乐的行动选项（"快乐主义"）！

立刻，问题又来了。对谁来说最快乐？对我自己？对挪威？对发达国家和发展中国家？对一切生灵？对我们这代人？长期的吗？立刻吗？是任何一种快乐吗？

要是某个选项既带来最大的快乐，也带来一些痛苦呢？如何把痛苦纳入计算？最富于奇想的回答是：快乐过后立刻死去，最能让最大快乐的获得达致圆满之境。悲观主义者——叔本华（Schopenhauer）等人——更喜欢词义消极的规范，他们谈论的与其说是快乐，不如说是痛苦，比如："选择给人以最小痛苦的选项！"

上述问题的每一个回答，都会引发另外的问题：我们怎么样去发现给人以最大快乐的东西？正确的方法是什么？要是一个需要付出很少努力的选项最有可能带来中等的快乐，而另一个有希望带来更大更强的快乐，却需要有更艰辛的时光，真正成功的机会也较低，该选哪个呢？

快乐(或痛苦),作为一种明显的、可单独体验的体验,似乎局限于十分有限的心理和精神功能。用针刺一下大腿,酷暑下喝一口冷水。用针扎一下眼睛周围,通常会引发焦虑,要是人看到针来,还会造成惊恐。我们体验的是一种逐步趋于减弱的总情形,也许只持续了几秒钟时间。痛苦接近于零,但情形令人不快。

技术至上论(technocracy)和快乐主义哲学可以说有一些使它们成为好搭档的特征。例如,在某些医学圈里,有人就主张说我们消除痛苦的努力走得太远了。用技术辅助手段消除痛苦,是我们的文化中的技术极力想做到的一条不言而喻的规范。但它有可能损害人的健康,由此带来的(广义上的)苦难甚至会盖过已有的阵阵痛苦。

(2)关于幸福、安康,以及极端的,用斯宾诺莎的话来说的"快乐女神般的愉快"(joy à la hilaritas)。正如此处所理解的,这些说法则与持久的总情形联系在一起。格式塔思维必定引领我们从快乐规范走向此类幸福规范。比如,与困顿(depression)相反的安康,涉及到的就是整个生活。

"追求幸福!"偶尔被解释为"追求成功",把"成功"定义为物质上的产出或者福利(welfare)并因此不依赖于情感生活。正如此处理解的,幸福,或者安康,有一个积极的情感维度,即首先是愉快。

我们可以在我们的语境下把幸福或安康定义为一种逐步趋于积极的、持久的总情形或总状态。一个马拉松运动员跑了20多里地之后,已经身心俱疲、苦不堪言,但他依然感觉良好、高兴,甚至兴奋。如果这个跑步的人跑得比预期的好很多,他或她还会觉得某个重要时刻正在来临。作为格式塔,这个总情形是积极的,尽管某个特殊片段可能是消极的,比如,跑步的人可能输掉了比赛,或者已经体力不支。

(3)斯宾诺莎关于人性的教导似乎是主张说,完美感的增加与愉快会融合成为一个整体,在这个格式塔当中,完美感的增加是与愉快内在地联系在一起的。愉快作为一种感觉,仅仅是一种抽象之物,而完美感不过就是深潜于人性中的这种抽象之物的拓展(unfolding)[Spinoza, Ethics(1949), 3p11sch; Naess(1975)]。

这让我们接触到了一大类基础规范,即完美类的规范,而完美一词是在拉丁语动词"perficere"的主要内涵的基础上加以解释的,此即"有始有终;做事圆满"。许多人易于把绩效、成就树立为基础价值。"幸福吗?安康吗?不,我想要某个东西。找到它我也许会变得幸福,但也许不会。"

萨缪尔·贝克(Samuel White Baker)爵士决心去寻找尼罗河的源头。受苦不在话下,可能死在路上的想法也不易他的初衷。其他人则有别的完美规范:发大财、让人羡慕;做事大方、有爱心;为人公正;尽职尽责;为了某件事情不惜彻底牺牲自己。

所谓的存在主义者也假定了重要的、不言而喻的完美规范。他们对"人是什么"、"独特的人类条件是什么"等问题的回答,是用一种描绘的方式构思出来的,但起的作用则是规范。如果一个存在主义者说某物是真正人的而别物不是,那这些陈述对他们而言似乎就是规范。

完美主义者可以高度评价快乐和幸福,但拒绝认它们为终极目标。照纯粹策略性的眼光看来,即使快乐和幸福规范被放在基础的位置,把它们不断"带给意识"也没有多大意思:以自我为中心、目光短浅的人("我幸福吗?")铺好的道路只会是消极的、沮丧的。快乐规范尤其具有这样一种倾向,即招致自满,并排斥一切带有不快或痛苦色彩的活动。完美主义理论家们坚持认为,安康通常源于积极的生活,哪怕一个人的活动会给他带来很多的痛苦。

对于一个社会的进一步发展,总有一些关键的词语去指明最基本的目标。这暗示着个体成员能够通过这种发展最好地认识到什么是"好生活"。在斯堪的纳维亚半岛,安康、福利、生活水平等词语满天飞。在深层生态运动内部,"生活质量"一词现在也占据了核心位置。

但是,像存在主义者所说的"生命的真谛"(authenticity of life),则还有很多问题没有解决。它是如何与三个主要类型的最高目标——快乐、幸福和完美——关联到一起的呢?我不明白我们要如何才能够避免它不落入这第三个范畴。这意味着个人的生活质量不知怎么就与个人的(不是按快乐和幸福定义的)基本目的的实现程度成了正比。一个共同体的生活质量接着也必须根据它的成员的生活质量来确定。此外,目的概念的差异也还有很多问题没有解决,人人都有自己看待的方式。

5. 作为顶层规范和终极目标关键词的大我实现

在系统化生态智慧 T 的过程中,"大我实现"一词被用来指一

第三章 事实和价值:基础规范

种完美。它被认为是一个过程,但也被认为是一个终极目标,而"终极"一词在这里用法十分特殊。它在系统阐述生态智慧 T 的过程中在逻辑上是终极的。该词包括个人和共同体的自我实现,但也被认为是指作为一个整体的"现实"的拓展。

像"大我实现"这类重要的关键词的含糊性和歧义性,使得一切精确意义上的推导都不可能。因此有必要搞清楚到底应该选择哪个解释方向,或者说得更准确点,到底应该选择哪个精确化的方向。但是,尽管这么一个词很重要,给它一个太确定的含义也未必就很明智。对顶层规范的句子以及其他句子进行解释,应该是一个连续不断的过程;对一个层级的规范进行尝试性的修正,同时应伴随对其他层级的规范进行尝试性的语义修正。

把"自我实现"一词纳入生态智慧 T 所用的主要的语义设计,是沿着三个不同的方向对它加以精确化的:

T0:自我实现(self-realisation)

T1:本我实现(ego-realisation)

T2:小我实现(self-realisation,首字母比"自我实现"的首字母低一格)

T3:大我实现(Self-realisation,首字母大写)

末尾这个范畴在哲学史上以不同的名字为人所知:"普遍自我"(the universal self)、"绝对之物"(the absolute)、"阿特曼"(the ātman)[①]等等。许多印欧语言则有近义词对应英语的"自我"

---

① ātman,来自古印度梵文,灵魂的意思。可以指个别的灵魂,也可以是众多的、集合体的灵魂组合;也可形容世界灵魂、宇宙灵魂。——译者注

(self)。

在西方工业国家当前盛行的个人主义和实用主义的政治思想中使用的"自我实现"、"自我表达"、"自我利益"等词,实际上指的是上面所说的"本我实现"的意思。有人强调不同个人的利益最终是、很大范围内是不相容的。"不是你死就是我活!"[①]与这种倾向相反,另一些人则立足于假设随着个人越来越成熟,相容性也会增进。生态智慧 T 强烈偏向此类在斯宾诺莎的《伦理学》(Ethics)中得到了极好发挥的思想。他的"自我保存"(self-preservation)[或者,毋宁说是"自我固持"(self-perseveration)]概念若不包含与他人分享愉快和忧愁的内容,或者更彻底地说,若不包含从小孩子的狭隘的本我发展到涵纳全天下人的具有综合结构的自我(self)的内容,就无法继续往前发展。深层生态运动,和之前许多早期运动一样,朝此方向往前迈出了一大步,并渴望发展出个人与一切生命形态的一种深层的认同(本书第七章)。

生命形态的发展尤其是从寒武纪以来的发展表明,生命空间极度扩大、生命形态的多样性也相应扩大,这种扩大是利用了不同的气候和其他条件所导致的结果。并不只有消极的适应,只有任何狭隘意义上的自我保存,还有亨利·柏格森(Henri Bergson)所说的"创造性进化"(creative evolution),一种可用令人敬畏的"生命脉动"(élan vital)来表示的创造性。因此,"自我表达"或"自我实现"一词比"自我保存"更贴切。如果觉得"自我"一词不合适,我

---

① 原文是:"One man's bread is another man's dead",其义是"一个人的面包就是另一个人的死亡",挪威谚语。——译者注

们可以把注意力集中到生命拓展(life-unfolding)或生命扩张(life-expansion)上。但这时自我与大我的实质性关系就体现不出来了。

受康德启发,有人会谈到"出色"(beautiful)的行为和道德的行为。道德的行为由涵养道德法则所促成,并在对抗某种倾向时清晰表现出来。一个人行为出色,是在他从内心倾向出发、行为仁爱之时。此时,环境并不被感觉为某种陌生的、有敌意的、我们很不幸不得不去适应的东西,而是某种可贵的、我们倾向于用愉快而尊敬的眼光去看待的东西,一笔我们倾向于用它来满足我们的生存需要的巨大财富。

假定我们希望仁爱的行为蔚然成风,我们中有些人会强调宣教道德法则的必要性,另一些人则会强调有必要更好地理解人们在什么样的条件下会借助自然的倾向而变得仁爱、变得开明。我把这个过程看做一个逐步成熟的过程,同时是一个不断学习的过程。倘若成熟的条件不好,认同的过程就会受到抑制,各种各样的利己主义(egotism)就会侵入我们持久的品质。

因此,"大我实现!"的规范是特定的社会、心理和本体论假设的统一体的扼要表述:人的人格的最全面、最深处的成熟,确保了行为的出色。这是以人性的品质为基础的。我们不必压抑自己;我们需要发展我们的大我。出色的行为是自然的,且按照定义,不是被裹挟着去遵从与人的发展成熟无关的道德法则的。人越成熟,所激活的与更多的环境有关的人格就越丰富。它引发的从作为一个整体的自我出发的行为就越一致。如此的体验最有意义、最为可取,即使有时会十分痛苦。

有人说，人只有利己地行动才能锤炼自己，只有借助于有益于"赢"的品质才能发展自己。对于此，我的看法是，人们低估了他们自己。我们的人格没有我们想象中的那么狭隘。愉快的源泉较此更深更远。我们不必锤炼本我，不必为了实现我们的潜能而锤炼赢别人的观念。为了拓展和深化自我与大我的联系，我们也不必忽视或压抑本我。

我的感觉是，这样一种思维和宣教方式比诉诸道德法则，更有益于激发开明的仁爱行为。

为什么我们每一个人都要单独用一个词汇"大我实现"来涵盖这一切呢？我并不是在请每一个人都去追求这样一个目标。但如果我们在同一个终极层面采用了一二十个关键词，而不是一个，那我们就会遇到麻烦：在证明它们的一致性时无所适从，在规范之间起冲突的情况下弄清楚它们的优先顺序时无所适从。

坚决反对建构单个术语，实际上就高估了作为工具的模型的能力和作用。如果对模型企望太多，倒不如不用它们。但伴随此类简化和建构而来的清晰性和沟通的可能性的提升，却是不容忽视的。

现在，让我们看一看精心设计此类系统模型能够揭示出什么东西。我们回头将在第七章进一步阐明"大我实现"的概念。

第四章 生态智慧、技术与生活方式

1. 生态智慧意识与生活方式

依据过去的哲学世界观,人类当前在这个星球上扮演的角色会得到什么样的评价呢?不管你认为何种宏大哲学尚为有效,我们目前的角色得到的评价一定是负面的。它与这些哲学所宣扬的价值优先顺序背道而驰。这个结论适用于亚里士多德学说、佛教、儒学,以及过去两千年前里其他宏大的哲学。

在宏大哲学中,宏大(greatness)和庞大(bigness)是有区别的。人们追求宏大,但它不是指数量大小。技术的重要性已被认识到,但文化价值获得了优先考虑。好生活的创造与盲目消费无关。

在宏大哲学中,人们被要求去评价他们的行为的长远后果,而运用的视角在时间和空间上则是普遍的。没有一个宏大哲学家认为市场关系和生产方式是国家、社会或个人的规范的来源。经济关系的重要性已被认识到,但被视为社会关系网的一个片段。

我的结论是,从无一种见诸文字的世界观赞同人类当前在生态圈中扮演的角色。环保主义用不着害怕任何一种见诸文字的哲学理论系统。

但这并没能给本书开头所刻画的情形带来丝毫慰藉。问题还必须提出：如何变革这种生态上具有破坏性但又"根深蒂固的生产和消费方式"（本书35页）？

欧洲公众的大部分现在都已认识到了环境破坏的可怕性。德国森林的毁灭人人皆知。但同样是这一部分人，他们并不能够，部分人甚至并不愿意，改变他们的生产和消费方式。增长、进步、生活水平等主导观念的惯性更加剧了这种局面。这些观念表现为顽固的态度和习惯，它们是妨碍作出大规模、长期变革的强大能动体。本章将审视心智（mentality）和技术问题，下一章，我将讨论经济学中的增长和进步观念。

生态智慧生活方式的中心口号是："手段简朴，目的丰富"。不要把它混同于斯巴达式的、冷峻的、自我否定式的诉求。

生态智慧生活方式欣赏富裕、丰富、奢华和丰裕。但愉快被定义为生活质量方面的，而不是生活水平方面的。当局势迫使拥有高生活质量的人退回到仅仅高生活水平时，这种转变对于他们的自尊心来说是痛苦的、危险的。富足、丰富、奢华和丰裕处于生活质量的框架之内，但这个生活质量是如此定义的，即这些国家的个人体验最是要紧，而生活水平却需要那些在定义"好生活"的时候获得社会公认的物品和好东西。

从质量到水平的倒退很快就会导致对钱袋子的过分关注。"我们买得起多少钱的东西？这里现在还有汽车、电视等等东西在卖。我们买得起所有这些东西，来过上最好的日子么？"

从生态智慧上看，什么对某些人来讲"最好"，这与他们的整体观有关。如果有台照相机据说比你的好很多，这对你来说也没什

第四章 生态智慧、技术与生活方式

么大不了的。买它也没见得有多聪明,生态智慧者于是觉得不拿到它也没有什么可后悔的。

2. 走向生态智慧生活方式时的相互帮助:"未来在我们手中"

今天,生态意识已在个人生活方式层面有所体现,人们开始过上一种与我们工业社会的主导生活方式形成鲜明对比的、同时也是易于激起冲突的对比的生活。由于想要过上不同生活的人必然会碰到一起,冲突和对抗自然难免,因此,一些让求新求变的人们彼此可以帮助的信息和组织中心是必不可少的。全球有许多这类组织,但它们很少能够像艾瑞克·戴曼(Erik Dammann)1973年在挪威发起的"未来在我们手中"运动(The Future in Our Hands)那样,影响到一个国家的那么多人。它包括一个位于奥斯陆的信息中心、无数个分散的活动团体。它的基本原则之一引述如下:

……保护自然和整个生物环境(人是其中不可分割的一部分),是发展和维持人类生活质量的必备条件。

详细的阐述则如下:

……此处的生活质量被认为是一种与人为的、物质的、超出满足基本需要所需的生活水平格格不入的东西；其次，生态考量也要被视为生活质量的前提条件，因此并不外乎人的责任……大多数人的生活方式应该改变，不能让西方国家的物质生活水平在本世纪内成为普遍的标准。超出、高于每个人在可见的未来能够获取的消费，不能予以支持。

1975年，一项民意调查显示，四分之三的挪威人认为挪威的生活水平太高了。"超过80％被问到的人表达了这样的意见，即生产、收入和消费的进一步增长将意味着更盛的物质主义、更多的不必要的物品，在工作场所，则意味着更大的健康压力和危害、更大的污染和更不宜居的城市"(Dammann，1979，p. xiv.)。1975年时，大多数人还没听说过生活质量范畴，但人们的回答说明我们的确需要这样一个范畴。

"未来在我们手中"运动切实将意识和生活方式的变革与直接的行动结合到了一起。变革生活方式的努力不能坐等推动此类变革的多多少少不可或缺的政策的实施。一开始就要求有"一种新的制度"，这不仅会误导人，而且会导致被动。一开始要求变革个人生活方式，随后要求脱离政治行动，结局也与此类似。这两个变革必须同步推进。变革必须是一个来自内部、一个来自外部，合二为一。

有关"意识"变革的重要性的争论，被未能区分开变革和最适于造成此类变革的策略搅浑了。各方在变革的紧迫性问题上可能会异口同声，但直接的变革努力比如道德说教却有可能被认为是

第四章 生态智慧、技术与生活方式

无效的。在下文中,意识的变革将获得高度重视,尽管其中一些直接的变革尝试,比如呼吁、告知、人道主义行动、教育等等,并不被假定为唯一的或者最有效的方法。这种变革本质上必须被解释为"因变量"。也许,某些随后影响到意识变量的变革才是最有效的,比如,经济政策的直接变革。但推动变革的政治意志,只有在民众和政治家们对当前事态的不合理性有了足够深入的认识之后,才能真正凝聚。

一些马克思主义者坚持认为,"未来在我们手中"运动谈论减少消费,是在为垄断资本主义服务,因而是反动的:废弃物是现行经济制度的产品,只有消灭这种制度才能改变消费模式。这种批评已被另一些信奉辩证唯物主义的人所否弃。斯泰纳·布瑞恩(Steinar Bryn)在《新生活方式》(*New Lifestyle*)一书中写道:

> 坚持说我们的经济制度正是我们的消费模式的根源是对的,但得出结论说消费者无足轻重则明显是反动的。把反对现行消费模式的观点孤立出来作为一种能够在政治活动中靠自身的力量取得合法性的主张,这样的想法是无益的。此类论断很容易就会在社会和物质条件及人类活动问题上陷入一种机械的因果论。你于是就会无视人民自身是历史的创造力和推动力。个人和由个人组成的群体是有能力将斗争引向变革自身、变革他们的生活方式、变革他们的生活条件的。

"未来在我们手中"运动并没有"雪藏"政治问题,而是反对低估人的首创性和个人的力量与能力。该运动是以个人为导向的。如果我们希望扭转眼前的趋势,我们必须在个人导向的活跃人士与制度导向的活跃人士之间创建一条共同的阵线。

一个人可以摆脱利润和消费意识,而罔顾仰赖于此类心智的生产方式所带来的持续不断的压力。反对派团体仰仗再一次摆脱的可能性,并且高度重视个人的思想和感情。戴曼坚持认为,一味地抱怨制度可以休矣:

> 在讨论欠发达国家的困难时,我无数次听到过这样的腔调:"错的是制度……"说这些话有什么用呢?当然,这个制度是坏的。它坏到了这样的程度,简直令人难以置信,它居然在人人都说必须要有变革时还活得好好的。但是,是谁有力量维持它们在我们民主国家现在这样的生存条件的呢?说仅仅是资本家、工业巨头、官僚、政客有力量保存这个我们的社会、我们的生活水平赖以维系的制度,未免太过简单化了。在大多数富裕国家,人们可以自由鼓动变革,只要他们愿意。实际情况却是,没有人说民主经常缺少太多,更多是说,没有理由怀疑如果挪威人真的想变革,变革不会在挪威发生(Dammann, 1979)。

说得直白点,从"必须变革制度!"的规范,推不出"不需要变革意识!"的规范,而从"制度改变一切"的假设,也得不出"意识什么也改变不了"的结论。

意识的变革主要在于转向一种更具平等主义倾向的对生活、对生命在地球上的拓展的态度。这种转向为现代人这个物种打开了一扇更丰富、更满意的生活之门,但依靠的并不只是一味地关注现代人。这种态度是从我们生存的更真实的图景中产生的。

3. 心智变革的影响

意识不出现变革,生态运动就会让人觉得是一场无休无止的提醒活动:"丢人!你决不能这么做"、"记住!不允许你去……"心智出现了改变,我们就可以说"想想这有多好吧,如果你……""看看这里!我们还没有享受到这个……真是可惜啊!"要是我们能够里里外外把心智稍微打扫一番,我们就能够期望生态运动将是一场更富新意、更有乐趣的运动。

仅仅依靠政治过程对政府施加决定性的绿色影响是危险的。马克思主义者早年对"古典自然保护"的批评是有价值的,因为他们强调了政治参与的重要性。然而,毋庸置疑的是,大多数自然杂志和协会应该总体上保持政治和道德宣传的自由。它们培育和鼓励自然的热爱者,但如果总是用令人沮丧的新闻、冗长乏味的会议来落实严格的政治路线,这些杂志和协会的士气很快就会陷入低落。

对于生态运动内部的工作人员来说,重要的是不把精力分得太散,而要全力去干一两件事情。一些人于是集中全副精力去提高认识,加强与心智和意识形态有关的协商,而另一些人则选择直接去改变工业、渔业、农业和其他现实生活领域中的社会和经济条件。在整个运动内部,贬低任何人的努力都是一种罪恶,必须不惜一切代价予以避免。要禁止宗派主义!"未来在我们手中"运动明白,发展的主要问题在于把经济增长和产品增加放在了压倒一切的位置。该运动鼓励减少个人总消费,并将通过信息交流、认识提高、相互影响等努力,使个人和社会摆脱消费压力,而正是这种压力,使得政治家们很难对更好的政策和更健康的社会给以支持。

变革心智的需要和有组织地深刻变革社会结构的需要,是紧密联系在一起的。这两方面的努力必须协同合作,决不能彼此掣肘。

让我们设想一下艾瑞克·戴曼所鼓励的生活方式和意识变革,其中只有一个发生了:废弃物减少了50%,但上百家企业立刻出现了销售问题。一年内,失业率也许会翻番。若要避免出现凡此种种不幸后果,只有令这些变革与其他变革同步推进。此例中最关键的是改进生产,以驱散失业的幽灵。为避免产生不良后果,考虑把减少个人消费作为整个生活模式(它还包含政治参与)的一部分,是有益的。

在生活方式的巨大变革推行开了以后,与主导生活方式的日常尖锐矛盾将招致舆论反弹。有人会觉得自己成了掌管国家的僭位者的牺牲品。但我们也要看到,推行大的变革是一项长期而艰巨的任务,只要形成的主导趋势还在抗拒此类变革,情形就会如此。实践中,不"过公众这一关"是不可能的。

4. 技术与生活方式

现代工业社会的技术发展，对深层生态运动以及其他类似运动的支持者所厌恶的那样一种生活方式形成了持续不断的压力（Elgin，1981）。造成这样一种对立的数个原因是十分清楚的：现代工业技术是一个核心要素，它倾向于庞大，倾向于消减那些你可以称之为"自己动手、丰衣足食"的领域，它给我们强加了庞大的市场，迫使我们追求高不见顶的收入。行政管理技术也已经与物理技术相适应，并鼓励有越来越多的不带人情味的关系。

那些抗拒此类现代发展的人拥有一些共同的技术符号：自行车、自烤面包、物品回收。下面，我只会提到一些原则性的东西，比如技术、生活方式、经济、政治，它们毫无例外都会涉及一些重要文献，这些文献虽然体量越来越大，但也只是涵盖这个巨量的、复杂的探究领域的一部分而已。深层生态运动每天都在面对这个领域的议题。

能源意识是指对于消费有限资源的意识、因能源需求得到满足而产生的欣喜（delight）、对废弃物的关切、对能源需求遭受严重威胁的穷人和弱势群体的关心。我们这些不是穷人的人，不管在何处与自然界保持着密切而直接的关系，不管在何处积极提供取自自然资源中的能源，能源意识都会时刻伴随着我们对地球的丰富性的感觉和体验。

在现代工业生活中，热水冲出龙头狂泄，人们既没有从热水惊人的丰富中获得愉快，也没有从一时的奢侈享受中得到愉快。这种情形甚至在那些专门从事节约用水、完全了解（尽管相当抽象）有限资源的轻率滥用将带来何种危机的人中间，也是如此。

在北欧国家，能源意识甚至在人类生命幼年时代的茅草屋中就作为古代"原生态生活"（$friluftsliv$）的一部分而发展起来了（第七章）。从茅草屋回到"通常的"（ordinary）能源消费方式下的生活之后，丰富之乐的缺乏、不可思议的浪费，就总是有着强大的心灵撞击力。显然，茅草屋传统永远是对现代生活的破坏性不当行为予以警醒的最有效的生态智慧源泉之一。说挪威的私人能源消费可以减少80%，而不致影响到需要的满足且会增强愉快的能源意识，一点都不算夸张。为做到这一点，变革必须被视为一种多年的甚至是几代人的变革，并且在此一时期不出现追求由用能乐趣所构成的生活质量的狂烈趋势。

在许多工业国家里，少数对生态感兴趣的人已经很快转向了用木柴生火。尤其是当木柴是亲自采集到的时，这种做法还会增加愉快的能源意识。在这种情况下，正如在许多其他情况下一样，为了避免出现非生态的结果，懂得一定的知识还是有必要的：对空气的过度污染。此外，亲力亲为的兴趣也有必要：你必须反省一下如何正确地使用通风设施。

以上对"平均的"（average）工业生活方式的生态批判，尤其适用于经济精英们平常的生活方式。我们在《时代》（$Time$）杂志"生活"栏目下所学到的时髦的生活方式，也许取个"死亡"的标题更加合适，因为如果那里面的规范得以普遍化，得以推行到位，就会意味着大多数活着的物种的生存条件走向灾难性的衰竭。

(a)纯技术进步的非生存性

当一场所谓的"纯技术"进步(improvement)初露端倪时,有人就错误地假定个人和社会本身必须作出相应的调整:一定程度上说,技术的发展是由它自身决定的。人们把它看做是自动的。运用政治手段,我们可以支持技术发展的某些次属领域,而阻止另一些次属领域,但当发生一场"突破"时,我们就希望整个社会能够尽快地顺势而为。

94

例如,"通过在广大的公共福利机构的框架内进行再学习和计划再培训",解决自动化所带来的社会问题,"应该是比较简单的"。一些压力集团据说企图阻止或搁置这种"自然的发展"。"自然"一词在此的使用,典型地体现了那种认为社会也遵循人类必须服从的人化自然的发展规律的解释。当一项技术"改良"(advance)在某个先进工业国家出现时,这个星球上千万种文化和亚文化最终都会调整自身以适应某一群人的"发展",这会是自然的吗?

在马克思主义的文献中,有时提出的假设是,生产资料的技术发展本质上决定了其他一切发展。生产方式与生产资料的发展步伐有可能不一致:这个"矛盾"必须由,也将由生产方式(这个含义广泛的马克思主义术语包含了社会关系)的再造来解决,而不是靠技术的调整。

即使在某个有技术工种的传统社会中,停止追求技术进步也是"不自然的"(在该词多重意义上)。它违反我们的能动本性,逆我们个人和文化的拓展而动。然而,在这样一个社会里,对技术变革的评价却是相对的——相对于社会和文化目标而言。如果一位技术人员指着单独某个机器零件说:"瞧,现在你可以看到纯技术进步了!"这只能被解读为一次高度浓缩的讲解。为了证明的确有进展,技术人员自然不会把自己的证实行为仅仅局限于解剖机器零件。他或她将指明节省的劳动时间以及其他社会后果。

技术进步是文化模式框架内的一种进步。那些威胁这种框架的进步不应该被解释为进步,并因此应该遭到拒斥。在工业社会里,这些社会后果并没有获得充分考量。世上本无纯技术进步这种事情。

那些坚持认为技术发展必须沿着自己的轨道进行而不管我们喜欢不喜欢的人,不仅犯了历史错误,而且犯了经验错误。比如,为什么旧中国发达的技术发明没有改变它的社会结构?一个社会敢于拒绝"更先进的"或"更高的"技术,是因为考虑到这种技术的社会后果和其他后果。中国人正是出于这个原因,拒绝了银行业和某些农业工具。对技术缺乏批判性评价是一个社会解体的先兆。技术必须接受文化的考验。

工业国家的技术受一小撮精英人士的狭隘经济考量所引领。技术"发展"的驱动是沿着许多不同的方向进行的,是对不同的原材料和能源价格、劳动力成本和构成的反应。说我们在技术"发展"问题上无可奈何,那是一种虚构——对于那些引进昂贵的新技术的人来说,它却是一个非常有用的虚构。技术是被选择的,但不是依整个社会的考量来选择。

有人说技术发展的规律独立于其他因素。最近几年出现了对这样一种观点的强烈反对。在今日的资本主义国家(包括俄罗斯,它属于国家资本主义),农业的庞大利润空间就与一种过度索取环境、长期破坏土壤的技术有着密不可分的关系。

技术发展是整体发展的一部分,它与一整套因素之间都发生着密切的相互作用关系。社会人类学及其相关研究领域为意识形态的尤其是宗教的立场如何影响技术变革的方向提供了富于启发性的例证。这个学科在我们的技术类院校中被忽视了,但生态智慧思想的突飞猛进意味着遵从于某种世界观理想的技术观念开始走向复兴。可以把这种观念重新表述为:技术遵从于规范系统中的评价。

如果一种技术被说成是体现了某种进步或某种技术上的改良,那么这种说法是要经过多重检验的。下面就是一些不得不提的问题(Devall and Sessions, 1985, p. 35.)。

1. 它对健康有益还是有害?

2. 它对工人的自我决定权和创造力有多大的益处,哪怕是变相的益处?

3. 它能否增进工人之间的合作与和谐相处?

4. 为了成为更大技术单元的一部分,这种技术需要哪些别的技术来帮衬? 这些技术的性质是什么?

5. 哪些原材料是必不可少的? 本地可以得到,还是外地? 得到它们容易么? 哪些工具必不可少? 怎么得到?

6. 这种技术需要多少能源? 废弃物的量有多大? 何种能源?

7. 这种技术造成的污染是直接的还是间接的? 多大量? 何种污染?

8. 需要的资金有多大? 企业要做到多大? 危机时有多大抵抗力?

9. 需要设立多少个管理部门? 该安排多少层级?

10. 在工作场所或更一般的场所,它是促进平等还是拉大阶级差距?

兰登·温纳(Langdon Winner)在他的著作《自动化技术》(Autonomous Technology, 1977)的第一章"自动化与主宰"(Autonomy and mastery),开篇就引用了保罗·瓦莱里(Paul Valéry)的话:"整个问题说到底就是:人的心灵能不能控制住人的心灵造出的东西?"很好的开篇,但应该还补上一句:现代技术发展的总体趋势也许不是由任何人、任何团体或任何人的集群所操纵的。它基本上"靠自己"发展起来。

(b)"环境危机可以从技术上解决……"

在工业国家广有影响的圈子里,有一种广为流传的假设,即战胜环境危机是一个技术问题:它并不以意识或经济制度的变革为前提。该假设是浅层生态运动的理论支柱之一。

据说,反对工业国家进一步的经济增长是没有必要的,于是继续增长经常未经思考就获得欢迎:技术发展将把污染降低到可容忍的水平,并阻止资源的严重耗竭。现有的森林可能会消亡,但我们会找到或发明出新的可以在酸雨中成长的树种,或者,我们能够找到完全不依靠树而活的法子。

我们的政府不断接到请求,要为集中化的、高技术的、遵从世界市场的"法则"和占主导地位的东西方工业国的政治模式的产业提供良好的、自由的条件。"简明、实在、专业的方式"在相当程度上游离于价值的讨论之外。

那些相信技术解决方案可行的人,往往闭口不谈向软技术的彻底转型。市场的需求很小,何必花那个心思呢?市场显示出了

第四章　生态智慧、技术与生活方式

一种对硬技术的偏爱：巨量的新能源，以集中化为基础的更极端的"效率工程"，从技术上解决人口增长问题。

纽约医学博士莫德尔（W. Modell）曾提到有一帮药物制造商，他们认为，通过研究生活在火山口有毒气体中的生物，或者生活在喷泉里近沸腾的水中的生物，就能够找到让未来的满目疮痍的地球上的条件变得适宜人类居住的物质（Modell，1973，pp. 153ft）。目前生活在下水道中的动物，也许会给我们带来知识，让我们也能够在下水道般的条件下存活。莫德尔博士总结说，希望这些可能性中没有哪一个是需要我们去实现的。这条路径是解决我们危机的典型的片面技术路径，但我也想说，莫德尔博士对他自己的解决方案也并没有抱完全认真的态度。

当个人及其供职的组织变得更加在意手段而不是目的，更加在意次要目的（如房子）而不是根本目的（如家庭）时，技术至上论的基本作料就出现了。深思细察内在价值的能力越衰退，意识从直接经验转到未来时代的规划就越快。尽管内在价值表面上依然是中心主题，但有效手段的获取才是第一位考虑的。随着个人消费者在产品面前越来越无力，这么做的糟糕后果就变得越来越严重。技术在不断进步，需要牺牲的时间和精力却越来越多。不知不觉之间，花在目标上的时间已所剩无几。忙碌碌追逐手段已是一切：进步成了幻影。

因此，未来年代的关键目标是分散化（decentralisation）[①]、差异化，以之作为提高地方自治（autonomy）的手段，并最终作为拓

[①] 又译"分权化"。——译者注

展人类个体丰富潜能的手段。

中间技术领军人物之一E. F. 舒马赫(E. F. Schumacher)谈到过与"大量生产"(mass production)相对的"大众生产"(production of the masses)。"地方生产"(local production)这个说法也挺合适,因为"大众"往往是与同质环境下的多个人联系在一起的。地方小型社区数目虽然众多,但如果生态智慧类的信息得到严肃对待,技术就会发生很大变化。按照同样的思路,"先进技术"应该被视为能够推进每一种文化的基本目标的技术,而不是什么自己把自己搞得非常深奥复杂的技术。

舒马赫强调说,大众生产可调动普通人拥有的无可限量的资源:头脑和灵巧的手。而且,大众生产资料还可用一流的工具来为头脑和手提供协助。大量生产的技术,本身就是残忍的、生态上有害的,在耗费不可再生资源、摧残人类个体方面,它最终也将是自取灭亡的(Schumacher,1973)。

(c)软技术和生态智慧

"小心对待地球"(To treat lightly on Earth)是深层生态运动一句有力的口号,而诸如"软技术"之类的口号则明显是其推论。何种技术既能够最大限度满足减少干扰自然的要求,又能够最大限度满足人类生死攸关的需要?显然,这两个要求不能同时得到最大满足,必然陷入冲突。找到一种均衡是我们最大的关切,而相关建议则视地理和社会方面千差万别的生活条件而定。

一批圈子越来越大的技术精通人士,正在专心致志寻找生态上合意的技术。那些直接研究产业和政府机器的人在生态问题上所表现出来的兴趣,其上升势头却是越来越减缓。而那些关心生态问题的项目所获得的资助与那些漠不关心生态智慧、甚至公然对生态智慧不负责任的项目相比,简直少得可怜。

已有许多颇有益处的图书,教我们如何去简要描述软技术的性质。在此类概述中经常被漏掉的内容,则是关于转型路径的讨论,即如何从我们当前的社会转到充分利用软技术和适用技术的社会。约翰·加尔通(Johan Galtung)简要描述了一种既使用"α结构"(大的、集中化的、等级制的)也使用"β结构"("小的就是美的")的方法,来作为当结构缓慢从垂直方向朝水平方向移动时,往逐步淘汰"α结构"的道路进行复合转变的工具。他诉诸一种技术的混合,因此有了一种现实的、直接的替代方案:参看表4.1.

表 4.1

	α 结构	β 结构
食品	削减食品贸易,放弃经济作物种植;削减农业综合企业	尝试恢复在水平的、地方专营的范围内生产食品的旧制度;本地保存和储备;可用于生产食物的集体土地
服装	削减国际纺织品业务	尝试恢复地方手工艺模式;与食品生产形成一种共生关系
住房	削减房地产业务;将更多的工作转向家务,以消弭中心与周边的差距	尝试恢复使用本地材料的地方建筑模式;可用于住宅建设的集体土地
医疗	农村诊所;药物控制	积极的健康保健;在健康人和病人之间多些互动,少些隔阂

续表

	α结构	β结构
交通/通讯	少些集中化的、双向的模式,集体的交通工具	尝试恢复步行、交谈、骑自行车的模式,更多的无车区域、有线电视、地方媒体
能源	为大规模能源生产而建设的更好的输配中心	太阳能、风能、潮汐能、沼气网络
防卫	本国化的军队,更好的指挥场所分布	地方防卫模式,非暴力团体
理解	通过公民参与和报告,使透明度最大化	任何人都可以理解的小规模单元

尽管这个表格非常全面,但标准化和多样化之间的对立可能会进一步加剧。分散化,对地方资源、气候以及其他特征的强调,可能在同一种于生态智慧上明智的技术内部,形成技术的新类型。同样的问题也会在技术的产品上发生。标准化的下降紧接着就会是多样性的上升。

为实施计划中的向软技术的转变,需要专家的帮助,这方面的需求将大大超过英国和其他地方的供给。工作流程正在再造。沃尔沃(Volvo)的小型工厂、外部环境改善、更多的全过程任务、工作中更负责任的决策等等试验,早已人所共知。

但在欧洲,向软技术的初期转型前景并不看好,这可能与三个束缚性的政治因素有着莫大的关系:对工业经济利润率下降的担心;对物质生活水平下降的担心;对失业的担心。最后一个因素看起来有点反常,因为人们似乎对软技术转型将扩大劳动需求、改善工作机遇本应具有普遍的共识。反对论调则暴露出了一种粗陋的经验主义:据说,从历史上看,非软技术的发展在过去50多年里同时伴随着失业率的下降。哪里有这样的联系?!

在技术圈中,经常有人说向软技术激进转型在政治上不现实,而且太过激烈也无必要。但硬技术所带来的许多微小的环境变化,其重要性当前依然被低估了。比如:即使我们总体上避免了大的海上石油灾难,但许多完全"正常的"小渗漏也能够对生物体造成大量的微细有害影响,而这最终对于生存条件来说将是灾难性的。小的溢出和渗漏据计算每年向海中释放的石油达500万—1000万吨。如果第三世界的石油消费在30年内上升到欧洲的水平,生存条件的恶化速度将会比目前快10倍以上。

(d)硬技术对第三世界的入侵

面对硬技术的主导地位,一些人沾沾自喜于这一事实,即确有必要去问一下它能不能够普遍化。一切国家是不是都可以重踏我们的足迹?穷国人民和未来的世世代代有没有机会过我们这样(表面上)富贵的生活?

如果不行,我们是不是就不应该为下面这条规范背书?此即:"选择如此这般的生活水平标准,你就能非常现实地希望所有的追随者只要他们愿意也能达到同样的标准"。有了这样的森林破坏速度、肥沃土壤的质和量的这样的退化、人口数量至少达到80亿这样的前景,现在是没有普遍化之可能性的,任何星球上都没有。富裕工业国家的平均标准是不合理的、不理性的,因为这个标准与生活质量标准之间的联系十分之不明确。

第三世界的中心问题是：若不被迫敞开大门接纳主要工业国家的社会结构的不良特征，我们还能够从它们那里进口到多少个工业技术？我们是不是必须发展一个如工业国家那般的武器工业，以防止它们来统治我们？有没有必要发展一种西方式的技术至上体制，来保证我们的自我决定权呢？

多年来，答案绝大多数是乐观的。这些国家的领导人会说："我们可以吸收我们觉得技术上有用的一切东西，只要我们小心捍卫我们自己的意识形态和我们自己的价值优先顺序。我们的文化是不会受到伤害的。"这种说法可以被称为"削奶皮"（skim the cream）理论。

第三世界的军事和行政精英自1945年以来就在很大程度上接受了工业国家的教育，并且已经接纳了我们的主流意识形态，包括对本地传统和文化多样性的总体厌恶。此种情况下的乐观态度最终是基于这样一种评估而形成的，即工业国家的意识形态如果碰巧与技术一道被引进，损失会有多大：记住，一体化的技术概念，是同时包含二者的。

今天，他们已近乎全然向后转了。如果一个国家从主要工业社会接纳了一种技术，比如，一种治疗癌症的特殊方法，经验表明，它是不可能单独被进口的——它会以更多的进口为前提。而这种援助性的进口并不是纯技术的。人类结社的新模式、工作上的其他亚文化，就是前提。总之：文化入侵和增强依附性。一个国家自己的文化被一步步吞噬。

在不丹，以及其他直到最近还与世隔绝的地方，各个年龄段的领导人都已懂得了"多米诺理论"。在不丹，政府于20世纪80年

第四章 生态智慧、技术与生活方式

代在考量技术和来自外部的影响时极为小心谨慎。比如,任何出国接受高等教育的学生一旦回国,都必须花6个月时间到乡下巡回接受国情和本国人民价值观的再教育。

从工业国家到第三世界的技术转移,含有一些戏剧性的、经常是悲剧性的插曲。《粗心的技术》(*The Careless Technology*, ed. Farvar and Milton, 1972)曾用实例说明了视文化为整体的重要性,并为轻率向第三世界出口技术会导致什么样的实际结果提供了明镜般清晰的例子。这种轻率在20世纪40年代的"欠发达国家"范畴中已有端倪。有人想象一切文化将会也应该遵照与主要工业国家相同的方式去发展技术。

第二次世界大战结束不久,印度发生了一场知者不多但在世界历史上很有意义的硬技术和软技术代言人之间的冲突。站在一边的是一群以尼赫鲁(Nehru)为首的政治家。他们受到了苏联工业化哲学的启示。另一边是甘地。他的社会哲学,"人人幸福"(*sarvodaya*),强调分散化的工业生活和印度50万村庄广泛的自力更生(self-sufficiency)的重要性。他最宏伟的目标是消除直接的物质和精神贫穷。他对织布机的宣传尤为有名,但他也支持其他工匠工艺。在他看来,集中化和城市化是魔鬼。对大型工业与一切加深技术精英和被剥夺了自身文化的工人之间的鸿沟的技术的重视,将导致城市被无产阶级化、暴力加剧、印度教徒和穆斯林教徒之间的对立。

竞争围绕着自由印度的政治到底应该基于红的维度还是绿的维度而展开(第六章)。不管是尼赫鲁还是甘地,他们都深知技术选择的背后含义。独立之后,两大对立集团在红派和蓝派之间达成了妥协。据说,印度两个最大的灾难,是佛教的消亡和听甘地绿色教导的耳朵聋了。这话有点夸张,但要是当初把优先顺序给了本地共同体的技术发展,印度的物质需求就很有可能已经在20世纪50年代获得满足了。

(e)生态智慧与技术:小结

(1)技术性劳动所生产的对象既与生产资料、生产方式之间,也与文化活动的一切基本维度之间,有着密切的相互作用。

(2)因此,技术与其他社会制度比如科技制度,以及政府集权程度、关于何者合理的信念之间,有着或直接或间接的密切关系。技术的变革意味着文化的变革。

(3)技术发展的高度首先是由主要工业国家根据技术能够在多大程度上被这些国家的经济所吸纳来判断的。西方哪种科学越发达,比如技术发展的基础科学——量子力学和电子学——越发达,哪种科学就会被看得越高。这个站不住脚的进步标准,不仅适用于我们自己的技术,而且适用于其他文化的技术。这反过来会导致人们普遍贬低外来文化的活力。

(4)技术进步的生态智慧标准是相对于终极的规范目标而言的。因此,关于先进程度的文化中性陈述是构思不出来的。

(5)评价一种技术的生态智慧基础,是它是否满足了各式各样地方共同体的生死攸关的需要。

(6)深层生态运动的目标并不暗含对技术或工业的任何贬低,但它暗含对发展的普遍的文化控制。

(7)技术至上体制——社会在压倒一切的程度上由技术和工艺所决定——的兴起,可以是两极化的劳动分工、更高级技术的紧密融合,加上极端专业的、集中的、专一的技术人员教育的结果。尽管不论是政治家、神职人员,还是文化中其他有威信的群体,都无法检验他们给予公众的解释,但他们在某种程度上能够决定政治发展进程。此种影响的程度取决于多方面的因素:能够动员多少技术上的反对专家,大众媒体有多大意愿以普遍可理解的方式拿出这些反对报告。

(8)当一种技术被另一种需要更多的专注力和教育,同时更具繁忙性、超脱性的技术所代替时,人们与这种技术在其中发挥作用的媒介或环境的联系就减少了。倘若这种媒介是自然,那么与自然的接触就少了,让位给了与技术的接触。反应迟钝或无所用心的程度就会上升,而因此我们对技术所造成的自然的变化的了解也下降了。

(9)某种工艺或技术超过特定个人或地方共同体的能力和资源的程度上升多少,个人和地方共同体的自立自足程度就会下降多少。被动性、无助感和对"宏大社会"与世界市场的依赖程度就会上升。

第五章　生态智慧经济学

1. 与整体观的联系

第一章曾经谈到，令生态状况尤其严重的，是存在一种非生态的、根深蒂固的消费和生产意识形态。这样一个诊断，使得分析经济条件、考量一门有着巨大影响的科学显得举足轻重，这门科学就是：经济学。

此外还有一个动机，即经济学传统上就与包含规范内容的整体观有着广泛的联系。

经济学一词来自希腊文"*oikonomos*"：家务管理，这是一项平常的任务。所以，就此而言，做一名好的、聪明的经济学家，一点都不让人激动莫名，或感觉特殊。"*oikonomos*"这个词也许可以和"*cosmonomos*"作一对比：很少有人能够毕生担当的自然和世界管理人的角色。但色诺芬(Xenophon)、柏拉图和亚里士多德都曾为"城邦"处理过整个社会的家务问题。在一长串思想家当中，色诺芬是第一个用相当狭隘的观点看待经济学的人。这些思想家成了首先是那些有财产的人——地主——的意识形态的吹鼓手。

在欧洲传统中，经济学往往被定义为如何满足人的需要(needs)的科学。但由于它显然没有谈论每一种需要，因此界定一

第五章 生态智慧经济学

下"经济"需要就变得必要了。"经济"需要是什么？据说，它们是那些与外部手段和如何获得这些外部手段——尤其是涉及共同体或国家的——有关的需要。于是，在传统意义上的经济学和人类社会的其他活动之间，就没有十分严格的界限了。翻开经济学著述，你看到的是社会的每一个方面实际上在里头都有一章。但大多数作者极力想避免过多触及政治问题，避免说经济政策的最终目标是由政治家们决定的。用这种方式，经济学家们就用不着再考虑太聪明的问题。他们扮演的是仆人的角色，谁碰巧有政治权力，就为谁服务。经济学家与当代科学家一样，不判断政治目标，而只是建议如何最好地实现由当权者宣布的目标。遗憾的是，公众对此多不知情，反而获得了这样的印象：经济学家个人还是蛮为其顾客的目标担责的。要是科学家也经常在大众媒体上宣扬他们的个人观点，这种印象可能就会弱化。

生态智慧者所看重的经济学特征，就是对于社会内部一个因素对另一个因素的影响有着高度发达的研究。挪威著名经济学家拉格纳·弗里希(Ragnar Frisch)说，"经济学就像一座四通八达、犬牙交错的迷宫"。如果你在某一个地方用某一种方式改变了条件，你必须到多个地方用多种方式去寻找这样做的结果。比如，在经济学中要考量数百个变量，是稀松平常之事。我们这些生态智慧者也要学习学习！

在传统经济学中，承认伦理问题与每一个考量有关并不是什么难得一见之事。总是有一些伦理要求会影响到经济事务的实际安排。对经济活动的任何分析，都以有某些必须在分析中被满足的规范为前提。20世纪之前最杰出的经济学家，包括弗朗索瓦·魁奈(François Quesnay)、亚当·斯密(Adam Smith)、约翰·斯图亚特·穆勒(John Stuart Mill)、卡尔·马克思(Karl Marx)，都是既从事道德哲学研究，又从事详细的经济事务研究。到20世纪，经济学教科书的涉及范围出现了危险的压缩，以至于很少有该领域的规范哲学基础得以保留。经济学干涸了。留给我们的，只有一片事实性的、量化的考量平原，再也没有深谷或高山供我们憧憬。好在这种情况正在发生变化——部分归功于环境关切的影响。

2. 深层生态运动对经济学的忽视

尤其是在生态运动内部的活跃人士当中，人们是如此痛恨非生态的政策，以至于"经济学"这个术语本身已成为一个肮脏的词汇。经济学家被视为绿色事业的天敌。尤其让许多环保主义者恼怒的是：在经济学家的文章和书籍中，自然实际上从未被提及，即使提及，它也只是在十分肤浅的论证中被作为资源或者被视为障碍。所以，这些活跃人士认为，啥也别想从经济学研究中得到——经济学家则是我们要与之开战的敌人。

每当经济事务上出现政策冲突时，就会有一些相比其他政策而言于健康的生态政策更为有利的结论或决策出现，此时支持深层生态运动的人们就很有必要指出若从经济学角度作决策最好的替代性方案将会是什么。这意味着有时要提出一些从深层生态观点看来不是最好甚至不好、但比其他考量更好的方案建议。要是深层生态运动的支持者真想参与政治,他们必须在经济决策上有自己的主见,且应该总是搞清楚他们心底里是不是某个决策的拥护者,或者,如果这个决策不完全令人满意,他们该如何一有权力就另谋良策。

我的用意是,在社会中,我们至少需要和现在的那些主事者一样,有能力参与经济决策,有能力参与告知公众关于不同决策的后果。由于在和那些精通经济学的人公开辩论时挺不起腰板,支持者只好噤声,而这对于深层生态运动来说简直就是噩梦。

3. "正如从纯经济学立场看来……"

非工业国家的社会活动是包含经济活动的。这些活动高度复杂且大多直接指向地方社区的家庭需要。大多是礼仪性的,或与亲缘关系有关。工业国家的经济习俗源于非工业文化,即小商贩的习俗。但经济活动的实质现在更多是从社会脉络中抽象出来的。像"从纯经济学立场看来"这类表述在这方面就颇具典型意义。

家务智慧的非规范发展使得谈论"纯"经济学更加容易,也使得含蓄地说任何一个别的考量比如经济决策的社会成本在经济学中都无关紧要更加容易。然而,很明显,实际中经济学家是不可能避开此类问题的。比如,当问题是就业,而经济学家被要求给如何减少失业提点建议,他是不能说"好吧,我们可以把人送到农村去,那些地方有的是工作,可以解决一半的失业问题"的。政治家那时就会说这是一个一毛钱都不值的建议,因为它违反了禁止强迫人们迁移到那类有工作的地方去的法律。可以无保留地说,经济学家必须把价值纳入思量,他们自己也必须为他们的问题想出伦理学的答案。实际上,没有什么观点可以被称为纯经济学的。

人们常说对此物那物的需要有多大,以至于需要被当成了某种我们可以靠看看对它的需求是什么来测量的东西。但很清楚,在经济学(如果经济学与需要的满足有关的话)中,市场需求只是引发需要的因素之一。在国际经济学中,有一些问题是关于比如如何满足非洲某些地区饥饿人群的需要的。那里的需求实际上等于零,因为他们根本没有钱。所以,如果需求被当做主要的标准,他们需要的东西就会比我们少得多。难道饥饿的人就没有需要了吗!?需求标准会让一个人说,在一些对饲养现代人菜单中必不可少的动物的需求很大的地区,比如美国,对食品会有最大的需求。家务政策则绝不会受此类需求的单纯考量所摆布。

在现代经济学课本中,有大量篇幅谈论合理性和理性选择。在经济学中,正如在其他科学中一样,合理性必须放到与基础规范的关系中去衡量。如果某种东西相对于非基础性的规范而言对我们有利,这并不意味着相对于更基础的规范它也合理。任何时候我们把合理性问题带入经济生活,经济的终极规范都必须加以考虑。当有人说用卡车比用马车运送重的货物从 A 处到 B 处在经济上更合理,这并没有排除这样的可能性,即运送任何重的货物从 A 处到 B 处都不明智。此处也许还会涉及到比便宜等更高的家务规范。去除经济学中的规范性,让许多人的精力在"进步"的名义下转向了不合理的事物或某些在合理性方面完全不明就里的事物。第三世界的经济增长基本上依然被按照非规范的经济学眼光去看待,"专家们"依然不习惯于从最宽广、最深入的整体观视野去分析。

4. 经济政策系统之片段

我们可以举例说明如何按照第三章开篇所简述的方法来达成经济学中的规范性。弗里茨·霍尔特(Fritz Holte)在他的著作《经济学》(*Sosialøkonomi*,1975,p. 241)中给出了一个"一系列基本的和推导出来的经济政策目标"的实例。"按照霍尔特的说法"所表达出来的东西,是挪威人从 1945 年到现在都已接受的观点。非常有意思的是,这些目标他却没有明确表示接受。

使用规范系统技术,可以把一系列基本的和推导出来的规范表述如下:

经济政策中的基础规范:

B1 充分就业!

B2 现在的高消费!(也就是当前任期内的高消费)

B3 未来的高消费!

B4 现在更多的闲暇时间!

B5 未来更多的闲暇时间!

B6 合理的消费分布!(公共与私人、私人与个人)

推导出来的规范:

D7 现在的高国民产值!

D8 未来的高国民产值！（快的经济增长＝高的 GNP 增长率）

D9 高投资！

D10 不同产业间合理的投资分布！

D11 对外贸易平衡！

D12 维持价格稳定！

推导图（图 5.1）显示，这个系统片段有三个层级。要到达具体决策的层级，当然必须增加更多的层级。由此构成了一个规范的金字塔。推导出来的规范（或目标）相对于它从中推导出来的规范（或目标）而言，具有一种手段的特征。因此，除了顶层的 6 个目标，系统中其他所有目标都主要具有"实现目的之手段"的特征。

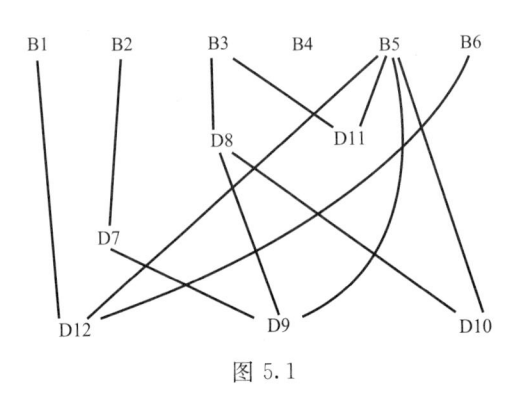

图 5.1

说经济学本身只关心手段而不关心目标，显然忽视了经济学所应关心的核心事物。这样一个命题显然是不足凭的。但它也指出了这样一个事实，即人的一切活动都是目标导向的，且活动于一种与某个格式塔等级相符合的目标等级内。无目标的活动，不是人类的活动。模型思维是根据模型去思考。不关心目标,这样的模型毫无用处。

上图的意图是为复杂系统的片段提供一个容易看清楚的概要。表述虽有含糊,但其中也存在这样一个事实,即这些目标为政策目标提供了大的方针,而不是明确的指示。

这个片段在明确性上的不足从生态智慧立场看来是由于这一事实,即从"基本的规范"B1-B6 逻辑地推导出规范 D7-D12,需要大量的假设。所需要的假设无一在片段中出现过。

一个例子:从"未来更多的闲暇时间!"(B5)推导出"高投资!"(D9)。但在生态智慧 T 中,"自发的简朴"(voluntary simplicity)被认为是实现更多的闲暇时间的必要条件。高投资与自发的简朴不符。D9 只能靠把"未来的高消费!"(B3)作为基础规范才能推出,从 B3 推导出 D8 即"快的经济增长!",等等。只有运用此类反生态智慧的规范,比较吸引人的"闲暇时间"规范才能被吸纳进一个由非生态智慧所决定的总的经济系统。

总之,更多闲暇时间规范与更多投资规范之间所设定的推导关系,是以闲暇时间如何增加的假设为前提的。这个片段是单向的,并且从生态智慧看,暴露了现代工业社会口口声声要确保的闲暇时间是个巨大的幻觉。

我们的系统片段的第二个不足是,基础规范还摆置得不够深入:闲暇时间的判定和分配规范已经超越了当代经济科学所触及的领域。似乎需要先假定某种类型的哲学福利理论。若无此类理论,基础规范 B1-B6 的选择一定会被指为太过武断。为什么一个明智的家庭要把高消费作为基础规范呢?

规范可以分为起法则作用的规范和起指引作用的规范两类。作为一种社会科学，经济学本性上就带有行动指南的色彩：你不能靠纯粹的推论就得出一般情况下要给出的答案。经济学家的估计因此只能是一系列经济学意见。所以，一系列规范加上一系列评价，才能为结论奠定基础。19世纪90年代以来的经济学传统对所使用的模型的前提条件给予了系统性的重视。可以在霍尔特的著作(Holte，1975，p.37)中找到这将意味着什么的例证。

> 本书提出来的许多分析建立在下面这些前提条件之上。每个厂商的目标都是从自己的企业中获得最大可能的利润。每个厂商都知道把企业产品卖出去的可能性如何随价格而变动。每个厂商都知道他的企业成本如何随生产水平而变动。

这些类型的前提条件使得我们有可能建立定量的经济"规律"，我们知道这些规律不能像经济学家希望的那样死死抱着不放。在现代经济学中，定量公式被当做是使经济学成为一门"科学"(狭义上的)所必需的，是高于一切的。但占主导的依然是这类前提条件。我们或许会得到高水平的方法、高水平的推论、高水平的精确度，但得到的还有可能是某种从规范观点看来的贫瘠、从人道观点看来的贫瘠，以及从生态智慧观点看来的极端危险性。

5. GNP

在本部分，我将出于两个原因对 GNP（国民生产总值）给予相当详尽的批判性评论。支持深层生态运动的人们需要有能力讨论"经济增长"，因为非生态的政策往往喜欢通过诉诸此类增长的必要性和可取性来寻求支持。但由于环保主义者们讨厌研究经济学，经济学家们对 GNP 的批判他们基本上一无所知。

被人最经常谈论的经济增长概念是 GNP 增长。GNP 的计算是通过列举和加总每年的国民账户来完成的。这个庞大数据结果中的许多类目由国家统计局或类似机构发布。

生产就是用其他实物制造出某个实物。制造出来的东西叫做产品，贡献给这个创造过程的实物叫做生产要素。在"实物"这个分类中，我们包括了货物和服务。实物可区别于金融物品，比如股票和纸币。因此，生产也包括所有类型的我们可以从市场上买到的服务。有一个等式这里应该提到：

GNP＋进口＝消费＋总投资＋库存增加＋出口

然而，货物由用做生产要素的一切货物和服务的价值所构成。霍尔特说："在牛奶的生产中，生产要素除了其他之外，还包括草料、劳动力成本、奶牛提供的服务、工人提供的服务、保护奶牛不受天气影响，等等。"（Holte，1975）

在与生态运动无关的情况下，经济学家们最近几年对工业国家将经济增长和"国民经济目标制"作为福利增长指标的做法提出了尖锐批评。但"经济增长"这个关键词在政治上依然占有重要地位,尽管越来越多的证据显示,它对富裕工业国家当代的生活质量存在消极影响。至于后代人,他们的生活条件也将因此遭受严重威胁。

在生态运动内部,未能利用经济学家本身对经济增长宣传的批评是一个严重错误。每一天,每一周,新闻报纸和电视节目不断提到用 GNP 衡量的经济增长,好像它是成功经济政策的决定性要素。参与生态运动的人们很少对此提出反驳。我在想,要是我们在私下场合和公开讨论中系统地引用过经济学家本身的一些批评,我们就不会再把经济增长当做我们这个过度发达工业社会的一位"明星"了。这是我们忽视经济学的一个糟糕事例。

6. 不理会工业国家 GNP 的论据

(a)过高评价 GNP 的历史背景

在第二次世界大战刚刚结束的几年里,让历史车轮再转起来是第一要务。专家们假设,重建欧洲可能要花很长时间。令所有人惊讶的是,只花了为数不多的时间,德国就变成了一个物质生活水平较高的经济巨人。在其他国土上(也许不包括英国),增长也比预期要快。推动工业生产迅猛发展的技术潜力被低估了,也许还在被低估。

1945 年至 1965 年在欧洲发生的事情是积累和不断积累意义上的经济增长。显然,GNP 与此相吻合。但遗憾的是,它后来变成了一个如此流行的概念,以至于人们总是想用狭隘而有歧义的GNP指标,来说明和解释广泛而积极的意义上的经济进步。

当人们谈到一切奇怪的东西都开始出现在国民账户的附加类目中的时候,疑虑就已然产生了:专门消除污染的产业,对交通事故伤者的急救,监狱,以及工业国家需要补救这个社会的不良影响的一切东西都被包括进来了。增长本身的成本居然进入了GNP核算的加分项!

GNP因此某种意义上是一个价值中立的量:对活动的测量,而不是对任何有价值的活动的测量。反对继续增长的第一个论据就是这个。GNP没有给创造出来的事物的意义提供任何保证。GNP的增长不蕴含任何通往内在价值的增长和踏上大我实现之路的进步。

显然,任何一种与内在价值无关的经济增长都是中性的,或者有害的。GNP的测量多少与社会活动的强度有关,但这种强度也许很大程度上与社会成员参加有意义活动的能力足不足更有关系,而与如何测量人应该愉快地期盼的东西关系不大。它与生活质量的关系并不明朗。

讨论一下GNP还是很有意义的,因为在政治上,人们在实际使用它时,就好像它与生活质量有着密切关系,或者是本书第三章和第四章提出的三大终极目标之一。总之,GNP很容易被当成"国民生活总质量"、"国民总快乐"、"国民总幸福",或者"国民总完美"。"总"这个词很重要,因为同一个GNP可与任何一种分配状况相匹配,比如,95%的人处于赤贫、5%的人处于极端富裕,抑或所有的人有同样的生活水平。

(b)GNP 不是福利的测量:为何?

反对 GNP 增长的另一个关键论据,涉及其与福利增长的区别。专业杂志《经济学家》(*The Economist*)的编辑们早在 1972 年就这样说过:

1. 构成国民产值的货物和服务,比普通人所使用的货物和服务甚至还要少。

2. 国民账户单个类目的定价要素,并没有反映出福利效应对这些要素的影响。

3. 国民产值只字未提人与人之间的货物分配。

4. 国民产值显示了经营活动,但反映得并不及时。它只字未提有限资源的浪费和耗尽及其不可逆的变化。

详细研究赫泽尔·亨德森(Hazel Henderson,1981,p. 300)运用过的例子我们发现,在增加 100 万—200 万英镑用于禁烟教育的同时,削减 7000 万—8000 万英镑香烟广告费和促销费,等于 GNP"令人惋惜地"减少了 900 万英镑。自立自足活动的增加、在家里而不是饭馆吃饭、选择在家旁边工作——实际上包括一切指示进步即走向健全的、生态智慧上合理的生活的事情——都会造成 GNP"令人惋惜地"下降,并被标注为经济增长"令人担忧的"下降。于是生态学值得怀疑(Jansson,1984)。生活质量本身也值得怀疑。抗抑郁药的每一次使用才是 GNP 的增加。

不可再生资源的浪费和其他破坏环境的不可逆转的过程,与全球的、长期的福利水平有着千丝万缕的联系。"经营性"活动(running activity)这个措辞指明了时间的中立性,与创造性活动是不一样的。也许,"飞奔式"活动(galloping activity)这个词才更恰切些。可持续性(Sustainability)则完全被无视。

GNP 的教化更加剧了与分配问题的偏离。一切绿色政治的纲领都把消除中心和外围之间的分配偏斜作为目标之一。专注于 GNP，依然有助于已然强大的工业化和集中化地区的进一步发展。

(c) GNP 增长对硬技术和远程技术有利

在软技术和短程技术之下，GNP 的上升速度不如在硬技术和需要远距离和长时段的技术下迅速。从近期一段时间看，这恰好合乎下面这条经济增长范式的格言：一件可以用复杂方式来干且只有这么干收益才大的事情，为什么要简单干呢？

(d) GNP 增长对欲望而不是对需要有利

在 GNP 中，浪费、奢侈与满足基本需要之间的区别是无处可寻的。人欲求(desire for)什么与人需要什么之间的区别——这对于我们这些平民的明智的家庭生活来说可谓至关重要——在此被忽视了。不顾一切延续 GNP 增长的努力只对欲望(desires)的无节制本性有帮助。因此，它们也只对市场扩张必要性的信仰有帮助。

人们也曾设法测量经济增长在何种程度上促进了基本需要的满足。结论大体上是，起初产生的一切积极影响如今正在稳步消退。贫困，尤其是相对贫困，随着 GNP 增加并未见消除。GNP 增长倾向于拉大个人物质期望水平(物质欲望的世界)与个人经济实力之间的距离。

(e) GNP 歧视在家工作的人

从 GNP 计算的类目中可以清楚看出，一项重要的全天候工作被忽略了：家里的无报酬工作。家庭妇女或家庭男人的工作并未纳入账户，尽管存在这一事实，即计算它到底值多少钱并不困难，如果所有的家务活儿都以通常的价格获得报酬的话。一项重要的、传统的上班族福利要素因此并没有进入 GNP：那些在家里为他或她工作的人。

在不那么传统的家庭结构中，情形有所变化，但依然有某些工作必须在家里做。而且不管是谁干的，它依然没有纳入任何得出 GNP 的类目。因此要命的是，手段复杂，达到的目标却十分可怜。

(f) GNP 增长支持不负责任的、不利团结的资源消耗和全球污染

在工业化国度的财富和技术水平为测量全球资源打好基础之后，有人得出了这样的一般化的结论，即它们实际上是无限的。技术上最"先进的"国家的政府所雇佣的专家则测算说，只要花国民收入的小小几个百分点，我们就可以形成新的技术解决一切生态问题。即使这是真的，这个结论也毫无意义，因为它没有提到发展中国家和工业国家的关系。英国或挪威可用到的资源，也许发展中国家就用不上。

(g) 经济增长无关紧要

生态上负责任的政策该如何实施？GNP 增长应该更快些呢，还是应该表现为增长速度下降但依然在增长？还是停滞不动，或者下降？不存在简单的答案。原则上，GNP 是无关紧要的。一个国家的经济政策，最关键的还是用一个数字——GNP——的形式统一起来的每一个类目。在一个满足需要的经济中，民族国家并不是最重要的经济单元，社区的经济才占据优先位置。

如果绿色政策不支持减少GNP,而是支持一项改革个人类目的工程,那么何种改革才是我们恰该建议的?答案不会简单。

不存在什么零增长的经济哲学。把虚幻的零增长哲学假设为满意的而又不存在的敌人的,恰是真实增长式上升的捍卫者。我想,国务院有一位部长曾把零增长哲学叫做"晕头晕脑的贪多求全",真是恰如其分。但谁的头脑晕了?是一些与深层生态运动唱反调的人。"零增长"这个词在人口研究中有清晰的含义。当人口保持在一个不变的水平时,就可以说是零增长。经济学却没有理由把这个词拿来用。

对GNP的注意力,依然聚焦于一切现实中的事物的总规模。《经济学》(Holte, *Sosialøkonomi*, 2, 1973)曾把这个问题说得很透彻:

> 应该能够用一个数量来表示某个国家的福利和国民幸福,这种想法本身就表现出了一定的幼稚性,以及对加总问题缺乏深入了解。即使你弄出了这样一个数字,又表示了什么呢?一个数字无法为某项具体政策奠立任何基础。政策必须以个人的活动开始,以个人的活动结束。

GNP缺少绿色政治的意蕴,还源于这一事实,即它并没有让人们的注意力从国家转向这样两个至关重要的维度:地方社区经济和全球经济联系。1950年至1962年挪威GNP平均增长率为3.47%,这主要是生产要素从低生产率部门向高生产率部门转移的结果。此种转移从绿色政治角度看来是十分可疑的。第二个最大的原因是增加了对每个工人和每个工厂的资本投入。第三个原因被称作"技术进步和组织化知识",这主要是指一种朝集中化和"高技术"发展的趋势。第四个原因是厂商规模扩大。

用原因这个说法当然必须谨慎,但它们的确极有力地说明,我们的注意力必须指向每一个单独的类目。如果分散化的趋势和小型厂商试图寻找到力量并强大起来,我们就不能指望同一时间看到 GNP 的增长。

(h) 拯救 GNP 的错误尝试

许多人愿意改革 GNP 尺度,使它能够表示生产出来的好东西。沿此思路就产生了在计算一家公司的总产量时设立折扣类目的建议。如果一家公司的工作方法与压力有关且导致了少见的公共医疗大额费用,就必须对这些费用进行扣除。同样的逻辑,如果工人上班要走很远的路,这会加重交通成本、交通事故和污染,等等。如果公司把废气排入大气或以其他方式造成污染,这也必须从 GNP 中扣除。总之,所有的社会成本都必须扣除。如果我们破坏了留给后人的某件事物,就必须把它放在减号一边,因为人们目前对孩子还有兴趣。

但对污染的社会成本的估计,在不同的政治哲学和伦理学中变化的确很大。同样的情形对于其他被我们赋予影子价格——市场上观察不到的价格——的因子来说也是如此。我们于是从表面上清晰明确的定量尺度,转向了价值优先顺序系统。如果把 GNP 这个术语加以修正并赋予积极含义,我们就被引向了一种与规范系统关联在一起的进步尺度。

于是我们回到了哲学。再谈论改革 GNP,于是纯属回避问题。

(i)就业与增长

尤其是在欧洲,人们理所当然地认为就业水平与经济增长之间有一种相当确切的联系。但经济学根本不支持这种假设。比如,如果你改变经济政策,从资本密集型转向劳动密集型生产方式,经济增长就会停滞或下降(按 GNP 测量),但就业水平会上升。

于是就有了经济上的"好日子"的概念,即高消费、高需求。在一个社会中,高需求意味着有大量的东西是大家感觉缺乏的。它并未指明有更高程度的满足感或更高程度的幸福感、完美感,也只字未提分配或可持续性问题。这不是说贸易或需求是某种在大我实现方面完全中性的东西。但是,我们的主要结论是,对一般经济进步的任何评价都要以一系列价值和规范为前提,它们中有些必须是基础性的。职业经济学家必须把他的评价与这些前提联系到一起。

7. 经济福利理论的基础概念

(a)经济福利概念

在 20 世纪里,一种十分成熟的经济学分支已经在欧洲发展起来,它就是福利理论。"福利"一词简略说来,在此就是指需要的满足。高福利,就是需要的高度满足。专家们一般不用"福利"一词,而用"效用"。我们应该记住,效用的增加意味着依靠货物或服务增加了需要的满足感。

那么,我们怎样去研究满足感的增加呢?在福利研究中它一般是这么做的:我们可以记录下某某人在情境S下对物品A和B所作的现实的、真正的选择。如果某某先选A再选B,这个人据说就是喜欢A胜过喜欢B,且如果我们这时拿到了A,我们就记下它是满足感的一个加数,即效用的一个加数。

但这样做我们能够收集到什么样的数据,却面临限制。当然,可以到市场上去观察这个人,但比如,当选项A是"生活在城市"、选项B是"生活在乡村"时,观察他在A和B之间的选择就很麻烦了。而且,要是市场上有500个物品,他的选择自然也不能覆盖全部500个。于是,有必要引进一个"推定的选择"的概念,或者"假设的选择"的概念,即他在一个构造出来的情境而不是真实的情境S下会选择A。我们可以在访谈中问:"如果要你在A和B之间作选择,你会选哪个?"

这就是在确切的真实生活的情境或者推定的情境中,满足感如何被简单地当做"在相对的选择中选择了什么"的另一个说法而被引出来的过程。

我们还必须看看另一个例子。如果你想拿到一种货物A,且拿得越来越多,每一单位这种货物所带来的满足率到某个点之后一般会下降。如果你此时有了6个单位,有人会问你额外的第7个单位会给你带来什么样的满足感。这叫做当某某人已经拥有一定单位数量的物品A时物品A的边际效用。

现在轮到了另一个概念,即货物和服务的总类(profile)。比如,你会面临这样的问题:到哪里弄到你的房子? 到哪里找到你的工作？你内心有多么需要在你住的地方的周围有一片野生的自然？或者更一般的,你喜欢什么样的社会？于是,选择 A 和 B 就意味着选择经济政策,甚至选择民主的方式。单个事物的选择于是取决于你对总类的选择。之所以用"总类"这个词,是因为你此时必须比较无数个货物和服务,必须对这些事物进行分类。这又引出了其他重要概念,即个人福利、国际福利、全球福利,以及一个对于环保主义来说十分重要的概念:任何一个可以说是有满足的体验或有偏好的生物的福利。

迄今为止的大多数福利理论思考的均只是人类,反之,如果你运用古典的功利主义理论[边沁(Bentham)、穆勒][①],那么,效用就与每一个能够体验满足感或不满足感的生物联系在一起。单个人的福利因此只是福利理论的应用之一,而且是相当狭隘的应用。福利方程式可以联系上一切类型的社会单元,当然也可以联系上地方社区和整个生物圈那些在生态上十分重要的维度。

最后一个有关的概念是福利最优。显然,如果有 100 个人,就会有各种各样的满足感的上升,比如需要另一个人满足感的下降的上升,或者对另一个人的满足感的上升有帮助的上升,等等。当然,只有后者才与大我实现感的上升相一致。

一个社会的真实的福利最优取决于生产(以及其他事物)。如果资源被当做一种既定的生产要素,那么它就是旨在实现尽可能少用没有内在价值的工作来增加社会全体福利的生产类型和产品数量的经济政策的最高规范。为了提出好的建议,尤其是与产量

---

① 在英语中,"效用"(utility)是"功利主义"(Utilitarianism)的词根。——译者注

有关的建议，把福利"总类"本身加以量化显然是个不错的选择。这意味着要去测量偏好。经济学家们承认，这会涉及无数的困难。许多人则认为这是不可能的。

在多少有点公理性的福利理论的高度抽象思维与它在较低水平的现实社会问题上的应用之间，有一条巨大的鸿沟。这首先与人们在作选择时的一个相当基础的特征有关：他们的选项不像原子，而是现实中的一个很大的选项包的一部分，比如如何在一个既定的地方生活，如何照料孩子。偏好任何时候都随着他们意向中的正确性而变动。

我们将把更多的注意力倾注在"满足"这个词语上。在福利理论中，它意味着人有满足的思想，哲学在这方面只是一个辅助。一些人可能多少有点享乐主义的思想。另外一些人有功利主义，此外你还会碰到完美主义者。一个人的选择很大程度上取决于他信奉哪种哲学，而不太取决于个人在量上的选择（经济学家当然更钟爱量的选择，因为他们能够从市场上拿到大量数据）。因此，福利理论在哲学上并非中立。

当快乐和不快乐被纳入边际效用概念的运用范围时，福利思想会被指责为一种享乐主义或快乐主义的哲学。当效用和无效用被纳入时，它就会被指责为一种功利主义。当选择或决策被当做基础时，它可以被称为唯意志论或意志哲学。

显然，福利理论要求我们预先选择我们所谈论的社会是要被视为一个享乐主义的社会、功利主义的社会，还是唯意志论的社会。当然，这样一种福利理论大体上是规范系统的一种间接应用，并且十分远离现实中的经济学。

一种更深入的批评是,福利理论似乎假定了全体居民都知道他们的选择面有多大。情形可能并不如此。

(b) 从福利理论到规范系统

当结论是以真正的绿灯或红灯的形式,现实地、明确地进入经济领域时,出发点必须是规范性的,不能仅仅是一种"畏首畏尾的价值优先顺序观点",而必须是一种使用应然表达方式如"应该"、"应当"、"必须"等等方式的表述。说"要是我们打算把经济增长的上升排在十分优先的位置,那么……",恐怕是不够的。我们可能有必要说"我们应该把经济增长排在十分优先的位置!因此……"应该有带感叹号的句子,不能仅仅只是公共舆论参考和技术经济分析!

生硬的计量经济学福利理论按照德布鲁(Debreu)和雷德(Rader)的方法,把这样一种规范系统作为出发点:经济系统由以下组成:(1)详细描述世界 A 和 B 的两种可能的状态;(2)用最优化规范详细描述一种价值系统;(3)在可能的世界状态内对价值系统进行最优化。很容易就可以看出,此处被当做出发点的,是像本书所定义的那样的一种价值系统,但实际上,其规范特征以某种方式被掩盖起来了。当然,其来有自:如果你真正深入到某一个特殊的规范系统,你就会看到,任何一种科学都无法整体性地从中建立起来。但如果价值优先顺序的假设已铺排到位,一部分规范系统也许就可以满足科学方法论的要求了。

富有启发性的是,如此这般情形在苏联经济思想中就看得很清楚。一个拥有大数据机器的庞大中央局试图与广袤国土内的所有下级局保持密切联系,其最高目标就是制定实施最优的长期国民经济计划(Fedorenko，1972)。公开的规范系统有一个且只有一个顶层规范：巩固和发展社会主义制度。多亏了这个表述的含糊性、歧义性，我们才不难看出处于规范金字塔下层的下级规范可以交由下级局去摆弄。对顶层规范的解释，则经常被这个国家的上层经济学家所发布的政治局公报改来改去。实践中，这意味着它算不上是一种完全稳定的、贯彻始终的顶层规范，而是随时修正的社会主义含义解释的一种延续。

从这个顶层规范推导出了长长一串下级规范。N4道出了关键术语："为社会主义联盟成员增加福利！"。从N4推出的是N4.1"增加物质福利！"和N4.2"增加社会福利！"。整个金字塔被明确称作"目标树"。这对学习规范系统真是太有启发性了！

从这些规范出发，政治家们对近期应该会发生什么得出了一些试探性的预测。从顶层规范中至少总可以获得某种正式的佐证。总之，这里面浅浅地暗含着一种从意识形态观点看来不可变的哲学。事实上，从历史的视角看，不同的解释是存在的。不同的部门是否也有独特的解释？我们能够猜想到这个系统允许这样做的程度。很明显，玩弄辞藻此时就很重要了。

苏联提出的解决办法和斯堪的纳维亚混合经济体提出的不一样，但不管我们希望怎样，不管我们赞成蓝色、红色还是绿色政治，我们都得承认除非从某种整体观出发，包括从被接受为不证自明的基础的规范出发，否则就不存在解决办法，就无决策可作。我们并没有回避掉基本的价值优先顺序问题，且如果我们丢掉了感叹号的力度，就只能让事情变得更加晦暗不明。我们只是必须承认，我们作为人一举一动必须如一，社会必须是一个统一的社会，哪怕社会是要变成多元的。哲学是预先设定的。在本书中,作为示范,我提倡的是生态智慧 T。

(c)从福利到大我实现:从 W 到 T

接下来有一个建议,即关于如何把福利理论类的句子转变为大我实现类的句子。有迹象显示,当代经济学家的观点与生态智慧者的观点有所不同。我们的希望是,未来将有成果丰硕的合作。

让我们以下面这种福利理论类的句子作为出发点吧:如果某某人有机会选择,他会先选 A 再选 B。在此,A 和 B 是两个情境,它们各自以不同的总类或不同性质的货物和服务系列为特征。从把"大我实现!"视为最基本的规范的生态智慧 T 的观点看,这样一个句子会被当成一个信号,一个暗示对于某某人充分实现其规范系统内的规范来说情境 A 的条件比情境 B 要好的征兆。选 A 比选 B 与某某人的哲学更和谐,或者更一致,或者,选 A 比选 B 可以为某某人践行其哲学创造更好的条件。

选择最终真正会成功到什么程度,不取决于它与单独某个规范的联系——总是会有许多相关的规范,而选择的结果也将像波浪那样散开去,并波及许多规范的有效区间。以此为出发点,我们可以为进一步的深究拿出三类基本含义相同的建议:

在 A 中、运用 A、通过 A,某某人的大我实现将比在 B 中、运用 B、通过 B 达到更高的水平

=对于(不仅仅是某某人的,而是阿特曼的)大我实现来说 A 的条件比 B 好

=当某某人达到或获得一个 A 同时并未失去一些其他积极因素时,某某人的总的大我实现程度上升了

A和B这两种货物或服务，或这两个货物和服务的总类，因此并没有决定大我实现，但可以说它们对大我实现有一种或积极或消极的含义。

现在可以说具有决定性作用的，是大我实现哲学中的规范和假设的层级：A比B好的结论是建立在一系列关于现实关系比如资源的假设的基础之上的，但也包括关于某人本人的假设。如果有一个规范N1和假设H1一道暗示某某人，他应该先选A再选B，那么再明显不过，他的任务就像社会科学家的任务一样，是审查H1的可信度与相关性。

如果一条规范说的是"寻求失业保障！"，那么最明显的是，某某人的保障取决于他所在社会的经济政策，以及他十分熟悉的世界之外的许多其他事物。因此，某某人会极力支持他认为能够保障他的政策，或者极力提高他能够保障他自己不失业的概率。某某人并不全然是利己主义的，会同时考虑如何保障别人不失业，这将使得某某人关于何种政策最好的看法对于整个社会来说都很重要。购买货物和服务的一切行为，都必须放到至少一种此类在规范金字塔中所处的位置很高的规范下来看待。

或许，某某人更有必要找一份工资高但更无保障的工作。在现实的经济学领域，我们被引向了截然有别于普通类型的探究之路。

8. 生活质量研究：深度访谈

人们把他们的价值系统与别人的价值系统联系到一起，是通过比较他们如何看待家庭生活、工作或职业的重要性、与经济风险承担相对的经济保障，如何评价与收入好的工作相对的有趣或有用的工作、（接着出现这样一种比较——）教育的相对重要性来实现的。但是，他们也愿意或者能够深入到更抽象的事物，比如他们会发现什么东西尤其有意义、尤其有价值，或者代表了一种伦理上合理的生活方式。

即使一位访谈者能够清晰地了解到某个访谈对象的各种各样的价值判断，这个访谈对象到底在何种程度上真的以为自己已处于生活上与这些判断相一致的状态，依然还可以深究。理想和现实之间获得的和谐程度越高，生活质量越高。

经济政策问题于是闯了进来：访谈对象认为，什么样的经济政策对实现他们的价值优先顺序最有利？什么样的经济政策对提高生活质量水平最有利？

这里面相关的新社会科学叫做生活质量研究。采用生活质量一词，多多少少是为了反对生活水平的经济概念，反对把市场上的需求（demand）概念和需要（need）概念加以混同。相关文献比如可参看张伯伦的文章（Chamberlain, 1985）。收入与生活质量的关系处于核心位置，比如可参看邓肯的文章（Duncan, 1975）。

在此类调查中，有一种研究技术叫做深度访谈。如果我们处在要为我们社会中的人们担负一份责任的位置,我们就必须想办法通过深入的访谈搞清楚他们的规范系统,并把结果与我们眼中的和人们眼中的资源联系到一起。

心理上的生活质量在生活质量中有着举足轻重的地位:你应该去调查男人和女人是如何体验他们的生活处境的,他们是否觉得受到某个事物的威胁以及他们受到什么事物的威胁,他们是否对某个事物觉得不放心以及他们对什么事物觉得不放心,他们是否以某种方式觉得自卑以及他们在什么事物面前觉得自卑,他们一般遭遇了什么样的挫折。换句话说,这是通过不停地追问"为什么"的问题而对规范系统的实证调查。

当然,一些人此时会觉得受到了社会研究者认为并不存在的事物的威胁,而另一方面这样的事情也会发生,即他们并没有受到研究者认为应该会威胁到他们的事物的威胁,以及尽管研究者看到他们可能会失去他们的工作或者以其他方式受到伤害,但他们仍然觉得自己安全。因此,社会科学家必须比照被问到的人的假设来权衡他或她自己的假设——假设本身之间的不吻合本身很有趣,应该被决策者考虑到。

决定是否采纳、在什么程度上采纳每一个言辞凿凿的人的说法,这是负责社会政策的人所应负的一份责任。他们必须在一定程度上立足于不同的假设来谋划政策。规范的情形也是如此。如果有人明显是立足于某种似是而非的威胁来行动,并由此伤害到了他人,那么你必须想办法去影响人们在社会中如何对待别人的规范。

很明显,与从市场研究中获得的数据相比,从生活质量研究中获得的深度访谈数据是好得多的政策基础。此处之所以用"深度"一词，是因为访谈应该在被访谈者所处的自然环境中进行，并且至少花数个小时，以轻松自然的方式进行，才有望探究出最终的价值优先顺序和生活愿景。有人说，平均至少要花半天工夫才能拿到有用信息。这也许是一件代价很高的事情，但迄今为止的结果还是表明，真正的规范和人们真实体验到的满足感，的确和研究者最初假设的有所不同。这代价花得值。在关于人们想要什么的常识性看法与他们真正想要什么之间，我们的确发现了巨大的差异。

在生态智慧 T 中，认识到这一点是再重要不过的，即少数人，换言之那些拥有与多数人大不一样的规范系统的群体，会自觉不自觉地捍卫那些他们认为十分关键的生活条件，以免遭到多数人票决和排序的破坏。总的来说，多数人的民主理想在生活质量研究面前会大大失色。人上一百，形形色色！有太多决策是站在多数人立场上制定的，他们强迫少数人拱手送出生死攸关的利益。

归纳起来说，有一点应该是清楚了，即不管福利理论有什么用处，不管从它的构思中获得的经验数据是什么类型，它都只是表面的，而且它还妨碍了从描述性观点向规范性观点的必要转向。一旦规范的作用获得承认，理论的工具就应该从福利用语转变为规范系统用语，就应该把福利水平定义为现实生活与这样一种生活相一致的水平，此即"与一个人的规范和价值相协调"的生活。

9. 影子价格下的自然

在成本-收益分析和其他许多探究中,经济学家运用的价格是通过观察市场发现的。一些不在市场上交易的货物和服务的价值则以其他方式来评估——它们由此获得了它们的"影子价格"。那么,我们何不也如此思考一下一片片野生的自然呢?比如不开发某条河流所产生的价值。如果本应这么做且可以这么做,那么,保护项目也可以说会创造巨大的货币价值,并因此在经济上足以与工业产品相媲美。

在这个问题上数据的确不多,但我估计,社会科学家,其中也包括经济学家,对待环保主义总体上不像自然科学家、人类学者和医学家那么友好。当然,也有例外。而且在他们这些人中,用他们借以谋生的职业工具来为环保主义事业服务,也会是一个很自然的目标(Rolston,1985)。他们的目标之一,显然是找到将自然保护纳入定量经济分析框架之内的途径。毕竟,倘若连这也不行,那么除了关切渔业、皮革贸易等等之外,对环境的其他关切将不会出现在这类分析当中。对鱼、狼、荒野的关切本身也无法出现在算式里头。

1985年3月和4月,有人借助问卷做了两个调查(Hervik,1986)。3月,一个一千人的代表样本被问到,如果他们多花点钱就可以防止某个等级的河流被人开发(包括筑坝等等),他们愿不愿意支付这笔增加了的电力成本。话说得很清楚,放弃开发水系也许会导致每度家用电价格上升。确凿的钱数则是用多少有点复杂和技巧老道的方法计算出来的。

在4月的调查中,调查者说开发河流兴许能降低能源的价格(具体的钱数和3月算好的钱数相一致)。人们被问到,要使他们赞成开发水系,价格至少需要降低多少?

探讨如何改进方法可能需要相当大的篇幅。在此,我建议讨论规范问题:深层生态运动的参与者应不应该支持此类调查?

对此类调查的价值以至于意义的最直截了当的否定,是在"不要给自然乱贴价格标签!"的标题下作出的。

一位享有国际声誉的、坚定支持深层生态运动的能源问题专家保罗·霍夫塞斯(Paul Hofseth),曾概括了反对"给自然定价"的主要的规范性论据:如果某个人A问另一个人B,他或她愿意花多少钱去让A不打断他或她的胳膊,霍夫塞斯说,B说出来的数目,是不能被当做胳膊的价格或价值的。B对他的胳膊有一种权利。人的胳膊是不允许打断的。类似地,使用野生自然也是一种权利。

如果某个政府A问某个人群B,他们愿意花什么样的价格来保护某片自然,那么,这个价格并非这片自然的价格,这和5000美元是某辆汽车的价格是不一样的!

假设破坏一片野生自然所得的"负效用"被贴上的价格标签是5000美元,全体人群因破坏而得的效用为10000美元,即使如此,政府还是不应该去破坏这片自然。这相当于因为A计算出的效用大于负效用,所以他可以打断B的胳膊的情形,只是A在此换成了全体人群。问题当中的那一小片自然,是他或她的"大我"的一部分！

市场上一辆车价格5000美元，意味着你可以把5000美元换成一辆车，或者把一辆车换成5000美元。此类关系至少在不可逆转的或不可修补的大自然的损害的情形中是不存在的。

霍夫塞斯曾将接近野生自然与"接受"教育做过对比。对于社会内部一些受过良好教育的群体来说，其他一些群体得不到像样的教育可能是非常合意的，但这是不对的。成本-收益分析遇到权利问题就会铩羽而归。

曾有一篇由两位环保记者写的文章非常风趣，可以很好地说明这个问题（'Crosscountry skiing with Uncle Scrooge', *Miljømagasinet*, 1985）。不管他们到哪里去滑雪，总有官气十足的小鬼跳出来讨价还价："你给多少钱来解救这里？"等等。如果答案是"一百万"，盘问者立刻就会指出，数目必须和"滑雪场的收入"不相上下。什么东西都能给出价格。

当然，那些现实中每天都看到、听到或读到野生自然又遭到破坏的消息，既痛心又沮丧的环保主义者，读到这类文章可能会有一种释然感。他们也曾——至少是满怀希望地——读到过真正的环境决策至少在一定程度上是以对钱、对支出的估计为基础的，比如，那些钓鱼的、远足的或者其他"使用自然"的人，花了多少钱去买装备，去旅行，等等。接着这又会被拿去与获得的收入做比较，假如建了一家宾馆、一个停车场或一座水坝的话。

这方面的例子还有很多。那么，专事研究环境冲突的经济学家是如何捍卫自己的努力的呢？既然他们把"客观性"当做崇高理想，你就别指望从他们那里读到这类戏谑或清朗的句子了。作为社会科学家,他们也倾向于避免作出伦理的宣示。

不管他们捍卫的策略是什么,我想,方法老道的实证研究学者都应该声明并重复声明,他们并没有在给自然贴上任何价格标签!进而,他们应该提醒环保主义者,今日作决定的方式,支持保护的定量数据的缺乏,给人的印象往往是——或至少有时是——似乎定量数据实际上已经给出了,此即,零价格。正因此故,经济学家们才会声言说,他们千方百计想防止的,正是零价格被用于决策过程。

1985年3月和4月的调查都以这样的结论收尾,即开发某些类别的尚未受到保护的河流是不经济的——用钱衡量的负效用大于效用。同样的结论在其他的每一样环境冲突中也许都会出现。126 人们比政治家们所想象的更愿意保护。

但是,关心此事的环保主义者说,如果定量处理方法在情况严重时用起来反而对野生自然保护不利,那该怎么办?经济学家们以为自己对此早有令人信服的答案。决不要把他们的结论当做决策的唯一基础。应该把他们的研究报告仅仅当做一系列呈递给决策者的相关材料中的一种,方法上的不足、结论上的不够有力,当然也应该用平常心看待之。他们得出结论说,环保主义者总爱误解方法,也总爱误解结论。

我估计,一些环保主义者会回答说,结论的定量性质将给决策者留下深刻印象,而且他们也很少有时间去研究方法论。他们会乐意为了"客观数据"而放弃"主观的"和"直观的"评价。这样他们的责任就会轻一些。长期来看,有一个原则上的问题应被我们当做最重要的问题来面对:1985年3月和4月开展的调查很明显在最高层制定决策时获得了采用,从而间接在支持这样的观点,即只要当代人对保护表现出很少兴趣,我们就可以无节制地干涉野生自然。伦理和哲学问题被规避了。这才是要命的。

对于所有这些,经济学家会回答说,这是基于这样的前提,即政治家已经习惯了"量化一切事物"。一位母亲要求在家门口马路上竖一块"孩子戏耍,小心通过"的指示牌,得到的答复是:"要是每个像你这样的人都要弄一块这样的牌子,那成本就太高了。每块价格要1000美金呢!"母亲说:"你羞不羞!居然给我儿子贴块价签!"如今的事实是,干涉的负效用是按照一长串涉及的利益来衡量的。例子如:渔业、区域经济、污染、文化遗产。若无权重之分,必有偏颇之虞。如果审慎的权衡和由此而来的可量化性得以引入,结论也许就会支持保护自然了。在一项研究(Wenstrup,1985)中,经济学者发现,一个被要求给出从10到100各级权重的人群样本,给出的从100依次往下的结论是:自然保护100,农业90,原生态生活70,文化遗产保护60……。表面看对决策有着强大影响力的大型压力团体,在富裕的民主福利国家却并不太可能拿到一个对他们有利的排位。

随着我们对过去直到35亿年前的激情万丈、豪气干云的历史越来越了解,我们对现代人的角色再也不能是当前规模上的破坏者的信念日益坚定。进而,对浩瀚时间尺度上的过去的了解,也让我们更加坚定了这样的信念,即我们不能仅仅关心我们的孩子、孩子的孩子,还必须关心遥远的后代,关心整个星球。核废料问题至少让我们再一次感觉到了现在要为千百年后的污染担负责任。这种关心可以量化吗?

第五章　生态智慧经济学

如果接受了这一点，即地质年代尺度上的关心是不可回避的，那么，所谓的未来价值贴现问题就必须加以重新考虑。如今，我们对我们身后第 n 代人的关心正日渐减弱，这种情况和函数 $1/n^2$ 非常类似。这就是说，我们的孩子们由于我们的不当作为将要体验到的负值，只是我们体验到的负值的四分之一（设 n＝2）。总的负值于是仅仅从 1.0 上升到 1.25. 孙子们的负值只会在这个总数上增加 1/9。总之，时间越长远，我们的关心削弱得越多。五百年后核废料容器毁坏的可能性可以视而不见——实际上，按照这里采用的函数，不需要有任何关心。

为了反击这样一种冷冰冰的、有关我们对地质年代上和进化史上并不遥远的未来将要发生的事情的责任的看法，另一种不同的看法应该成为主流。对未来的关切应该无穷递增。假设对第一代人的关心等于 1，对从现在开始的第 n 代人的关心则可以标记为 $1/n$。总的关心于是会趋于无穷（总数等于 $\frac{1}{1}+\frac{1}{2}+\frac{1}{3}\cdots\cdots$）。那些认为现代人"注定"要最终摧毁地球上的生命的人，也许应该建议我们在来得及之前离开地球。但是，并没有充足的理由让我们相信这样一种注定是存在的。而且，现代人及其技术长远发展的巨大不确定性，也让我们将目光聚焦于我们的活动对下一个千年造成的影响变得十分自然（人口下降到合适水平也许碰巧需要一千年时间）。

上述粗糙的量化方法当然可以搞得更精确。但这并不改变这一结论，即不管你选择何种量化术，它对决策过程的直接帮助总是有限的。

量化方法在塑造现代工业社会的政策和态度方面发挥了主导作用。第二次世界大战之前,用钱计算"一切"在欧洲会被人讥笑,会被人视为低级庸俗,但战后的趋势却是有越来越多的东西用货币来计算,比如在娱乐和体育行业。因而发现人们对计算的负面态度多少有点普遍化也不足为奇。但在深层生态运动内部,也有许多类型的定量研究值得运动重视,比如环保态度的分布,关心地球的各种增强或削弱因素研究。

1985年3月和4月的统计数据也提供了相关度很高的材料。住在挪威三大城市里的人比挪威人口稀少地区的人愿意花更多的钱去避免开发。此类人群的态度应该被纳入决策者所使用的数据。

保罗·霍夫塞斯对花钱环保的意愿和放弃环保的意愿的激烈批评,使得我们自然会去问他有什么好的建议。简言之,他赞成底限策略或者叫红线策略(boundary or limitations strategy)。此即,在任何大型压力团体把目光投向野生自然之前,好好花点时间去推动反对一切"开发"的立法工作。此处的关键词是"持久保护"。政府应该宣布一个不可染指的挪威水系名单。这个想法是挪威政府业已通过的环境保护"控制计划"(Master Plan,1986年)的基础。问题是:这项立法的可操作性、约束性如何?保罗·霍夫塞斯和其他环保主义者的希望是,"打断胳膊的意识形态"能够获得高度重视。任何人都没有权利打断别人的胳膊,不管这看起来多么有用,任何人也都没有权利破坏任何一地受保护的河流生态系统。

不管"控制计划"将达到什么样的结果,未来几年千千万万个环境冲突都不会受该计划的影响。因此,经济学家的量化努力也许还真值

第五章　生态智慧经济学

得讨论。明确站在强有力的环境政策一边的经济学家倾向于持悲观态度：主动权已从环保主义者手中丢掉，又回到了雇佣经济学家手中。后者将进一步完善迎合官僚和政治领导层的量化方法。只要环保主义者把经济学家看做敌人而不是可以合作的群体，经济学家就会摇摆不定，无意中转向与当权者进行单边的合作，并为他们的努力轻易找到资金支持。希望这种局面有所改观。

由此我们又回到了写作本章的初衷。

10．小　　结

（1）20世纪80年代的经济学讨论尚未高度重视乔治斯库-罗根（Georgescu-Roegen）、弗里茨·舒马赫（Fritz Schumacher）、肯尼思·博尔丁（KennethBoulding）等经济学家在生态智慧上的宝贵贡献。

（2）通过熟读这些绿色经济学经典作品，环保主义者促使这种局面有了改观。

（3）然而，这也意味着熟知他们（有时是相当头头是道地）批判的那类经济学教义，甚至意味着熟知半哲学化的福利理论。

（4）人类对自然的粗暴干涉是我们的经济活动的反映。保护尚存的野生自然很大程度上取决于人类是否愿意、是否能够变革他们的生产方式和消费方式——以及变革为当前滥用这个星球的经济学辩护的意识形态。

（5）西方经济科学的发展强调了价值中立和定量关系，但它对当代已有经济要素的复杂关系网络所持的洞见，在任何环境冲突中都具有重要意义。在许多问题上,例如在 GNP 和经济进步的关系问题上,一些经济学家持有对环保主义者很有用的批判观点,后者在讨论某一种经济特征时也避免不了有偏颇。

(6)由于一些雇佣经济学家为国家或私人资本实施的许多大型破坏性工程进行辩护,并从中收割利益,因此环保主义者用怀疑的目光看待这个职业也不足为奇。但支持环保主义观点的经济学文献也在日渐丰富。

第六章 生态智慧与生态政治

1. 生态运动不能回避政治

(a)一切与政治有关,但并非一切都是政治

我们的一切行动,一切思想,甚至是最私人的,都与政治有关。如果我用一勺茶叶、一些糖和一些热水泡了一杯茶,并且把这个产品喝了下去,那么,我就在支持茶和糖的价格,并且更间接地,我在干涉发展中国家茶叶和糖料种植业的工作条件和资本条件。为了烧水,我也许用了木柴或电或其他一些能源,那么,我就涉入了有关能源消费的巨大纷争。我用的水也许是从私人那里取来的,也许来自公共渠道,在这两种情况下我都插手了大量的关于水供应的政治热点问题。我每天必定都在以数不清的方式造成某种政治影响。

如果我沿着生态思路对所有这些事情进行反思并让我的意见为人所知,我就给提高生态运动的政治意识作了贡献。如果我一点茶也不喝,那么,我也可能正在给发展中国家的困难雪上加霜,因为如此一来他们的出口额就变小了。但也许不是:我可能会认为他们不应该出口茶而应该生产更多的食品,因此我就给发展中国家的政治家们朝着自立自足的方向变革他们的经济政策助了一把力。

但说一切行动和思想都与政治有关,并不等于说"一切都是政治"。无物全属政治,亦无物全非政治。生态政治不仅关心专门的生态活动,也关心生活的方方面面。

原则上说,生态运动中的每一个人都参加政治活动是个不错的主意。许多人的生死攸关的需要是生活在大自然当中,并且为了自然、依靠自然而活着,但他们并不想在政治生活中抛头露面。这是那些拼命想在一定程度上满足参与地球保育事业的人的需要的政治家们所面临的巨大阻力。另一方面,也有大量除了投票之类的事情之外不需要任何政治参与的环境保护工作。

(b) 力量分析是必要的

在我们的时代,民主制度决定政策的力量正在逐步减弱,因为强大的压力团体抢占了对决策的大部分影响力。倘若我们再考虑一下大的多国企业,我们就会发现它们比小的国家更有实力,并且在国家内部,能源部门或许也有大的影响力,并且当然倾向于支持能源消费上升的政策,而不管实际的需要如何。在环境冲突中,绘出与推动决策、决定冲突各个阶段有关的力量结构图,因此就十分重要。即使在像挪威这样的小国,在一场相对不大的有关某条河流开发的冲突中,力量之源的地图也会涵盖二十多个力量中心。冲突的每一个阶段某种程度上也能通过绘出所有这些中心的相对实力来加以预测。

这种类型的活动,即用一种冷冰冰的、超然的、丝毫不低估对手本身实力的方式绘出力量结构图,对于那些参与自然保育的人来说是最无趣的。因此,必须实现保育主义者、新闻记者、了解政治方法和手段的人,以及一切对大型社团的工作方式十分感兴趣的人之间的密切合作。

在环境冲突中,最重要的问题之一是:参与保育运动的人们并不充分了解生产和消费是如何被决定的,于是他们试图用减少个人消费而不是运用政治手段的方法来改变自己的生活方式,进而推动社会变革。这两种方法当然都是必要的,而且是互补的,但加尔布雷思(Galbraith,1973)睿智地指出,"个人选择决定生产类型和生产数量的想法是错误的"。

20世纪70年代和80年代,人们看待力量分析、宣传分析和大众媒体力量分析的态度已经有了变化。在此之前,人们对这些话题有着十足的厌恶感,完全闭口不谈,这尤其在那些对自然感兴趣的人中间是如此。反之,新的一代人对严酷的现实更加耳熟能详,这有望在最近的将来引发人们对绿色政治抱有更大的兴趣。

(c)保育的政治化

直至20世纪60年代初开始反对杀虫剂滥用和国际上爆发生态运动以前,人们普遍认为对自然的态度通过直接针对这些态度来做工作就可以得到明显改变。杀虫剂冲突以一种清晰的、生动的方式告诉我们必须直捣生产方式和消费方式这条黄龙。舒马赫(E. F. Schumacher)曾用生动但简洁的笔法描绘过横亘在我们面前的是什么。我们可以稍加简化和修正,用这种方式表述之:生产系统有一种铸造社会的内在力量或隐含目的。社会把这个目的当做它自己的目的来接受,并变成了这个系统的俘虏。结果,社会不能采纳别的目的和价值,除非生产方式发生变革。即使在被俘虏时,我们也可能会形成关于别的系统的观念,但这只是美好愿望的表达,并无变革主导系统的努力(Schumacher,1974,p. 132)。

这意味着除非观念借助政治发挥了作用,否则就不会有大的变革。

至于过去脱离政治的主题如何政治化的例子,你可以提一下非洲大型动物的保护。当许多物种陷入危机的局面变得越来越明朗时,政策首先只是告诉人们不要狩猎,然后才将狩猎变成非法行为。但人们并未对这么做的社会政治影响予以深究。通过研究文化人类学,人们对这些地区富有趣味、高度发达的文化的了解逐渐加深,并且从个人的观察就可以看出,保护大型动物,同时也是在为摧毁以狩猎为特色的文化作出贡献。

深层生态运动的反对者企图让保护这个星球免遭形形色色破坏的问题远离政治。很明显,有一些十分强大的势力总企图说明与生态有关的问题是纯科学的——仅限于物理学、化学、矿物学,以及一般意义上的资源调查。所以欧洲就有了一句强有力的口号:"与去政治化作斗争!"

政府企图雇佣一批自然科学各领域的专家,以便回避如何变革我们的社会从而使明智的生态政治变成可能的问题。研究人士和专家学者于是发表了与继续推动经济增长高度吻合的结论。通过选取这种类型的专业知识,一般的公众就被引往思想松懈、接受当前人云亦云的"发展"的方向了。

2. 政治三角形的三极:蓝、红、绿;三角分析的局限性

命名一些工业国家当代主要潮流和政党的便利方法之一,是

画一个政治三角形(图 6.1)。它显示了三个主要的政治极。这些颜色是欧洲言论场人人熟知的符号。

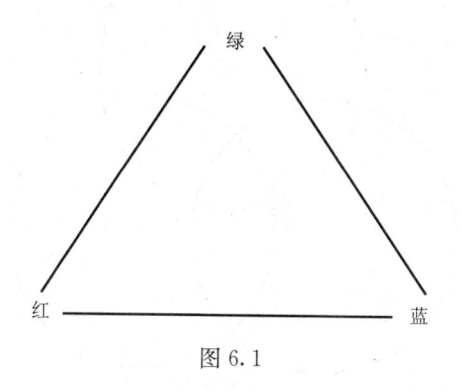

```
          绿
         /\
        /  \
       /    \
      /      \
     /        \
    /          \
   红----------蓝
```

图 6.1

对绿色政治的支持者来说,关键是:坚持并表明不能把他们放在红和蓝之间的那条线上。需要有另一个维度。

同样关键的是:诸如绿色、红色和蓝色之类的政治抽象是危险的,如果仅仅把它们当成一个个点的话。它们更像是磁极:往多少有点确定的方向不间歇地拉引。因此,必须把它们与特定的党派或纲领区别开来。可以相对于"极"来定义党派或纲领,但别把"极"安在它们身上。

所以我们可以试试画圈(图 6.2)。

如果用了圆圈,它们应该是重叠的。大多数绿色政治的支持者在绿和红之间看到了比绿和蓝之间更大的亲和性。但从宽广的历史视野和系统的视野看来,最好还是让圆圈同等重叠,不对重叠区域作任何量的解读。

绿和蓝之间相似的例子有:强调个体企业的价值(与蓝的私人

图 6.2

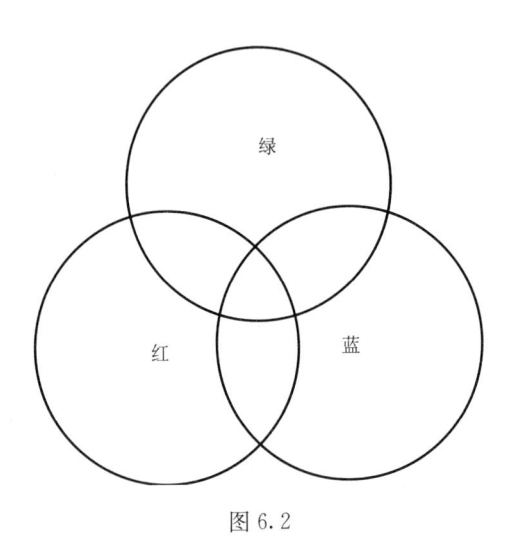

企业重叠)。把反对科层制放在十分优先的位置。

绿和红之间的相似性:强调社会责任。把反对自由放任市场经济的伦理、社会和文化不良后果放在十分优先的位置。

许多国家的政党大致都可以被放在这个政治三角形的内部或边线上。稍微精确点(但当然仍是大致的)就是在笛卡尔坐标系的三个维度上(图 6.3)。

但是不是也要把绿色仅仅视为另一种和红色、蓝色一样的可供替代的选择?不!此处的关键点在于,绿色不仅仅是另一个点、圈或维。(p. 134)它是一种动态的波浪似的力量,它应该影响到所有被粗浅构思的政治意见光谱或边线上的点。因此之故,英国生态党(现在更名为绿党)毫不讳言地指出,它的成功将导致它自身的消亡,因为"所有的党派都会适时变成多多少少生态的"(Por-

图 6.3

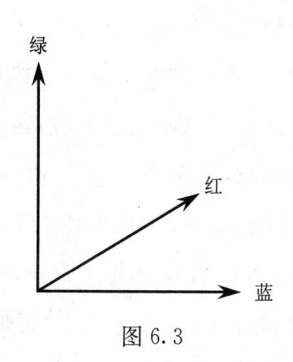

ritt,1984)。真是一种十足的对自身存在的生态风度!

所以,最令人满意的图解可能是这样的:它能清晰指明绿色影响的动态和渐进性质(图 6.4)。

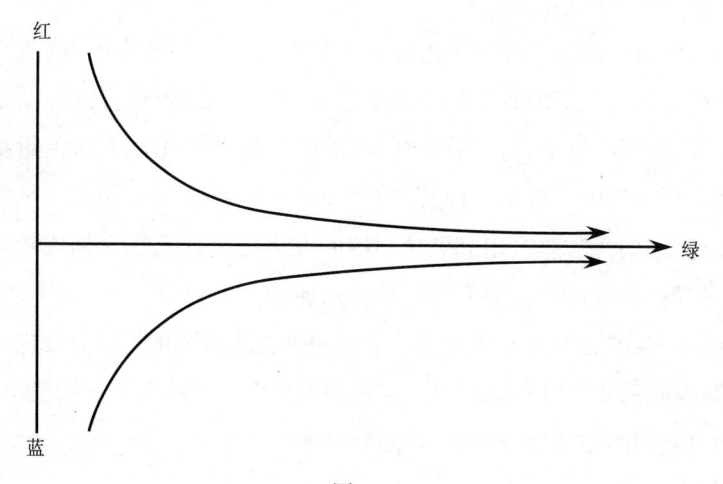

图 6.4

每一个政治决策都与绿色相关。结果之一是：绿色政党必须变成大党，以便在每一个重大议题上都有人懂行。（单独一个政治家是不能真正通晓一切的）。因此，捡起那些普通人都认为是典型的生态性的议题（核能、酸雨，等等），是不够的。我们可以在德瓦尔(Devall)和塞申斯(Sessions)的著作(Devall and Sessions, 1985, p. 18)中找到这方面富有启发性的分析。

在工业民主国家，绿色政治的支持者必须跟踪了解各个党派的政治家们在特定事务上有何言论、如何投票，并从绿色角度评价他们。他们的生态"得分"应该广而告之。对政党纲领同样要如此，但经验告诉我们，至少是在斯堪的纳维亚，每一个政党纲领看起来都像是在严肃地对待负责任的生态政策，尽管决策最终总是顽固地反绿色的。

人们有理由对计划实施绿色政策的社会持怀疑态度：这是不是在要求比现有的管制还要多的管制（法律、强制条例）？答案是"不一定！"。但是，为了避免怀疑，减少管制必须扎根于绿色组织者的头脑当中。这是一种典型的蓝色姿态么？又是又不是。尽管具有官方所说的"自由和竞争"性质，私人企业依然饱受国内管制的蹂躏，这些管制大多不为一般公众所知，但强制性一点也不弱。绿色社会的更小单元的企业由于各种原因其等级化的权力结构较少，因而需要的管制也较少。这在很大程度上取决于心智的变革：绿色方向的心智变革越少，管制就越多。

3. 生态政治议题清单及其扩容

在高度关注下面这些明确的问题的地方,人们很容易迷失在令人神往的生态潮流或反潮流当中。生态上负责任的、合理的政治方案在哪些要点上、多大程度上有别于工业国家目前的政治方案?下面,我将提到一些属于只要深层生态运动走势高涨就必定大变样的政治纲领的主体部分的领域。我们从生态政治利益基本领域的一张清单开始,然后往不同方向扩容之。

问题:所建议的与主体 y 有关的政治 x 是什么?

x:一个人、一个机构、一个国家、一个团体

y:下面所列任何一个主体

(1A)人类环境污染的政治

 (a)短期与长期视野

 (b)地方、地区、国家与全球视野

 (c)层级方面:地方、地区、国家与全球视野

(1B)其他生命形态生境污染的政治

 (a)短期与长期视野

 (b)地方、地区、国家与全球视野

 (c)歧视:喜欢的与不喜欢的生命形态

 (d)与特定的物种、生态系统、景观有关的政治

(2A)人类消耗的资源的政治

 (a)短期与长期视野

(b)地方、地区、国家与全球视野

(c)层级方面:地方、地区、国家与全球视野

(2B)非人类生命形态消耗的资源的政治

(a)短期与长期视野

(b)地方、地区、国家与全球视野

(c)歧视:喜欢的与不喜欢的生命形态

(d)与特定的物种、生态系统、景观有关的政治

(3A)人口的政治

(a)短期与长期视野;稳定还是下降?

(b)地方、地区、国家与全球视野

(c)层级方面:地方、地区、国家与全球视野

(3B)非人类种群的政治

(a)短期与长期视野

(b)地方、地区、国家与全球视野

(c)歧视:喜欢的与不喜欢的生命形态

(d)与特定的物种、生态系统、景观有关的政治

上面的学究式列举的基本目的是什么？是为了帮着将粗浅的生态争论转往更深入的轨道。我们肩负着沟通的艰巨任务,并需要技术来解决这个问题。上面的目录方便我们介入下面这类争论:"是的,我同意短期内的问题,但长期问题怎么办呢?""是的,但我们现在难道不是仅仅把问题留给后来的施政者么?""是的,GNP上升了,但看看生态后果有多可悲!""不错,保护自然不是某个地方或地区的责任,而是国家的、国际的责任!""是的,但你并不是从我们出发,而是从这些生物自身出发,来考虑保护它们的。"

第六章 生态智慧与生态政治

"种群的可持续性？你是指人类吗？其他种群的可持续性怎么办？"

这三个层面的议题在狭隘的、标准的意义上构成了生态政治议题的核心。上述目录也许有帮助。但存在另一种宽泛的，且在我的用辞中更深层的意义，在这个意义上，生态政治议题也直接涵盖了传统政治领域内的问题。

在涉及1A—3B时，绿色政治用下面这些方式反对红色政治，尤其是蓝色政治。

(1)长期视野。我们从骨子里感觉到我们是一万年一瞬间的生命形态的一部分。我们关心的土壤在5分钟内就可以破坏殆尽，但修复它则要数千年。短期政治选举打动不了我们，我们也反对迷信短短数年的研究和技术发展能够解决一切类型的重大生态问题。尽管如此，我们还是必须保持警醒，并设法预测我们的政府以及诸如所谓的林业局之类的主要的非生态机构的下一步行动。

(2)结合了地方和全球视野、弱化国家和国际机构的过度作用的绿色政治。人所共知的"国家认同"(national identity)是建立在地方共同体基础之上的。地方之间的交流基本上可取代国家之间的交流。对第三世界的援助，比如由"未来在我们手中"这类组织开展的援助，是借由地方共同体之间的直接接触而完成的，且援助被认为是相互的援助。很难避开政府机构，但近千家全球非政府机构坐落在日内瓦，可以利用它们来为地方之间的而非国家之间的接触提供便利。

挪威1972年拒绝加入欧洲共同市场（EEC）的主要理由是生态政治方面的（议题1A和3B）。我们拒绝那种危及地方和"周边"社区、强迫工人迁移、提高世界市场竞争力的集权制。我们曾对欧洲共同市场引入四倍于官方已接受的危机处方的企图说了"不，谢谢！"我们曾对向巨型多国企业开放我们目前还算开得较大的国门说了"不"。

（3）绿色政治支持消除地方的、地区的、国家的和国际的阶级差别。

全球的面貌让这一点已变得很清楚，即富裕工业国家的大多数人属于全球上层阶级。这点很容易就被工会遗忘了，尤其是一些马克思—列宁主义者，他们依旧我行我素地专注于解放他们自己富裕国家的工人。

经济压迫的核心，也许可以从根本上被视为一种对同类生命实现潜能（或者拿我的用辞来说的大我实现潜力）的跨代的压迫。

斯堪的纳维亚国家具有重大政治意义的红绿联盟之所以用这个名字，是因为绿色政治议题大多被设想得十分狭隘，似乎只由议题1A—3B所构成。使用一个如此狭隘的范畴，大量的政治问题似乎就落在绿色框架之外了。但每一个主要的政治议题又都能按绿色的方式来思考，都能使用绿色的价值优先顺序。

20世纪80年代，深层生态运动日益高涨，这是由于人们对我们星球的唯一性的认识逐步在增强。它不是一个可以"用用就扔掉"的星球。飞向一个新的、同样不可思议地美丽而富饶的星球，可能要花上百万年时间。詹姆斯·洛夫洛克(James Lovelock)的"盖娅假说"(Gaia-hypothesis)不论其科学价值几何，都不仅开辟了新的研究领域，而且唤起了新一波的敬畏感和自豪感(Lovelock, 1979)。"地球母亲"为我们继续活着并保持进化真是劳苦功高！她赢得了有史以来最多的朋友——那些热心肠的人将支付更高的税收，并提供其他所需的一切，来支持保育那些尚属于未垦地的地区，以及够大、够完整、可让哺乳动物与其他生物继续进化的普通地区［关于最低要求可参看 Soulé (1986)］。但显然，政治家们若想让自己有能力实施真正有意义的方案，来自草根的强烈信号就是必需的。

4. 对污染、资源和人口等生态政治基本领域的更多评论

(a) 污染

污染是工业国家生态和政治关切中历史最悠久、解决得最好的主题。但对于用足够的强度治理污染会真正涉及到什么，人们并不十分清楚。

无疑地，总有这样一种倾向，即首先摆脱那些一眼可见的地方、政治上危险的地方的污染。同样颇有诱惑力的是，把污染严重的产业布局在某个国家的边界线上，这样所有的坏空气就会离开本国。此外，污染那些人口密度低或者穷人多、能耗低的地区，政

治危险性就要小。因此之故，把污染型产业放在发展中国家，就是政治上的明智之举。

在香港，很碰巧，在即将举行国际帆船比赛的海域的正前方出现了一次石油泄漏。有权有势的人们面临着污染问题。化学品立刻被用上了，渔民和鱼本身于是又要遭受石油和化学品的双重不良影响。他（它）们还必须为此埋单：水看起来还清澈，但鱼都死了。

此外，为选举期间爆发的污染事件承担责任在政治上是危险的，但把事情安排好使它成为下一代或者下下一代才会真正受到影响的事情，政治上的危险性就要小得多。

至于海洋污染，一些拥有船只的人或者在其他方面置身海运队伍当中的人，非常坦诚地宣称，他们赞成严格的石油泄漏和清洁邮轮方面的条例，但如果他们的竞争对手并不接受这些条例，他们就会无力参与竞争。这听起来像是在躲避责任。但将来，我们可以设想一些拥有一定权力的全球机构，它们不仅可以对某些国家或公司提出批评，而且可以对违反条例的国家采取某些措施。我们需要此类国际机构拥有批评之外的权力。但该如何去建立它们呢？

在浅层运动中，污染主要被视为仅仅与人类的支配地位有关，即污染了人类价值。反之，在深层运动中，你必须为每一个生物、每一个生态系统寻找生存空间。对谁来说是污染？这个还是那个物种或系统？

(b) 资源

从政治上看，资源如今在狭小的语境中已是一个核心议题。

但富裕国家政府任命的专家们根本就没有认识到,工业国家的消费身上还背负着相对于发展中国家、后代人、一切生物以及残留下的野生自然而言的伦理问题。正如乔治斯库-罗根(Georgescu-Roegen, 1971)和其他人强调指出的,在这点上,可用的和不可用的资源之间并不无太大区别。忽视大的语境,政府就可以接续资源浪费,并指使专业的资源乐天派去粉饰它们的言论。

不管是私人经济利润率的理念(美国)还是产量的理念(苏联),都不包含对资源浪费不友好的内涵。政治上的增长意识形态和生产者利益之间的密切关联,使得绿色资源政策格外难产。没有对"奋斗—增长"意识形态的广泛拒绝,就没有对浪费资源的主流政策的有效批判。

另一方面,在深层生态学的支持者当中,存在一种低估石油和其他资源储量的倾向,因为这对他们保持这样的政治姿态,即置身于天天吵着嚷着资源衰竭问题的人的队伍当中,百利而无一害。这降低了他们的信誉。最好是采取一种规范的立场,即只说"你不应该做这做那",而不宣扬模棱两可的预测,因为这些预测可能会遭到专家们的公开反驳,而他们在人类资源状况方面掌握的事实要多得多。

(c)人口

20世纪肇始时,"空旷"、"荒凉"等词经常被用来指无人居住的土地。如果哪块土地看起来能够开发,哪块土地就好像在恳求人类,只求着被人开垦。随着人口一而再再而三地翻番,随着人均土地变动得越来越快,探险家、旅游者、自然主义者如今在世纪末使用的用辞已大不相同。"野生自然"一词被用来指没有人居住或者无当今人类活动明显迹象的土地。由于野生自然的区域稳步缩减，人类对他们自己留下痕迹的行为的态度也从根本上改变了。直到最近，人们还普遍认为在城里出生和长大的人不会发展出对野生自然的爱。结果错了。野生自然不再被他们视为空旷的自然，而是充满了生命和其他奇迹。

20世纪初，人们还对地球到底能容纳多少人有一种高昂的兴趣——此即地球的承载力（carrying capacity）问题。在一本很棒的教科书里，这被说成就像是在问在得癌症之前你到底还可以吸多少支烟似的（Miller，1975，p.107）。最佳人口问题现在被发现更加有意义了，但遗憾的是，这个一般性的词汇是在狭义上使用的，指的仅仅是一个物种，即现代人，而这个异彩纷呈的星球上的成熟的人类的需要，却被忽视了。

据理查德·沃森（Richard A. Watson）和菲利普·史密斯（Philip M. Smith）所述（Watson，1970），一项联合国的研究曾提出以下问题："给定当前全世界的工业和农业产能、技术发展和资源开采水平，地球今日能够支撑多少人达到美国人的人均生活水平？答案是只有5亿。"学者们认为，5亿可能就不会产生一个千篇一律的、停滞不前的世界，不会倒退到17世纪。同意。但他们提出的问题仅仅指的是人类。其他生物怎么办？如果要让它们的生活质量在人类的主宰（比如农业）下不被降低，5亿人难道不是太多了么？或者：比如说，靠1亿人难道就不能实现文化多样性、科学和艺术发展以及理所当然的人的基本需要么？在挪威，一项问卷调查显示，有少数人认为1亿就够了（Naess，1985d）。但更多的人并不真正回答，而是对这个问题嗤之以鼻："学究"、"乌托邦!"他们立刻就想到了用人道方式减少人口的难题。

用颜色表示离最近的道路的距离的地图,可以让人们看清楚这个星球上还没有受到人类鲁莽的、明显的干涉和统治的残留地方有多小。把农业延伸到新的区域已无法开展下去,因为目前只有很小的区域被直接用于满足人类的生死攸关的需要。随着自然公园因游客太多而逐渐被损毁,政策改变了,必须找到新的区域。但尊重"空旷"区域而不指望从旅游业中拿到收入的现象也在增多。像"让进化继续!"、"地球至上!"这样的政治口号也越来越受欢迎。随着富裕工业国家里人们对人均空间的需求越来越大,可以看到其他地方类似的发展在物理上已不可能了,将会导致保育的整体失败。富裕国家的人口过剩从全球角度来看已是不争的事实。

"原始自然"(Untouched nature)在20世纪60年代和70年代初是一个十分流行的词语。随着人们对过去景观的历史和无所不在的土壤、空气和海洋污染更加了解,现在用这个词已经要带点苦笑。对人口增长的日益加剧的消极反应,并不是要去培育任何一种诸如此类的对人的憎恨——相反,人的完满似乎需求并需要野生的自然。极经常在贬义上使用的"Homocentrism"、"Anthropocentrism"(二者均指"人类中心主义"——译者注)应该用一个形容词来限定,如"狭义的人类中心主义"(narrow homocentrism)等等。渐渐地,把地球作为一个整体、出于对它本身的考虑来加以保护,被视为有史以来最大的挑战之一。这的确是一项很特殊的人类使命。其中涉及到一种深层的人类需要,我们认识到了我们有一种独特的潜力,可以矫正政治决策来满足此类需要。政治现实主义者让自己涉足此类需要的时机已经成熟。

5. 增强地方和全球力量

(a) 自我决定

拥有大我实现这个基本规范的系统隐含着一个前提,即自我决定的能力、实现潜力的能力。

对参与环境问题决策的"专家"和政治家的初步研究(Naess, 1986a and 1985d)显示,他们不仅对稳定人口数量,而且对大幅降低人口数量均持一种肯定的态度——尽管他们很少或者只是偶尔公开表态过。这当然是一个十分遥远的问题,目前在政治上也是一个不存在的议题。不过,重要的是这样的态度应该为公众所知。否则,把人口减少作为远期目标的团体有朝一日能够强烈要求适当变革税收和其他影响工具的前景就会十分渺茫。

有一个奇怪的错误想法使得人们不愿意支持人口减少政策,此即:人口多,说明对孩子的爱也多。如此一来,减少人口就意味着缺乏热心肠,缺少对孩子的爱。谁会喜欢被人指为孩子的敌人?! 关于人口如何失去平衡的现实主义研究,并不支持任何关于人们为什么要多个孩子的浪漫主义庸论。

对于自我决定的发展来说,社会条件也许好,也许不好。

这意味着,在生活的尽可能多的实质性方面,你应该有能力抵抗压力。如果一些处在偏远中心的行动者要为决策作贡献,就必须以一种被人感觉为来自外部的、过度缩小他自己的选择的自由

第六章 生态智慧与生态政治

的方式,那么,这就形成了决策的集中,每当出现这样的集中,自由就会被削弱。因此,生态政策将是站在去集中化一边的。

比如,在能源方面,如果你把能源集中,那么,中心能源处发生的任何事情都会让你多少有些不快,因为任何影响到能源输配和能源强度的干扰都会给你带来一些你觉得无能为力的问题。另一方面,强有力的去集中化的能源来源也许从狭隘的经济学角度看利润并不丰厚,且要为消费者多付出点辛劳,但你把它纳入了你自己的行动和权力范围。

在我们工业国家,大家都在谈论社会的中心和外围。集中化也意味着你置身在某个地方,多半是大城市,在这里创造性被公认为是无与伦比的,它决定了外围的条件如何。在你选听的音乐中,在你穿戴的服饰中,在其他数以百计的生活方式中,都有一个中心,它们很大程度上决定了外围的人们如何生活。这种集中化易于削弱自我决定力。然而我们必须强调,自我决定并不意指自我禁锢(ego-trip)。和其他人一道相处对于大我的实现才是最重要的。

在斯堪的纳维亚,去集中化、支持小单元经济,是一些政治家们说他们赞成的东西。但在实际中,这样一种政治表态并没能阻止持续走向更大单元的趋势,这一点也是很明显的。单元的整个规模越大,为个人创造性留出的空间就越小。要使单元的每一个成员都对正在发生的事情有所理解,这种可能性是很小的。

但此时我们又要对绝对论保持警醒。一个工人在一家大型的、有一个坚强的领导核心的企业工作,他也许有比在小企业工作的人更好的自我决定条件。"小的"并不总是"美的",正如舒马赫本人坦承的。

(b) 自立自足

工业国家的经济倾向于钟爱国家间贸易的任何增长，这里面主要的原因是地球上有某些地方可以更便宜地生产出某些产品，因此，你应该总是从能够用最便宜的方法干活的地方进口，并且你应该出口足够多的东西来为进口埋单。很难抵挡此类论点的力量。

国际进出口关系对物质生活水平的积极影响毋庸置疑。一些贸易已经进行了几千年，同时促进了文化多样性。但社会和文化代价也许令人惊愕。生活方式和娱乐业的进口造成了一种对国际经济波动的依赖，引发了同化（uniformity）、被动性、更多的消费、更少的创造性等后果。

文化多样性延续的可能性在全球范围内减少了。这破坏了不同文化的独立性，但它所做的事情主要还是让自立自足变得很难，所谓自立自足，亦即开辟最大的自我行动的可能性：创造，而不是消费。去做，而不是等人做好。在这方面，基本的生态智慧术语在达成目标方面从内到外都具有推动作用。

在一些像挪威这样的工业国家当中，我们很明显地高度依赖其他国家的资源，且某个地区或社区也依赖其他地区或社区。我们用自立自足一词所表示的意思，并不是说所有这类交流都应该停止，而是说只有在对大我实现有利时才应该进行交流，而且不要把交流弄成满足本来可以在本地得到同样好的满足的需要的必备条件。

大我实现并不反对文化交流，但它更钟爱内在价值，不管这种价值是物质上的还是精神上的。比如,如果你跑一趟你觉得没有任何内在价值的路,去很远的地方弄一件物品或服务,交流就会是一件可以尽量不去做的事情,要是在本地弄到这件东西更好的话。另一方面,如果你在远方有朋友,或者你在那里有一些本地无法弄到的东西,或者这趟路程是一次有价值的体验,那么,从大我实现的角度并因此从生态智慧 T 的角度看来,交流无疑就是可接受的。

遗憾的是,自立自足性的提高需要个人充分意识到它的价值、面临的障碍以及为改善条件在政治方面应该做些什么。因此,只有少数人有机会达到高水平的自立自足就不足为奇了。这只有在一个有凝聚力的、地方的、明智的、自然的社区中,才有可能。

(c)地方社区的实现

在欧洲社会学中,社区和社会之间,即 Gemeinschaft 和 Gesellschaft 之间,是有区别的。地方性,以及社区意义上的共处,在深层生态运动中是核心词汇。可以这么说,人们对自己被纳入某个庞大但不伟大的东西——某些如我们的现代社会之类的东西——有一种"本能的"抵触。但是,彻底搞清楚一个合意的地方社区的实质性特征是什么并不容易。

所谓的绿色社区在过去 20 年里已经发展出一些被人认为积极的属性。

(1)成员不是多到即使通过熟人也不了解彼此;有一些固有的稳定性因素,让这个人群保持在相当恒定的水平。

(2)在影响到所有成员的领域,决策通过直接的沟通而形成,如此便能够有一种直接的民主形式。

(3)直接用友善的方式制止反社会行为。干涉这种内部秩序的外来直接影响比较小。

(4)生产方式和生产资料与初级生产结合得最为牢固。如此一来就有了一种很高程度的经济上的自立自足。

(5)技术实质上是软的。我们也可以用"近"这个词,因为做出来的东西必定来自近处,或者至少来自尽可能近的地区,一般不来自国外。

(6)文化业和娱乐业很大程度上一定带有地方色彩,这也适用于各类作品。

(7)学校教育直接围绕掌握好本地区所需要的技术来进行,但当然,正式的文学和艺术教育的可能性不应该落空。

(8)收入和财富差距较小。那些处在底层的人和那些处在上层的人的生活方式非常接近,以至于他们不仅能够走到一起,而且可以工作到一块儿。

(9)地理广度足够小,用骑自行车这样的个人交通方式足以从一端到达另一端。

(10)在某些社区当中,也许有一些更大的单位所属的机构,比如医院、国际研究、法律和技术研究所等。一些地方社区还必须看管整个社会发挥功能所需的中央机构。这一事实与地方社区的概念并不吻合。

保育以及绿色地方社区的进一步发展依然面临许多政治障碍。

(1)经济政策在国家层面高度集中。它主导整个国家的目标设定。因此之故,就会有一条由中央发出并决定各地区、各乡镇的行为的稳定的法令和需求之流。比如,对排水渠和建筑物的规模的要求。所有这些法令倾向于使地方行政单位负债累累,直至破产。这有一种强烈的沮丧效应:一旦出现某种经济获利机会,它们就会不分青红皂白地跳出来。地方社区因此十分脆弱,不堪一击。

(2)文化政治通过大众媒体尤其是电视得以集中化。

(3)娱乐业通过集中的媒体和国际文化市场被标准化。抵制这种趋势是不可能的,即使其不良和有害后果许多政治家都看得很清楚。经济增长由标准化所推动,但它带来的草根创造力却甚少有变化。草根娱乐业在大市场上无价格可言。

(4)卫生当局和社会政策集中化、专业化了,并且重视症状甚于重视病因。传统的全科医生消失了。地方社区感觉他们要花钱才能保住自己不生病,这也使得他们在中央当局面前很难不形成被动。

(5)竞争,尤其是世界市场上的竞争,似乎让相当大的企业和硬技术、远程技术成为必需之物。工人的更大迁移性是需要的,为的是遵照市场去移动,这样市场又一次对地方社区尤其是对于他们来说至关重要的代际延续性造成了破坏。

(6)国际市场上的经济政策是这样的:自立自足或者软技术并无利益可图。在许多地方,本地资源被来自其他国家的群体和企业所滥用。

(7)大量不同门类的发展方面的技术通才得不到褒奖,因为这样做无利可图。由全世界的顶级艺术家、科学家、技术工人、体育明星、商业奇才所设定的水平,除非通过专业培训,否则望尘莫及。

"面包和娱乐！"[①]物质上的生活水平和专业化的娱乐使得积极挖掘人自身的创造潜力成为无谓之举。地方成就和能力，在大社会的核心圈里无人知晓，只得屈尊为地方的次结构。

没有强有力的反制措施，地方社区和非工业文化的破坏还会持续。

抵制将地方社区与地方行政单位等同起来的趋势在生态运动中也很重要。中央行政部门给地方行政单位施加的压力是如此之大，以至于我们经常发现地方行政单位持续徘徊在经济崩溃边缘，尤其是在北欧国家。这往往造成他们持一种反生态的立场，即使他们服务的社区把保育置于十分优先的地位也是如此。

6. 直接行动；甘地的非暴力规范

在这个标题下，我头脑中想到的是环境草根在公共、集体场合奋力抗争所采取的各种特殊的、看得见的、非暴力的方式。在有关环境的冲突中，有上百种——如果没有上千种的话——直接行动，它们大多是甘地所说的非暴力的。

一开始策划直接行动时要记住的第一件事情是，反生态类的决策通常是企业或官僚机构经过长期计划之后才做出的，计划过程后期采取直接行动，比在计划早期阶段成功的几率要低得多。

[①] "Panis et circenses"（面包和娱乐），是西方一首著名的歌曲，形象地表明了人们的物质生活和精神生活的矛盾，以及二者在西方资本主义制度下的庸俗化。——译者注

原因主要是计划要花很多钱,可能要上百万,尤其是当它包含可行性审查时(不管这种审查是否敷衍了事)。花了很多钱之后,任何人此时要说它是浪费,都必须拿出十足的论据,否则方案"不得不"继续实施下去。这一点,使得让尽可能多的人在计划的最初阶段就熟悉计划成为势在必行。而且,要使他们在计划的危险性方面说出个一二三来,也必须让他们透彻了解计划。

甘地的方法是这样的:行非法之事、行犯法之事的计划应该尽可能少地产生。大多数行动能够、也应该在合法的范围内采取。

与其他任何国家相比,美国的律师更有能力动用法律来反对非生态的决策。在斯堪的纳维亚,律师则比较被动,但应当记住的是,决策合法性的问题任何时候都不能不予以审查。

我想要提到的另一点是,行动必须有一个清晰的、具体的、易于理解的目标,而且应该明白无误地告诉对手行动的目标是什么。对手很少是看得见的警察,而通常是处在权力金字塔高层的人。在这方面,有一对区别关系重大:比如,拦路行动或设障行动是一种定下了确切时间的行动,对活动中将发生什么、能发生什么有精准的限定。但行动也有可能是某个更大战役(campaign)的一部分,比如拯救一条河流、一大批河流,或者一片森林。这个行动本身也许不成功,但这并不破坏整个战役成功的可能性,因为战役包含许多行动,由它们所组成。它的成功并不取决于每一个单个行动成功与否。行动的一个主要方面是吸引公众的注意力。成功的条件于是取决于这个假设的可靠性,即公众只要知晓,大多数人就会站在正确的一边。

不仅行动和战役之间的区别重要,而且战役和运动

(movement)之间的区别也很重要。比如,一项运动旨在保护一大片景观,并在数年战役之后使之成为一座国家公园。这样一项运动也许要花上百年时间才能最终达成目标。

战役概念最重要的用法之一,是指直接行动不成功之后如何应对挫折。大多数行动是不成功的,而且也许注定就是这样的结果。但这并不削弱它们的重要性。要战斗不息!大多数战役不成功,但未来它们也许就不这样了。但确凿无疑的是,就它们不成功而言,重要的是把它们看做某项运动的一部分。深层生态学作为一项运动,心理上、文化上是以基本的态度为依托的。停止支持运动,就意味着否定这种态度——或者去寻找另一种不同的、更好地表达它们的方式。

斯堪的纳维亚和其他许多地方的经验表明,成功的概率高度取决于行动、战役和运动的非暴力水平。比如,在一次游行或者一次直接行动之前主动和对手接触,就是必不可少的。在挪威北极地区的阿尔塔游行中,和强大对手的持续接触至少耗费了9年的战役时间,而且在直接的行动中,所有在场的对手都得到了请喝咖啡的礼遇,游行者还当即邀请他们一起讨论如何行动,从而避免了误解产生。在马多拉的行动中,游行者用鲜蘑菇来招待警察(但那些站在警察头头身边的人没有敢接)。

甘地方法的中心规范是"最大限度地接触你的对手!"。非暴力直接行动必须是为健全的生态政治而战的一部分,但另一方面,这些行动必须不造成对每天、每周、每年的声势不那么浩大的斗争类型的疏忽。而且你必须精确计划用直接行动打算给政治家造成什么影响。如果处理不好,政治家们就会从温和赞成某种反生态的决策,转而变成同一决策的激烈捍卫者。

为了避免此类误解,下面我将系统阐述我在另一本书中(Naess,1974)解释的甘地非暴力法则:

第一层规范:

N1:在集体斗争中行动,此外,个人应自发按照一种有益于长期地、普遍地、最大化地减少暴力的方式去行动!

第二层假设:

H1:集体斗争中使用的手段的特征,决定了结果的特征。

H2:在集体斗争中,你能够使目标导向的动机和为实现目标而有效工作的能力不断压倒破坏性、暴力性的趋势,以及走向被动、泄气、破坏的趋势,这么做只需要使建设性方案成为你的战役的一部分,并赋予你的斗争的每一个阶段以尽可能长远的积极特征。

H3:短期的暴力与减少长期的、普遍的暴力相矛盾。

第二层规范:

N2:使建设性方案成为你的战役的一部分!

N3:对你的对手决不要诉诸暴力!

N4a:选取最有可能减缓斗争中令所有党派走向暴力的趋势的个人行为或态度!

N4b:行动中不要像一台机器,或者某个机构的传声筒,甚或一名走卒,而要坚持做一个自发自觉、高度负责的人!

第三层假设:

H4:若要赋予斗争以建设性的特征,你只有把斗争设想成、开展成一场有利于众生、有利于特定价值,并因此最终与敌意斗而不是与敌人斗的斗争。

H5：与参与者尤其是与那些你首先要反对的人共处一起，可以增进你对冲突、对参与者、对你自己的动机的理解。最好的共处形式是携手开展建设性的工作。

H6：与那些你首先要反对的人共处一起并与他们一道开展建设性的工作，将会为信任奠定一个天然的基础，并提高你的自信。

H7：一切人类的（和非人类的？）存在物都有共同的长远利益。

H8：目标一致的合作，将降低冲突参与者的行为和态度演变成暴力的机率。

H9：羞辱或者激怒你的对手，你将自讨暴力苦果。

H10：透彻理解相关事实和因素，将提高你的战役目标非暴力实现的机率。

H11a：你对你的状况和你的斗争计划的描述不完整、有歪曲，将降低你的目标非暴力实现的机率。

H11b：保密将降低你的目标非暴力实现的机率。

H12：你将自己的状况、自己的斗争的关键点搞得越清楚，你就越不太可能采取暴力态度。

H13：你的对手越不太可能使用暴力，说明他对你的品行和状况的了解越清楚。

H14：每一个对手都有这样一种难移的秉性，即只要你全身心地、机智灵活地、执着地呼吁支持某项好的事业，终有一天他会心服口服。

H15：误信源于误判，尤其是当你的对手的秉性是用信任回答信任、用误信回答误信之时。

H16：朝不利方向误判和误解你的对手及其状况的倾向,将加剧他和你诉诸暴力的倾向。

H17：当你让你的对手摇身一变成为你的事业的信仰者和支持者时,你就赢到了最后。

第三层规范：

N5：与敌意斗,不要与敌人斗!

N6：和那些你与之斗争的人共处一起,并与他们一道开展建设性的工作!

N7：构想好你和你的对手共有的核心利益,并努力在此基础上实现合作!

N8：不要羞辱或激怒你的对手!

N9：尽最大可能了解与你的目标非暴力实现有关的因素!

N10：尽量公允地描绘一切事物!

N11：不要过分保密!

N12：尽量说清楚你的状况,把重要的状况和不重要的状况分开说!

N13：设法与你的对手私下接触,并且让他也可以接触到你。推动彼此冲突的团体进行私下接触!

N14：别老以为你的对手比你难缠!

N15：如信任你自己一般信任你的对手!

N16：把你的对手变成你的事业的信仰者和支持者,但莫要强迫!

要推动某项运动之内和更大的社会领域之内的行动取得成功,还有几点应当记住：

(1)避免公开说"我的运动是最重要的"、"我的运动目标不实现,其他都免谈"之类的话。

(2)抵制给你自己的运动之外的、心中有同样的实践目标的其他运动找茬儿的倾向。

(3)对手的"愚蠢"或"恶劣"不要成为话题。

(4)在争论中,尽量避免使用技术或学术语言。每一种职业都有一种认为严肃的讨论必须用它自己的技术行话来开展的倾向。

(5)时刻牢记如何将你的运动目标与终极价值、与其他目标结合到一起。

7. 富国与穷国:从掠夺到互助

污染和资源问题真正成为了生态运动关切的一部分,但工业国家处理这些问题的方式由于数个原因而令人难以满意,不管是从短期角度还是长期角度看都是如此。第一个原因是没有触动深层的因果链条就把优先性给了它们:生产和消费系统、技术、全球团结和地方团结的缺乏、生活方式的异化。你也许还可以想得更远,说污染和资源讨论把一切更深层的维度撇到了一边。浅层运动压倒了深层运动。

工业国家能够用一种发展中国家在经济上无法仿效的办法控制垃圾和污染物外流。反过来看,工业国家还可以降低对发展中国家给予的政治善意的要求,比如强迫他们开放他们的国家,以便让一些能够无视富裕工业国家环境法律的硬技术和巨型工业企业

第六章 生态智慧与生态政治

自由进入。

强大的多国公司似乎还在引领当下的发展。政府和公众的舆论允许它们在长期形成的掠夺关系基础上继续掠夺贫穷土地上的廉价资源、原材料和劳动力,发展中国家则继续沦为输家。他们对抗环境退化的能力与我们不同。我们根本不在同一条船上,而是在几条不同的船上,所有这些船都在趟着同一条灾难性的道路。

今天,这已是一个现实问题:对于生态学领域的可造之材来说,在决定自己要在何种程度上熟知这个领域时,他们只会选择浅尝辄止,就像专家们或顾问们当前达到的程度。大多数可让他们去当顾问的工作,都要求他们在公众面前掩饰自己的内心情绪(Naess,1986a,1987b)。雇主们选择的问题,大多肤浅。他们要求顾问们在方案 A 和 B 之间作比较,却把更深层的方案 C 给丢掉了。潜在的雇主则选择那些可花钱让生态上懂行的人回答的问题。生态学家们可以自由选择更具实质性的问题,但某些意见一旦署名发表,就会对他们的职业构成威胁。

大多数机构的专家依然被条条框框所限制,只好走肤浅之路。然而,越来越多的发展中国家的精英正在寻求生态政策实施方面的帮助。他们极力想用好《世界保育方略》这类出版物,而这就是未来的希望所在,如果足够强大的机构能去推行此类政策的话。它们的实施预示着一场从掠夺到互助的转变即将开始。

8. 对《增长的极限》的方法的批评

罗马俱乐部赞助出版的《增长的极限》(*Limits to Growth*)一书获得的认可度在政治上具有重大意义。它对某些强大的社会部门形成了冲击,而在此之前这些部门并没有认识到人类对地球的掠夺有任何极限。定量的、成熟的方法让这份报告在专家圈子里具有很强的可读性,他们从来没有读过如此具有浪漫色彩的深层生态运动文献。我觉得有意思的是深层生态运动本身对这份报告在政治方面的不满意反应。这个话题不无意义,因为任何一份充满了统计数据、电脑生成图表以及一般被叫做先进技术的新报告,从来只会在运动内部收获到消极反应。这是一种从长期来看削弱运动的影响力的东西:在与有一定技术背景的对手讨论时,参考这类报告很可能比参考其他任何文献更有说服力。

在我认为理由相当疲软的各种负面评价当中,我很乐意提一提下面几个。

(1)这项调查获得了大企业的资助。因为结论对这些企业的非生态政策有利,所以才发生了这种情况。

从历史上看,这是不对的。企业支持研究,并非对能获得什么样的结论完全那么清楚。从实际情形看,结果也指向了一种对这些企业当前的生产方式和产品选择造成不利影响的变革。

(2)《增长的极限》赞成这一格言,即我们都坐在同一条船上。国内和国际的阶级差别被忽视了。因此,它是为国家内部、国家之间的统治阶级服务的。人民坐在别的船上。

但是,着手这项调查只想解决全球数量问题。它并不只是为做这件事情的"统治阶级"服务。后续的全球建模领域的工作,修正了《增长的极限》的过分简单的处理方式。这点在德内拉·梅多斯(Donella Meadows)的"全球建模第一个十年的历史"(*Groping in the Dark*, 1984)一文中曾有精辟概括。

(3)这项调查并没有说明富人对穷人的掠夺。约翰·加尔通(Johan Galtung)对此的反应如下:

> 把恶魔放到弱者的脚下,他们也不会反抗,甚至不敢指认,因为弱者太弱,做不到这些……他们的生活就是为获取十分基本、十分必需的物品而拼搏。一切在世界"核心"部位很核心的地方用电脑打印出来的"狼"的嚎叫,都改变不了这一优先顺序……几乎不可思议的是,这一点并没有敲醒作者们,人口过剩、过度污染、过度消耗仅仅是世界大多数人口正在生活于其中并且已经生活于其中很长时间的诸多条件中的三个条件而已(Galtung, 1973)。

之所以提到这些争议,是因为在当局的框架内立项的调查研究一再遇到同样的批评,而批评一旦发表出来,就会使那些对深层生态运动持中立态度的人不去读它们。这些人多多少少保持中立,于是可能摇摆不定。我能想到的最适宜去做的事情,是让尽可能多的人去读这些东西、用批评的眼光去审视它们。你不能完全仰仗于身份明确的运动成员所写的文献。你还必须考虑那些走当局路线的人的文献。不同的沟通方法、不同类型的用辞，可以接触到不同类型的人，而且，如要运动不成为一个小小的政党派系，这点就是必须的。

回望过去15年来，我认为可以理直气壮地作出结论说，罗马俱乐部的工作的确对环境政策产生了积极影响。即使是在最乐观的技术圈里，如今也有人承认增长有极限了。从在几个国家进行的问卷调查可以看出，在德国和英国，这种想法如今已是大多数人的意见；只是在美国，大多数人确实还倾向于相信增长无极限（Milbrath，1984）。

9. 绿色政党令人满意吗？

深层生态运动的基本认识是，当前的工业社会不发生深刻变革，它的目标就无法实现。这意味着不变革政策，目标就无从谈起。至少已持续15年而且还将持续下去的争论之一是：我们应该在现有的政党内开展工作，还是应该想办法创建一个专门党派？

你也许马上会回答说，不同国家的条件极为不同，没有什么普遍的前景可以让我们去憧憬。接下来要说的事情是，我们应该区分出两类绿党，一类创建出来是为了获得发展完备的政党的地位，另一类创建出来是为了在特定的政治环境下造成临时的政治影响，但并不以任何与本身的政治寿命长短有关的东西为前提（Porritt，1984）。后一种选择多多少少也是在创建通常意义上的政党与活动于现有政党内部之间作选择。简言之:(1)把现有的政党转变到绿色方向;(2)创建一个新党;(3)建立一个时不时发挥一下作用的新党派来改造现有的政党。当然,这样的分析最适合于那些在有一批竞争性政党的框架内运行的国家,而不是美国这样的两党制国家。

沿着第一条思路,有人试图通过在现有的政党中建立"第五纵队"来改造目前的政治,迫使它往深层生态方向转变。在斯堪的纳维亚,这第一个方案多年受到欢迎,并且在最近的1985年,在挪威创建一个绿党的提议经过一度急切的拥护者们的大量讨论,也已经被放弃了。

如果某个国家有一个大的、认识清楚的、立得住脚的生态类议题,比如旨在获得能源的核电站的问题,那么,创建一个把此议题当做核心主题的政党就有可能。吸引这个国家全民的注意力就有可能。但如果没有此类绿党可以聚焦的核心争议,那么就很难在全体民众当中为新的政党创造足够的兴趣。而且,一个单一议题的政党长期下去能有什么建树?

瑞典和挪威在这方面有所区别,因为在瑞典有大量关于核能的争议,反之在挪威,由于水能潜力大,就没有打着绿色旗号的核心政治争议。

在德国,绿党的创建取得了成功,该党的中心目标关乎全体民众,且结果到目前为止似乎证实了这样的结论,即绿色政治党派也可能有重大的影响力(Capra and Spretnak, 1984)。但它还证实了上述第三种选择的可能性——也就是说,即使绿党分裂为相互竞争的小团体,即使那些反对参加现行政治的人取得进展,绿党的时代也会有长远影响。这当然是个好主意。

绿党的消极面之一是，如果它只得到百分之三、四的选票，民众就会对绿色观点的真正重要性以及真正赞成绿色政治背后原则的民众人数产生错误印象。与其有一个明显得不到百分之十民众认可的党，还不如不要党为好。

关于第三种可能性，我认为这是一条在任何情况下都要接续下去的道路，即使创建了政党也要如此。在其他政党中拥有一个一次又一次支持绿色观点的第五纵队但并不点明这些观点是绿色的，而只说是现行框架内一种负责任的立场，这种做法总是有必要的。这么做的另一个重要好处是，传统政党于是不会携手反对绿色立场：如果他们能够暗中吸纳一些绿色立场而不感到威胁，他们就会觉得没有必要去反对。没有新的党派可供他们去围猎和戕害。

在政治上，策略很重要。即使这种做法违背了深层生态人群的本意，至少这一点是重要的，即他们也不会去和这样几个多点心机的支持者去较劲。如果我们在现有政党内活动，我们就必须使用那些鼓动选民去倾听的词语。比如，写一些、说一些好像你反对一切工业的话，这并不好。我们的观点应该是这样的，即我们应该支持"工业"，然后指出历史上的工业和当前正在运转的工业——大工业——有很大不同。

同样，我们也不应该有反对技术、贬低其重要性的泛泛口号。人类文化的多样性在整个历史上表现出了极大的技术多样性，没有这种多样性，我们就不会有深奥的文化多样性。反过来也可以这么说，但无疑在迄今为止的任何文化中，人们做东西、用东西的

第六章 生态智慧与生态政治

方式,把优先性赋予某些技术而非另一些技术的方式,总体上为整个文化增添了光彩。在这方面,记住这一点当然也很重要,即先进的技术是被视为推进了文化基本目标的技术,而不是什么莫名其妙、古里古怪的仪器设备(参看本书第四章)。

此外,对大城市和城市生活方式说一些贬损的话也许会适得其反。多少世纪以来,人类种群就喜欢在一小片地方大量而群体性地聚居在一起(倘若没有核大战的话),这也是为将人类活动对除人之外的其他生命种类、对整个地球的景观的破坏性影响降到最低所必需的。提高聚居地的生活质量还需更多努力,而将人口驱散到全球则无须更多努力了。

遗憾的是,深层生态支持者内部对政治家尚有太多轻率的批评。说它"轻率",是因为他们即便政治家的言论在现行体制内看起来是必然之论也要批评他们。那些有勇气在有争议的议题上坚持相当激进的绿色立场的政治家,必须得到运动支持者的嘉许。如果那些本应心怀感激之情的人一味端出批评、训斥、冷漠或者沉默的姿态,就无法指望政治家们继续保持勇气了。

民众是否给了政治家们应得的东西呢?为了做到这一点,你应该在你认为政治家们做得很棒时,时不时地给他们寄去称赞和支持的信件。粉丝信件和谴责信件都有必要。

政治上的活跃人士应该设法向公众说清楚,他们私下里也会持有一些选期内无法在政治上兑现的观点,但这些观点对于他们本人的政治动机来说绝不是不重要的。人口持续增长对生活条件、对整个生态圈的影响是不可容忍的,而且它还在以几何级数上升。即使把这方面的变革编制为政治纲领的一部分也属于政治上的自杀,但对于政治活跃人士来说,若他们不承认自己私下里也持有这些绿色看法,则是不负责任。如果他们把这些看法掩藏起来,许多在政治上发挥不了太多作用但又持有激进绿色看法的人,就会感觉他们的能力比自己想象的还要差。这些人获得的观感就会是参加权力争夺与坚持绿色看法严重相背离。

10. 深层生态运动与大的政治议题

(a)基本的意识形态选择

用通常的含糊而模棱两可的语言来说,最有可能给绿色政治增添光彩的政治传统、意识形态或者体制是什么? 但我要立刻澄清,在我不得不使用这些语言时,我感觉到很不舒服。

(1)改革还是革命? 我设想通过许多小的步骤往全新的方向实现一种深度和有规模的革命性变革。难道这样就把我真的划归为政治改良主义者了? 很难。方向是革命性的,步骤是改良式的。

我能够说的只是,我并不认为我们在历史课本上读到的一些革命之类的东西,或者我们也许希望在南美洲将会发生的事情,对工业国家会有帮助。

(2)资本主义还是社会主义? 尽管可以说为了方便可以把经济政策叫做资本主义的,但很难说有什么资本主义的政治意识形态。社会主义有一个意识形态,但它什么时候充分关心过自然?

(3)与共产主义和无政府主义有任何关系么? 大致说来,深层生态运动的支持者似乎走得离非暴力的无政府主义更近。当代非

第六章 生态智慧与生态政治

暴力的无政府主义者明显靠近政治三角形的绿色一角。但随着人口压力增大且还在以指数方式递增,以及许多地方处于战争或临战状态,保持一些相当强大的中央政治机构似乎依然是必不可少之举。《世界观察战略》(1980)提出的诸如此类的建议在方向上是正确的,但并没有什么当局强大到可以去实施它们。经验告诉我们,地方的自我决定水平越高,为了压制地方对绿色基本政策的破坏,中央当局就必须变得越强大。这是不是太悲观了?不管怎样,绿色乌托邦,例如西格蒙德·卡瓦罗(Sigmund Kvaløy)、约翰·加尔通、埃里克·达曼(Erik Dammann)[《未来在我们手中》(*The Future in Our Hands*)]、爱德华·戈德史密斯(Edward Goldsmith)[《幸存的蓝图》(*The Blueprint for Survival*)]、欧内斯特·卡伦巴赫(Ernest Callenbach)[《生态乌托邦》(*Ecotopia*)]等人的乌托邦,都很像甘地的"村务委员会"(*panchayat*)乌托邦,都不曾把注意力集中于如何把绿色社区的生活与保护它免遭很可能在这个地球上延续一段时间的破坏力和暴力的影响的关切联系到一起。

(b)社会主义和生态智慧

对资本主义最有力、最系统的批判,可以在社会主义的文献中找到。这使得深层生态运动的支持者们很自然就把社会主义对资本主义的批判用于自己的工作当中,并且,看看绿党的口号我们立刻就会清楚,这些口号当中许多也是社会主义的,或至少是与某种类型的社会主义不谋而合的。比如:禁止过分侵略性的个人主义,适度性,社区,为使用而生产,低收入差距,满足本地需要的本地生产,参与性介入,团结。

另一方面，有一点也是很清楚的，即一些社会主义口号依然听起来与绿党的口号不吻合：生产最大化，集中化，高耗能，高消费，物质主义。

从历史上看，在许多人当中，存在一种从传统社会主义立场向生态立场转变的趋势。许多非常自立自足的、团队合作取向的直接行动者有某种（学到的或者体验到的）社会主义的背景。一些最可嘉的生态目标的践行者来自社会主义阵营，这点也很清楚。

社会主义立场和生态立场之间的根本相同点之一是，都强调社会公正，强调技术的社会成本。生态取向的社会主义提出的根本问题是：一项具体的环境政策的社会后果是什么？环境污染型生产的社会成本是什么且该如何把这种社会成本计入市场成本？

另一方面，"人民"和"社会"等词如果指的是社会或社区应该控制生产资料，那么这种用法在生态政治中就是危险的。这些词语的运用应如此，即并不是社会或社区本身拿到控制权，而是由某些政治家或中央行政单位代表社区来做决定。（在这些语境中来运用"社区"一词，将使得社会主义的口号愈加显得可贵）

绿色社会的乌托邦指向一种直接民主的政体，在其中，生产资料由地方控制，并以之作为实现目标的最佳方式。

鉴于这些词语的歧义性，说东欧相当落伍的生态立场与社会主义—资本主义问题无关，也许有点荒谬。在许多关键点上，这些国家并不被人视同为真正的社会主义国家。有过尝试，但失败了。然而，深层生态运动的支持者通过观察东欧，也许会发现他们自己的反官僚主义立场在那里获得了一定程度的印证。但是，至少在苏联，生态运动必然要面对的问题相比我们自己的情形并无大的不同。鲍里斯·科马罗夫（Boris Komarov，1980）曾这样描述过一场事关贝加尔湖未来的官方听证会：

> 在一次诸如此类的会议上，一位老院士冲着我们喊："但我们为什么还要在贝加尔湖问题上纠缠不休呢？污染它吧，要是我们别无选择。现在我们有了核能，要是以后万不得已，我们可以轻易造出一个大坑，灌满水，就行了。我们会再造一个贝加尔湖。"这种胡话响彻了科学院的屋宇，但我们的"科学庙堂"的屋宇并没有垮掉。甚至都没人把这个老朽的院士赶出去。会议继续，对我们的攻击也在继续。我再说一次，这真是一段胶着的时间……（p. 8-9）

11. 官僚政治

这把我们引向了基本的官僚政治问题。在混合的或纯粹的资本主义国家当中，私下动议（private initiative）和公开动议（public initiative）有所不同，公开动议涉及走通官僚政治渠道的问题。在生态上清醒的社会里，我们应该把"动议"这个词保持为一个非常积极的词汇，但它是指个人动议（personal initiative），而不是私下动议，而且使个人动议最大化将是我们的规范之一。这意味着一场反官僚政治维度的斗争，这种官僚政治维度恰如在资本主义社会中那样顽固透顶。社会主义在这方面似乎优势不足,因为每当有人说人民应该掌权时,它往往意指政府应该担负起解决许多在绿色乌托邦中将由每个人、每个家庭或者每个小型社区来决定的问题。欧洲社会主义批判者的一个醒目的样貌就是,目前,有太多的会议是为人民而开,太多的决策是为人民而作,而不是由人民来开,由人民来作。

接着轮到了在资本主义中减法做得太多的"管制"一词——从绿色乌托邦的相关文献中你会获得这样的印象,即它的支持者并不害怕管制。这再次指向了个人动议的重要性:只有通过规范的内化,才能把管制降到最低(本书第四章)。

此处的要点是,我们需要变革我们的心智,这样许多管制才会变成不必要的。但无论如何在绿色社会中都会有管制增生的危险——看看是什么使得管制在我们自己的社会中日渐增多吧:我们有那么多针对每一个小情况、小问题的小管制,却没有更大的、覆盖更多情况的、整体性的、统一化的管制。我们当前的体制中很少有管制能当得起被内化为规范的重任。我们需要那些有更深刻的意图、更基本的品质的管制。

像尼尔·克里斯蒂(Nils Christie)这样的理论家则从历史视野来看这一问题,并表明了 19 世纪的紧密型社区是如何解决管制问题的。他们通过小型社区内部的简单的、日常的互动来解决问题。孩子们不仅在学校、从他们的父母那儿学习,而且从社区中的每个人那里学习。用这样的方式,他们还学会了长大后要用到的技巧。如果有人酗酒,社区的成员立刻就会让这个社区的违规者感觉不高兴。但如果有人喝酒太少,他也会面临一定的压力。在这里很少有警察活动，社区内部也很少有暴力。对于在绿色社会中不可容忍的千篇一律这种"结构性暴力"，也会有一种压力。它既减少了个人动议，也弱化了自我决定力。照克里斯蒂所述，我们必须在传统的边界和我们今日在大城市里看到的一团乱象之间蹚出一条新路。

我们打算怎么去做这件事情？"通过绿色教育"的答案似乎不是很可信，因为如果你意指正规教育，我们知道这无论如何都不是一种有力的促变因素。如果我们意指非正规的教育，那我们做得又太少（Pepper，1984，pp. 215ff）。

这方面有用的一个词汇是原始意义上的、极富浪漫色彩的"自然主义者"（Sessions and Devall，1985，pp. 79ff）。我们不聘请我们今日所知的教师们去做这件事情，而是聘请那些已内化深层生态规范的人去做，哪怕他们人数很少，并且使他们在日复一日的社区事务处理中扮演更加核心的角色。正是在这方面，这样的自然主义者通过率先垂范，可以让人们了解那些他们之前闻所未闻的事情，并由此帮助更多的人内化其规范。

总之，不管是在资本主义的政治还是在社会主义的政治当中，都明显有一些修正后可用于明智的生态政治的东西，除非绿色政治真的是某种全然不同的事物。

12. 深层生态运动与和平运动

在 20 世纪 70 年代初时，深层生态支持者与和平运动人士之间的密切合作尚属可望而不可即。相当突然地,这种局面就全盘改变了。核战争也可能是一场生态浩劫。地球受不了如此一击。除了人类这个生命形态,其他任何生命形态都不会不顾死活地对不同政治意识形态和大国争夺感兴趣。当前的以指数形式增长的军备水平是一个沉重的生态负担。另一个经常被忽视的因素是动物实验(包括核辐射实验)对千百万动物的虐待甚至是折磨。这些动物今天已活在并死于核战争之中了。(在目前这个人人害怕核世界的时期,这样的推论听起来也许荒诞,但据我估计,几十年之后,这种观点也许就会变成老生常谈了)

我们中一些人,比如我自己,赞成单边裁军和建立非英雄主义的、非暴力的防卫体系(Naess,1986c)。但在政治上,对于北方北约[①]国家来说,要想摆脱北约组织完全是不现实的。然而,这也并非必需之举。北约的基础文件是说要把它建设成为一个不带反对非暴力防卫条款的防卫组织。政治上更现实的做法是,在北约组织内部逐步引入反核提案和支持非暴力的提案。

在政治上,看清楚这一点是很重要的,即成效显著的反核战役(作为和平运动的一部分)应该是一场内容明确而有限的战役。更激进裁军的支持者,或者各种非核政治的支持者,不应该试图强迫战役扩大或者改变它的性质。你可以参加数个战役,但动不动就想改变反核战役以使之涵盖其他目标的企图在政治上是危险的,将在战役参加者内部引发毁灭性的内讧。

---

① NATO,全称为"北大西洋公约组织"。——译者注

13. 日复一日的绿色政治方案

我们不需要同意任何一种明确的乌托邦,但应该研究解决在当前的政治冲突框架内处于优先地位的有限的政治方案。我们的问题是这样的:"在眼下的议题 x 中,更绿色的政治路线是什么,并且该如何实现它们。";而不是这样的:"在议题 x 中,深层绿色政治路线是什么?"绿色是动态的、相对的,绝不是绝对的或者理想主义的。

"政治唯意志论"(political voluntarism)这个词语在这个环节上也许会有帮助——是某种需提防之物。这个词语所描绘的政治活动具有这样的特征,即在政治活动中,你认为依靠顽强的意志力用直接的行动就能够迅速迫使社会发生深刻的变革。比如,参加过最近所谓的"60 年代学生革命"的学生所作的马克思主义的批评,就用到了这个词语。一些马克思主义者则说,大学是边缘机构:"大学内部的权力算不得数。想依靠学生力量变革社会,这种意志十分荒唐。你们必须有更大、更现实的活动基础。"如此说来,政治唯意志论是一种浪漫主义的空想。

回到如何把生态政治的基本理想与日复一日的、为十分有限的绿色斩获而开展的政治斗争结合到一起的问题。一个例子就可以把这个复杂的情形说清楚。

挪威和瑞典存在能源问题,但它首先是一个如何减少能源出奇浪费的问题,是一个如何把能源消费真正限于满足生死攸关的需要的问题。从绿色观点来看,现行的年度消耗水平远远超出一切需要。尽管如此,一些绿色政策的支持者还在参加、并且认为应该参加有关能源供应的何种渠道对社会、对总的生活条件有最低不利影响的讨论。局面是相当尴尬的:绿色人士被引到推进他们所讨厌的决策的道路上去了。我们只有在不厌其烦地讲清楚能源生产的一切增加都是不必要的、有害的之后,参加关于如何在将不利影响降到最低的同时增加能源生产的讨论才会是合理的、重要的。当前,稳定或减少能源生产的政策本应该得到大力宣传,但从政治上说,它们已经死了,或者进入了休眠期。这类政策的建议当前是没有机会被采纳的,现有的政党也躲之不及。前不久,有强大的政治计划声称要指数化地增加能源生产直到2020年,为的是让铝工业保持浪费型的生产。但是,作为一个绿色政党则必须把稳定或减少生产采纳为纲领,哪怕这么做会立刻对选票数量构成限制。

"万物共生",这依然是一句好口号。内在共生的后果之一,是我们都有能力在我们自己的利益和偏好框架内做一些合适的事情。生态政治的阵线很长很长,但我们只能够在某一个地方某一个时刻把事情做好。它不止是很长,而且是多维的,在我们所有的政治位置上和政治行动中,我们都能够感觉到绿色接力棒的传递声浪。

14. 结　束　语

(1) 绿色乌托邦所描绘的社会和生活方式画卷,显示了人们在深层生态运动中喜欢如何看待未来。这幅画卷,如果十分详尽的话,将包括政治机构在内。在思考地球上的未来生活条件时,政治机构问题无法回避。

(2)与描绘各种乌托邦不同的是(但也并非与它们完全无关),我们找到了一种专注于研究如何朝乌托邦方向前进的环境思想。

(3)对于浅层的或改良式的生态运动来说,其核心政治问题大大有别于深层运动。对于前者来说,其任务实质上就是某种"社会工程",即通过环境部门——为了人类的短期福利——所主张的法律和管制来纠正人的行为。

(4)深层生态运动把当前的非生态政治视为首先是社会和经济优先性、生产方式和消费方式的必然结果,只有这点出现重大改变,运动目标才能实现。这意味着要有政治优先顺序的深刻变化,可能还意味着要有新的绿色政党。

(5)20世纪70年代初,生态政治思想家们设计出了许多标志着绿色社会前进步骤的具体目标。15年之后回头来看,这些目标大多数依然被认为选择精当、十分重要。但是,并没有哪个地方的哪个正式政党抓住时机把这些目标采纳为纲领。旨在实现这些目标的运动的实力和过去十年相比几无变化,但旧的物质增长政策的惯性却在拉变革的倒车。

(6)看来,在我们构思的目标被所有的主要政党采纳之前,生活条件必定还会急剧恶化。

(7)"苦海无边、回头是岸",这话适合于描述地球生活条件停止加速毁坏的前景。它不适合于描述像雨林这样的成批量毁坏。但它的确适合于描述生命形态和景观的巨大多样性和丰富性。绿色政治的行动能量是我们必须仰仗的一笔财富。

第七章 生态智慧T:生活的统一性与多样性

在日渐增生的环境问题面前,20世纪60年代末和70年代初提出的解决方案揭示了两个趋势,其一是假设经济、社会和技术现行框架内的零零碎碎的方法已足矣;另一个则呼吁对人与自然的关系以及可能影响到人类生活方方面面的根本变化加以批判性的审查。后一个趋势即深层生态运动趋势,它既包括环境冲突中的具体决策,也包括具有哲学色彩的抽象的行动指南。它不纯粹是一种人与自然的哲学。

前面的章节已触及大量问题,它们主要属于技术、经济和政治领域。最终的基础也被考虑到了,尤其是原子式思维和格式塔思维之间的对比。大量的哲学议题等待我们去深入,同时西方的人与自然思想的宗教背景也等待我们去触及。就它会把我们带入我的生态智慧的特殊维度即生态智慧T来说,做这些事情必定是颇具个人色彩的。但不厌其详地说明我自己的独有观点并非目的所在。前面已经说过很多,但我并没有把它们与生态智慧T的逻辑结构关联在一起。正如第二章所宣布的,我的主要目的是强调一切心智健全的人都有责任在整体观的基础上对当代环境问题作出回答。

本章分为三个部分。第一部分详细说明通过认同实现大我的概念，由此把个人的拓展与整个地球的拓展联系到了一起。第二部分从西方宗教和观念历史中按图索骥地介绍了一些生态智慧的先驱。第三部分也是最后一部分将简短地、系统地概括生态智慧T中在逻辑上更具基础性的规范。

1. 自我拓展的普遍权利和每一种生命形态的相互关联的内在价值

(a)生态智慧把一切生命和一切自然绑在一起

"要有一座房子"、"属于"、"生活于"以及其他许多同样的表达方式，令人想起在塑造一个人的自我感、自尊感过程中所涉及的基本环境因素。个人的认同，即"我是什么"，是通过与一个大的集合——包括有机的和无机的——互动而发展起来的。无完全孤立的"我"，亦无孤立的社会单元。

让自己远离自然和"自然之物"，就是远离"我"借以建构起来的那部分事物。"我"的"认同"、"单个的我是什么"，以及由此而来的自我感、自尊感，就都被粉碎了。一些环境因素，比如母亲、父亲、家庭、你的第一个伴侣，在"我"的发展中起着关键作用，但房屋和房屋的周边事物也起着同样的作用。

生态学和心理学研究为我们的拓展中的自我所拥有的与林林总总的、丰富多彩的自然现象之间的联系提供了铁一般的证据，这种联系主要是与生态圈中的生命的联系，但也包括与无机的自然的联系。刚出生的婴儿逐步把母亲与周边事物中的其他物体区分开来,并把围绕各种关系、各种背景形成的积极感受集中到她身上。"长大后的孩子",这个自然主义者,则把这种积极的感受通过万物内在联系在一起的明见扩展到了整个自然界。

这种含糊笼统的发展当然有可能被惨痛的悲剧事件所摧毁——比如失去母亲以及后来一再重复的挫折、自暴自弃,等等。大我实现受到一击,将加剧对许多事物甚至一切事物的敌意:一种针对整个世界和诸如此类的存在物表达出来的强烈的破坏欲。这方面的例子有许多,但关键在于这样的发展并不是一个必然的进程。大我实现的有利条件也可以把美好感受的射线扩散到范围越来越大的自然中去。

在本章中,我将用哲学方式来阐述一种基本的、积极的自然态度。这么做不是为了赢得遵从,而是为了给许多熟悉这样一种哲学的人用词语把它表达出来提供新的机遇。这么做是必要的,为的是社会和政治有一天会青睐一下作为这样一种哲学的天然果实的那样一种生活方式。

(b)"潜力的拓展是一种权利"

一种秩序公正而另一种不公正是一种古老的思想,而且它从来不限于只用到人身上。你也可以把公正和不公正施加给植物和动物。在最新所谓的"自然的权利"的传统中,我们发现这些思想是用哲学方式表达的。在漫漫的历史长河中,它们是被宗教化、神秘化地表达出来的。植物和动物也有拓展和自我实现的权利。它们有活着的权利。

什么是活着的权利?给一个定义往往是武断的,且筛除了神秘的要素。从本意上说,一个好的定义是缺乏神秘的功用的。但今天有人依然需要神秘功用的句子。把句子转换为科学和哲学的句子,就很容易造成忽视重要的、富有意义的、具有普遍感染力的意蕴的结果。"众生皆一体",就是一个有神秘功用的句子的好例子,但也可以把它往可检验的假设或规范的方向加以提炼。尽管它有认知上的用处,但它同时也与世界上的公正或不公正的秩序这个多少有点神秘的范畴关联在一起。20世纪60年代刚开始时,蕾切尔·卡森煽起了反对毒害自然的声浪,就既用了科学的表达方式,也用了"神秘的"表达方式。她觉得人类没有权力破坏自然,且发现这一点很不公正,即作为仅仅是"生命之流中的一滴水"的我们,却可以放任我们自己对上帝的作品去做任何我们高兴做的事情。

我们不在自然之外存在,因此不能任性妄为、我行我素地对待自然。我们必须开始明白当我们说"只改变外部自然"时我们自己在做什么。我们是生态圈的一部分,其密切程度不亚于我们是我们自己的社会的一分子。但是,"生命之流中的一滴水"这种表达方式也许会误导人,倘若它意指水滴的个体性丧失在水流之中的话。这是一座很难走的山脊:往左,满眼是有机之物和神秘之物的汪洋;往右,是原子式个人主义的深渊。

(c)生命的浩瀚历史进程

我们地球的地质历史讲述了一个惊天巨变的故事:山脉的拔地而起、永不停歇的侵蚀、大陆的缓慢漂移。在这些浩瀚的时空进程中,有一个东西离我们最近:生命的拓展。希望在理解自己的宇宙条件时获得最大视野的人类,很少能够抵挡得住真正参与一些比他们个人和社会职业伟大无数倍的事情所带来的自豪感。古生物学揭示了发展的不同阶段：生命繁衍之地的边界的扩展，无机环境中生命无穷潜能的奠立，哺乳动物以大脑为终端的神经系统的发展。

整个研究给人留下了这样的印象，即生命在地球上的发展是个一体化的进程，尽管多样性和复杂性稳步增加。这种统一性的性质和局限性尚无定论，但这依然是基础性的。"众生皆一体"。

现代人是在极度缺乏生物特殊化的情况下十分罕见地具备理解这种统一性的能力的一个物种。我们的手只是"原始的"，即不是特殊化的，就像蜥蜴的四肢一样，甚至比马蹄和鹰爪还要原始得多。大脑皮质是决定性因素，它接管了越来越多的本能行为，并让我们接近于非特殊化的一整块原生质的状态。我们缺少确定的可以叫做家的生物场所，这让我们有四海为家的感觉。我们能够同情一切更特殊化的生命形态。成熟的古生物学的教育价值目前认识到的人还不多，但它将来一定会被视为一种比仅仅关注进化和大型恐龙的价值大得多的价值。

表达一切生命种类以及更一般的一切生命形态的共同点的传统方式，是指向一种基本的行为，即自我保护的行为。但是，这个术语会误导人，因为它并没有说清楚扩张和修正的动力源泉。生命有一种在自身物种的框架内甚至跨过这个框架的边界去实现一切发展的可能性、探索一切变化的可能性的倾向。古生物学讲述的是"征服"或从海上"扩张"到陆地和天空的故事，是相濡以沫的发展的故事。

鉴于自我保护一词所暗含的防御式被动性，我更喜欢用大我实现或者大我拓展等术语。历史上，我把这个范畴追溯至斯宾诺莎的"perseverare in suo esse",即"保护自己的存在"(方式),而不仅仅是保证活着。生态智慧 T 尤其把注意力集中于"suo esse"(存在方式)的普遍拓展维度。对于一般的生命来说,它意指"创造性进化"(柏格森语),即生物圈从适宜的、不冷不热的浅海向北冰洋和冒着蒸汽的温泉步步扩张。人的生态意识的觉醒是一个重要的哲学思想:人是地球上发展起来的一种生命形态,他能够理解并欣赏自己与其他一切生命形态、与整个地球的联系。

(d)繁衍生息的普遍权利

一切生命形态有权活着是一种无法量化的普遍权利。任何一个生物物种都没有比其他物种更多的这种活着并拓展的特殊权利。也许,将此表述为一种拓展自身独特能力的权利——对一切生命形态来说都平等的权利——并不是最好的方式。"平等"暗含着某种容易误导人的量化特征。

从分析哲学的观点看来,"权利"一词,与许多其他日常生活所用的词——"事实"、"核实"(表明情况的确如此)、"义务"、"本身的价值"——一样,是相当可疑的。它有任何可以被澄清的含义吗?它是否只是一个强制力的问题,当有人说我们无权去做这做那的时候?我不这么认为。一旦我用这个词,我就不会自诩说它有一种可以清晰表达的含义,但我会说它是我用直觉迄今发现的、怎么也无力抵挡去用的最好的表达方式。但我也完全接受一些环境哲学家避免用这个词并建议用别的词去表达这同一个意思。

当我们试图活得让我们与其他生物的关系符合这样一种身边的一切存在物都有平等权利的原则时,难题很自然就产生了。(当规范系统的核心部位上某个规范观念付诸实践时,这种情况总会发生。)它为我们的行为提出了行动指南,但它并没有告诉我们关于行为的一切内容。比如,为了推导出杀戮是对这种权利的亵渎的规范,有必要把额外的规范和假设当做前提。它并不是一种对一切一视同仁的、无条件的、可孤立出来的规范,它只是某个整体观的一部分。我们对我们自己生活于其下的现实条件——也就是说,一些在系统化的整体观中处于高位的"假设"——的理解,使得这一点一清二楚,即我们必须去伤害和杀戮,换句话说,我们必须主动去阻止其他生物的自我拓展。有平等权利去拓展潜能,这是一项原则,而不是一条对一切生命形态一视同仁的实践规范。它提出的是一条限制杀戮的行动指南,以及更一般的,一条限制妨碍他者拓展潜能的行动指南。

许多人主张,可以按照生物的相对的内在价值来给它们分级。可分级的价值的说法通常以下面这些论点中的一个或多个为基础。

(1)如果一个存在物有一个永恒的灵魂,这个存在物的内在价值就大于一个又一个有时间限制的灵魂的或者没有灵魂的存在物。

(2)如果一个存在物能思考,它的价值就大于没有理性或不能思考的存在物。

(3)如果一个存在物能意识到它自己并且意识到它的选择的可能性,它的价值就大于缺乏此类意识的存在物。

(4)如果一个存在物在进化的意义上是高级动物,它的价值就大于依进化尺度处于低位的存在物。

据我所知,这些立论没有一个曾被充分地证明过。乍一看它

第七章 生态智慧T:生活的统一性与多样性

们也许合理,但经过反思,经过与生命统一性的基本直觉、繁衍生息的权利两相印证之后,其合理性光环就消退了。

一种生命形态的价值高于另一种的主张有时会引来这样的论调,即价值高的存在物有权杀戮和伤害价值低的存在物。与之不同的方法是详细说明在什么样的情形下伤害或杀戮其他生物是合理的。我们可能会同意这样的法则,即针对不同种类的生物可以有不同的行为,但不要忽视生物中有一种对一切存在物来说都共同的固有价值。说"我可以杀你是因为我更有价值"是违背我的统一性的直觉的,但说"我杀你因为我饿了"则不违背这种直觉。在后一种情况下,会有一种含蓄的惋惜之情:"对不起,我现在就要杀你,因为我饿了。"简言之,我发现对不同种类的生物可以有不同种类的行为明显是对的,但通常难以证明。但这并不意味着我们可以把一些存在物分类为内在地比另一些存在物更有价值的存在物。

现代生态学强调,高度的共生性(symbiosis)是成熟生态系统的共同特征,它是一种对一切存在物都有利的相互依赖性。它由此为一种早年不可能有的归属感奠定了认知基础。家庭归属、血缘纽带,在我们感知到的共处与合作中自有其物质上的基础。通过扩展我们对生态语境的理解,最终有可能发展出一种拥有广阔视野的归属感:生态圈归属(ecospheric belonging)。

"我们的任务是找到一种对我们自己最有利的与自然共处的方式。别的任何界定都是虚伪的!"如果这样一种说法被接受了,那么,"对我们自己最有利"意思就是"对大'我'最有利",而不仅仅是对个体的本我或人类社会最有利。如果意指更小的自我,这句话就会误导人。你当然可以像为一个人渴求安康一样为一个动物或一棵植物渴求安康。对于一些狗的主人来说,他们的狗的安康比他们的邻居的安康还重要。认同感越强,移情作用越重。你可以毫不虚伪地渴求某些对其他生物有利的东西,而你通常也会从中得到大的、充分的满足。

技术发展,加上我们对彼此之间的、共生性的关系的深入了解,使得人类有可能让合作与共处为我们的工作时间和休闲生活增添比以往更多的光彩。遗憾的是,这在当前还首先是一种理论上的可能性。接下来的年代,你也许会看到人类社会之间令他们自己焦头烂额的分裂(例如南北冲突),就像人和其他生物之间的分裂一样(其他物种生境的破坏)。

让我们看一下一个发人深省的思想实验。现代人在合适的情形之下、在广阔视野的基础上,也许能够劝服他们自己从地球上占主导的生物地位上退下来。用这样的行动,人类就可以证实(就像我们一直在做的那样),人并不受"对人类有用"或者"与人的自我保护相适宜"——此时,"效用"和"自我"都是狭义上的——等价值的束缚。倘若这些词语被理解得十分宽泛,我们就与我们的"大我"绑在了一起,但那时又会像圆与周期率 π(3.14159……)一样绑在一起了。把一部分凌架于他者让的力量转让给某个更敏感、更易受影响的物种,对于人类的"大我"来说也许有用。

问一下当我们面对来自遥远星球的、看起来像现代人因此认同起来很容易的生物时我们会如何行动,是很有现实意义的。我们作为人类,会让我们自己随意地屈服于一个和我们多少有点特征类似但缺少我们那些彼此虐待、折磨、掠夺的癖好的外来物种的政治意志么？要作这样的决定也许要花几个世纪时间,但我相信它会是肯定的。我们会让位,如果我们信得过他们。

这个思想实验作出了一些不能被说成是可信的假设。现代人的成员并不是在基因上或者在其他任何原因上注定了就会永远彼此虐待、折磨和掠夺。未来的研究将得出这样一种关于人性的悲惨结论的可能性大概可被描述为绝无可能。但这个思想实验也隐隐告诉我们,人类对大我实现的渴望,要求我们给更完美者让出道路。如果羞于让位,人类就会丢掉某些真正属于他们的本性的东西。

(e)莫要低估人类的唯一性

古生物学让我们知道了生命形态的压倒一切的丰富性和多样性。估计有1亿个物种如今已灭绝。但在这些物种和目前还活着的物种当中,现代人在许多方面是独一无二的。在生物学方面,唯一性体现为现代人的大脑;在物质方面,唯一性体现为数百种主要的、无数种令人眼花缭乱的次要但不逊色的原初文化(original cultures)。

这样的说法十分重要,值得时不时地提上一提,因为环保主义者经常强调而深层生态学者总是强调我们与其他生命形态共同拥有的东西以及我们与生命形态、与更一般而言的生态圈的关系有且应该有多么密切。

有人有时会问,为什么这种独一无二的能力不应该被用来"征服世界"、完成在地球上一切可栖居的地方创建一个巨大的人类栖居地的工作？为什么人这个动物应该给其他生命形态——即使它们并不是明显有用——留下生境,结果限制了人本身的大我实现？

然而,此类问题似乎只是一小部分人类文化所特有。也许,它们暴露出来的,不是对特定的人类大我实现的关切,而是对它的无视。

清晰阐述人类在生物学上的独特性以及差异性比如人类沟通和动物沟通之间的差异性的生物学,是与关于认同和平等权利的生态智慧完全一致的。人的构造的异秉之一是,人类是有意识地感知到其他生物对自我实现的渴望的,因此我们必须为我们对待他者的行为承担某种责任。

动物行为学是对生物行为的一般性研究,它告诉我们,在现代工业社会内部发现的暴力远比在几乎所有其他哺乳动物社会中发现的暴力更加恶劣、更加具有自我破坏性。其他哺乳动物用来避免和减少暴力的方法,似乎比我们人类本身的更加有效、更少残忍。这些动物社会值得研究,在数个方面也值得拿来作为人类行为的榜样。这并不意味着低估了人类,低估了我们未来的可能性。

现代生态学家几乎众口一词强调共处与合作在动植物界的重要性。生态学家强调冲突中表现出来的克制形式和克制行为,以及在生存中利用不一样的"生态位"(niches)的重要性,此即避免直接的碰撞。

我们对动物的一些能力常抱羡慕和惊奇之情。例如,鲑鱼穿过未知的海域找到一个既定的河口,勇敢地闯过无数险滩抵达它们的产卵地的能力。没有理由认为人类发现鲑鱼这一能力的能力比鲑鱼有丝毫逊色之处。我在此关心的是人的认同能力,是在认同鲑鱼奔向它的产卵地的过程中所收获的人的快乐,是对轻率挤占通往如此重要的场所的通道所产生的痛

第七章 生态智慧 T:生活的统一性与多样性

惜之情。

依平等权利而定义的生物圈平等主义原则有时被人误解成似乎意指人类的需要绝不应该优先于非人类的需要。但这绝非本意所在。实践中,比如,我们对那些离我们近的东西有更大的义务。这暗含着有时要杀戮或伤害非人类之物的职责(Naess,1984a)。但当我们为了检验比如食用色素中使用的化学物质而把动物交给痛苦的实验的时候,事情就严重了。人类离我们比动物近,但驱动食品染色工业的,并不是什么未满足的、生死攸关的人类需要。这里涉及的关于优先性的规范只有一个。负责任的决策要求我们时刻考虑整个规范系统。人的外围需要必须放到与其他物种的生死攸关的需要的坐标中去比较,如果其中有冲突的话。

"你不得让其他生物遭不必要之罪!"这个规范提供了这方面的重要的行动指南。欲证明必要性之合理,必须在讲清楚目的的同时,解释清楚为什么不让它们遭罪就实现不了目的。满足市场上的需求算不上什么必要性。

从表面上看,自相矛盾的趋势似乎近在眼前。一方面,我们看到的是轻率的虐待和支配;另一方面,我们看到的是一条清晰的反对"遭不必要之罪"的阵线。在奥斯陆,如果一只老鼠被发现困在通风机里出不来,它的叫唤明显会招来动物保护协会人员帮它结束遭罪——把它从困境中解脱出来。与这种关心的传统的延续相伴随的,则是用不必要的痛苦的手段去搞灭鼠运动。从长远看,(我希望)随着人们对这类自相矛盾的了解日渐加深,人们的手段将会变得更加仁慈,或者更好些,杀生变得不必要,共生的快乐能够泽披更多的人。

现代人的唯一性,他在百万种生物中的特殊能力,曾被用做支配和虐待的前提。生态智慧则把它当做其他物种既不了解也做不到的普遍关怀的前提。

2. 认同、同一性、整体性与大我实现

(a)认同与异化;同一性与整体性的思想

在本章标题之下,四个术语被放到了一起。同时要牢记的是,这也许是四个差异甚大的术语:异化(alienation)、多数性(plurality)、零碎性(fragmentarity)、自我克制(Self-abnegation)。这些术语的内在联系也许有助于把生态智慧讲清楚。让我们用一个例子来引入这个话题。

在一个一面朝阳的玻璃阳台上,一群孩子拿着杀虫剂在玩。昆虫被困住,飞撞到朝阳的那面玻璃墙上。喷雾令它们纷纷掉落在地。好玩吗?一个大人出现了,捡起一只昆虫,仔细地看着它,像说梦话似地说:"也许这些动物,和你们一样,不喜欢死,更喜欢生?"这话说到点上了,孩子们有那么一会儿不由自主地并且马上看到和体验到了昆虫和他们一样,不是某种不一样的东西,而且在很多重要的方面很像他们自己。真是一个关于认同的临时的好例子!或许它没有长期效应,也或许,其中一个孩子会稍稍改变他对小动物的态度。

在大人干涉之前,孩子们看到了昆虫半生半死的扑动,但大概没有什么反应。从生态智慧的观点看来,他们被异化了(在该词特

定的意义上），即对某些用规范的教育可以引发基于认同的移情心理的冷漠对待。冷漠，而不是陌生感、疏远感、超然感，在这种情形下第一重要。

说昆虫说得太多了。对山的认同是什么样的？这方面常用的词语有"个性化"、"泛灵论"、"拟人化"。千百年来，在不同的文化中，山因其泰定、伟大、高耸和雄伟而受人崇敬。认同的过程是一个人在他的经验自我中察觉出缺少伟大感、泰定感的先决条件。一个人是"在别人当中看到自我"的，但这不是经验的自我，而是一个人渴望拥有的自我。给定不利的条件，山将象征着威胁和恐惧，象征着一个要去战胜的敌人。所谓的征服山峰，就是说摆脱威胁。

"认同"一词用途很广，在这个故事中的用法也许罕见且很难说清楚，除非通过许多正面和反面的例子。

"团结"这个更狭隘的过程与认同之间的关系是这样的，即每一种深切、持久的团结状态都以广大的认同为先决条件。共同利益的本质含义是自发地被理解、被内化的。这使得 A 的大我实现仰赖于 B 的大我实现。当 B 寻求公正的待遇时，A 支持这一主张。A 基于自己与 B 的认同，假设了一个共同的立场。A 也有可能基于抽象的伦理公正观念而假设一种共同的立场，同时使认同最小化，但在艰难而长期的考验下，由此造成的团结是无望保持下去的。这同样适合于忠诚。当团结和忠诚被牢固地锚定在认同之上时，它们不会被体验为伦理上的需求；它们出自内心。

欧洲大陆对西方工业社会的批判，强调由某种把一切均还原为操控对象的技术所引起的异化，或者说物化（verdinglichung）。不仅动物被如此对待，工人在生产过程中也倾向于成为纯粹的要素——大多是引起麻烦的要素。大的金融资本倾向于推进这一趋势。生产什么、如何生产无关紧要,关键是有利可图的销售。对比不同文化中的异化,你也许会经常发现,技术包含着残忍和对苦难的冷漠。我们今日期望的是社会能够十分富裕,足以将异化逐步消除。

从认同过程中产生了统一性,且由于统一性具有格式塔特征,于是整体性就获得了。非常抽象和含糊!但它为某种整体观提供了框架,或者说得更好点,提供了一个中心视角。

上述内容似乎指向了哲学神秘主义,但第四个术语,大我实现(Self-realisation),闯了进来并且重新恢复了个体的中心位置——即便大写的首字母"S"被用来表达某种超出狭隘的自我的东西。个体的自我的这种扩大化和深化,不晓得是什么缘故,从来不会把个体变成一个"堆砌物"。或者变成一个生物体,其中每一个细胞都是规划好的,以便令这个生物体活动起来就像是一个单一的、一体化的存在物。如何用一种相当精确的方法做到这一点,我不知道。它是一种空泛的慰藉,我没有发现别的人在沉思统一性和多数性这一对词语时有能力做到这一点。"在统一性的多样性中!"好的,但怎么办呢?作为一个含糊的假定,它在整体观中有一种特殊的作用,不管它有多么不完美。

(b)认同与大我实现

个体的死亡和物种的灭绝是进化必不可少的一部分。单个个体或物种被另一个个体或物种杀死也是如此,哪怕是无机环境的原因占了主导。但进化也显示出互助的兴起,且成熟的人类也止不住要走向一种稍微有点像他们的梦想告诉他们的、很久之后可

第七章 生态智慧 T：生活的统一性与多样性

能会来临的前景。

"活着也让别的活着"(live and let live)的格言向我们暗示了一个在整个生态圈中的无等级的社会，一种我们在其中不仅可以谈论涉及人类的公正而且可以谈论涉及动物、植物和景观的公正的民主。这假定了一种对万物内在联系性的重点强调，以及对我们的本我是一个个片段——不是可孤立的部分——的重点强调。作为本我，我们在整体中的力量和地位是极端有限的，但它们对于我们拓展潜力已足够了，即拓展出某种比我们的本我的潜力全面得多的东西。于是我们超越了我们的本我，并且不再是片段，更不再小、不再无力了。通过与更大的整体相认同，我们就跻身了创造和维持这个整体的队伍之列。我们由此分享了它的伟大。新的满足维度显露出来了。本我发展成了广度越来越大的自我，其大小与我们的认同过程的程度和深度成正比。

掌握这样一种概念上最简朴、历史上说最古老的生态智慧的方法，也许就是分析"自我"(self)范畴的多重含义。在生命的最初几年里，自我比本我宽广不了多少——用来满足最简朴的生物需要的狭隘的利己中心。那时最好就是一个人吃掉整块蛋糕。大约在7岁，并且直到青春期，一种社会化过程发生了，我们可以察觉到它把自我扩展了：自我开始包容一个人的家庭和最亲近的朋友。

与其他生命相认同的强度视环境、文化和经济条件不同而不同。生态智慧的眼界通过认同发展得如此深邃，以至于一个人自身的自我不再受到个人的本我或生物体的严格限制。一个人把他自己体验为众生的真正的一分子。每一个生物都被理解为一个自在的目标（goal in itself），这个目标原则上和一个人自身的本我立足于平等的基础。它还引起一种从"我—它"(I-it)的态度向"我—你"(I-tyou)的态度的转变——借用一下布伯(Buber)的术语。

这并不意味着一个人行动得、希望行动得或者一贯能够行动得与平等的原则相一致。生物圈平等这样的陈述，必须纯粹被当做行动的指南。即使在认同强烈的条件下，杀戮也会发生。加利福尼亚州信奉万物有灵神话的印第安人，就是一个把原则上的平等与现实地承认他们自己的生死攸关的需要结合起来的好例子。当饥饿来临，兔子兄弟就被丢进了锅里。"兄弟如手足，但是，唉！真是又好吃又有营养！"这种感叹太容易了：许多文化中围绕狩猎举行的复杂仪式，说明人们懂得他们与其他存在物的关系有多密切，说明这样的感觉有多自然：当我们伤害别的事物时，我们也在伤害我们自己。非工具性的行动发展成了工具性的行动。

伊曼努尔·康德的格言"决不要把另一个人仅仅用做手段"在生态智慧 T 中被扩展成了"决不要把任何生物仅仅用做手段"。

缺乏认同导致冷漠。表面上与我们无关的远距离的对象或事件，在最好的情况下都会被逐入冷宫。

久效磷杀虫剂把某些"可恶的"昆虫数量几乎降到了零。其本意就是如此，但它附带消灭了害虫的天敌。结果一段时间之后出现了前所未见的有害的昆虫。如此的意外结果激发出了一句新的口号：你必须知道干涉自然会造成什么样的后果。如果你不知道后果，那就不要干涉。但这话现实吗？从来就只有很小一部分后果是可知的。我们对干涉后果的无知现在和未来一段时间都会明显大于我们最初所想象到的。我们对生命环境的冷漠，曾经意味着我们通常只是把这种无知体验为某一个灰色地带而已。有了认同,这一切都改变了。

假设我们在一小块土地上撒上某种化学物质,然后拿起其中一小撮土。在这片小小的"我们的灰色地带"上会发生什么呢?我们的干涉会让什么发生呢?仔细查看这样一撮小小的土壤,你会看到有数量惊人的小生物体生活在里面:除了其他物体,有3万个原生动物、5万个藻类、40万个真菌、2.5亿个细菌(Ehrlich, 1970, p. 180)。土壤的肥力取决于一种看不见的、错综复杂的互动——一个包含所有这些小型生物的复杂得不可思议的共生网络。

我们对我们与其他存在物的共处越理解,认同感就越强,我们对它们的关心就越多。他者好则喜、他者伤则忧的大门由此就会敞开。我们寻觅对我们来说的最佳之物,但通过扩展自我,我们"自己的"最佳也就成了他者的最佳。自己的与非自己的之间的区分只存在于语法当中,而不在感情当中。

在哲学上,本我、自我和大我(深层的、全面的、生态上的自我)被编织进了不同的系统,它们最初是与世界宗教密切联系在一起的。由于这些宗教在我们的工业社会里影响力日渐式微,认同的哲学也因此变得几乎销声匿迹。培育多种自发的宗教经验的温床,已不再是人类发祥地的一种文化恩赐。

值得注意的是,"生命形态的民主"是,或者曾经是一些原始社会的典型特征。他们对人类处境的看法比我们的技术-自然科学教育所提供的看法更加现实。尽管我们把如此多姿多彩的自然剥得一丝不挂,并断言它实际上是没有颜色的,但万物有灵论却在逆向而行。

尽管有人警告不要"无意识地"陷入未来的技术官僚社会,我们一位顶级科学家还是说:"我们是和我们的同类一道拥有自然的。"但自然所有权的意识形态在生态智慧中并无容身之地。挪威人或挪威国并不拥有挪威。世界的资源并不只是人类的资源。从法理上说,我们可以"拥有"一片森林,但如果我们破坏了森林中的生命的生活条件,我们就触犯了平等的规范。

猎人如若能够和熊的灵魂进行长时间辩论,此时平等主义的态度就会表露无遗。他将略带歉意地解释,家里已揭不开锅,他现在必须杀掉熊来让全家填饱肚子。作为回报,猎人提醒熊的灵魂,他和他的家人有一天会死,变成尘土,然后变成草木,为熊的后代充饥果腹。换句话说,这是一种很现实的平等主义态度,承认了生命的循环,以及生命在自然中的内在联系。

野生动植物和森林管理,以及其他与自然密切打交道的职业,可以改变人的态度。只有通过工作、玩耍,以及理解,才能发展出一种深刻的、持久的认同,一种深刻得足以为全部的生命条件和一个社会的意识形态增光添彩的认同。

平等主义态度并不局限于前工业社会。"自然神秘主义",就像它被人所称的那样,是西方文化一个真正的维度。认同一切生命并不意味着抛弃文化传统。道德说教、惩戒生态犯罪、经济制裁以及其他负向工具是有它们的作用的,然而,旨在扩大和提升认同并同时扩展"大我"的教育,则是一条完全正向的途径。

(c)"对人而言无价值则毫无价值"

一些积极参与重要环境决策的人报告说,他们总是受到这样

第七章 生态智慧T:生活的统一性与多样性

的思想的束缚,即不知道为什么,一切评价说来说去都是人的评价并因此价值必定是一种对人而言的价值。他们觉得,将自然、将地球、将原野如此轻描淡写或者不管不顾,是有一定的哲学根据的。为了避免非理性,你必须坚持人类中心主义的功利立场:你必须指出对人而言的有用性。

哲学的反思让我们相信,这个星球上只有人能够表达价值陈述。价值陈述,就像重力理论一样,是由人用人的语言表达,而不是由蚊子用蚊子语言表达的。不管我们在不在重力场,我们都能够说出我们受或没有受重力影响。提出牛顿定律的是牛顿,而不是他不在场时掉下来的石头。

我们的结论十分简单,即事实纯粹就是:人说"这个东西有价值"并不意指"这个东西对人有好处"。坚持说人认为有价值的价值就是对人来说真得如此的价值,是一种误导人的说辞。

"好的意思就是对人来说好"所隐含的主观姿态,如果一以贯之,很容易走向唯我独尊式的自我中心主义:"好就是对我来说好"。如果我给人什么东西,是因为我从中得到了满足。如果我是利他的,那也仅仅是因为当别人好时我会更好。很少有人对整个人类种群有什么概念,或者对"什么对于这样一大群人来说才是好的"有什么概念。对"我本人、我的家庭和朋友"来说好,或许对于我们大多数人而言明显更有意义。但我们并不承认我们说"x好"的意思是说"x对我本人、我的家庭和朋友来说好",这无疑也是正确的。

常识在这方面可以是一个参考。我们承认我们的动机是不纯的,并认识到我们的评价多少有点自我中心主义,我们头脑中多少有点私利,很少先考虑别人再考虑自己。分界线是划不出来的,且个人和集体之间有着很大的区别。然而,我们经常会在实践中达成完全的一致。让我们举一个我们一起郊游的例子。一些地方可能会去,因为那里 A 觉得好,而我们这些另外的人却看不到那里有任何价值,要是 B 就会选另外一些地方,等等。同时,作为朋友,我们知道我们每一个人都会认为去别的人认为值得一去的地方是有价值的。这样就把一切有关的评价摆到"元平面"上去了。

这些事实告诉我们,把价值赋予动物、植物、景观和原野地区,并认为这些价值与人的效用和福利无关,在哲学上是一个合理的步骤。把一切价值都与人关联起来,是一种在哲学上无法自圆其说的人类中心主义。

人类的特性也许是这样的,即随着人类越来越成熟,衷心保护生命的丰富性和多样性的人类需要也变得越来越强烈。如此一来,从小处看无用的东西,从大处看也许有用,即能够满足某种人类的需要。衷心保护自然就是这方面的一个好例子。

(d) 原生态生活:自然中的养生

完全出乎意料,都市生活并没有扼杀人类对野生自然的痴迷,而只是让接近自然界愈显困难,并促进了大众旅游业的发展。幸运的是,在野生自然中,有一种生活方式在激发同一感、整体感以及加深认同感方面效果甚佳。

"户外休闲"(outdoor recreation)一词经常被用来指工业社会里越来越多的人在空闲时间参加的一种活动。但在挪威语当中,有一个更清晰的、更有价值负载的词来指代本意上的争取跑到自然当中去的户外休闲活动:轻松接触自然(touch the Earth

第七章 生态智慧 T:生活的统一性与多样性

lightly)。从字面上说,"friluftsliv"意思是"自在的生活"(free air life),但它曾被翻译成"露天生活"(open air life)和"自然生活"(nature life)(Reed and Rothenberg,1987)。在下文中,我们将保持该词原义,用它来指精神和肉体在自然中的积极状态,这种状态将在许许多多的方面促使我们更加接近于我们曾经失去的自然认同和大我实现。

满足户外生活的需要和满足机械取向的技术拓展的需要无法同时兼顾。当前,工业国家的社会-经济势力正在游说我们赞成把优先顺序赋予资本密集型的机器:机器式贫穷的生活是"进步"的绊脚石。我们应该把真正的原生态生活看做一条通往范式变革的道路。

原生态生活作为工业国家都市生活方式的对立面正在扮演越来越重要的角色,这点已经十分明显。极地探险家、挪威民族英雄弗里乔夫·内森(Fritjof Nansen)说过:"原生态生活是早期生活形态某个方面的局部延续。"直到最近,人类都是狩猎者、采集者,即生活与工作在自然当中。在我们的历史上,只有远少于百分之一的时间被用于专心过一种以机械和拥挤的住宅区为特征的生活。就算到了 20 世纪初的最近时候,许多杰出的未来学者,包括 H. G. 威尔斯(H. G. Wells),依然相信"进步"会接续下去,人类在他们新的本真的生活形态下完全会幸福。

同一时间,原生态生活开始流行起来:多少有点游玩性质的自然中的短途旅行。这些旅行不是为了获取食物,也不具备其他任何工作上的特征。户外生活采取了貌似狩猎和采集文化中的体力活动的形式:水上——游泳、跳水、赛艇、嬉水、航海、钓鱼;围场和森林里——远足、宿营、滑雪、骑马、打猎;山区——冰川行走、登山、越野滑雪、滑板登山、钓鱼、打猎。哪些地方适合竞赛运动呢?尼尔斯·法兰德(Nils Faarlund,1973)说:

> 竞赛作为一种价值,代表了一种备选的自我实现形式。以竞赛为动机的生活方式预先假定了"输家"。对于精英来说,自我实现以否定他者的自我实现为前提。竞赛因此作为一种价值是排他的、精英式的。自然养生意义上的户外生活在另一方面则预先设定了某个人本身的自我实现以他者的自我实现为前提(亦即,呈现出一个个体与自然浑然一体的自我)。
>
> 一个重要的元素是努力的必要性。不努力,就没有品质,而没有品质,快意就会减少。从一个人的个人生活品质中获得的快意,源于对价值或内部动机的切身体验。竞赛性动机是外部动机,并因此是一种较弱的动机模式。

心中若记着未来,为伦理上和生态上负责任的原生态生活立好标杆就很重要。可以把它们表述如下。

(1)尊重一切生命。尊重景观。接下来有必要取缔业余狩猎,除了"精细狩猎"之外。狩猎必须纳入生态上合理的野生生物管理范围。穿过荒地不留痕迹:在地面上不留下任何显示你逗留过的"掉落物"。不要垒石堆。不要在自然保护区的处女地上搞扩建工程(高速道路、汽车旅馆等等)。

(2)以认同为指向的户外教育。孩子们(包括大人们)对认同

第七章 生态智慧 T:生活的统一性与多样性

生命与景观的渴望和才能要受到鼓励。惯常的目标指引:到那里去,要有本事,要比别人强,要把事情搞定,要用话讲出来,去弄一台新奇设备来用——要受到劝阻。在自然中体验以及与自然进行深入的、丰富的、多变的互动的能力要予以开发。

(3)给自然最小的压力与让自立自足趋于最大相结合。这在今天是个巨大的挑战。有关如何利用本地植物和其他本地可用材料的知识越广博,就越能让一个人更多地利用本地资源生活在自然当中。但熟知自然的承载力同时也是需要的。这种承载力使得在既定地域内几乎总能够自力更生的人的人数受到了限制。

(4)自然的生活方式。全方位的共处形式,此时要尽可能多地专注于目的,尽可能少地专注于那些单单作为手段的东西。最大可能地消除来自外部的技术和机器。

(5)及时调整:来自都市生活中的人通常在一定程度上喜欢安宁、平静和其他与充满压力的城市生活形成鲜明对照的氛围。几天或几周之后,某种估计不足往往会闯进来:没有收音机、电视机、电影院,等等。完全适应新的菜单子也要花点时间。对自然的感受力若要发展到充溢心灵的程度,必定要花好几周时间,这也不是什么奇怪的事情。如果在你自己和自然之间放置了大量的技术和机器,最好别让它们与自然相接触。

上述五点可以让我们作为行动指南。在增长经济学眼中,这几点是毒药。你不能指望任何政府会马上拼命去捍卫伦理上和生态上负责任的原生态生活的现存基础。不过,最近,挪威环境部(Miljøvern departmentet)已经在限定原生态生活概念使之与这五点相协调方面迈出了坚实步伐。但在整个增长经济学中,目的和内在价值已经被遗忘,让位给了旅游业和赚钱的投资。

各种极为强大的势力正企图用机械化的、竞争性的、破坏环境的自然侵害来取代原生态生活。这些势力只能靠多条阵线的长期抗争来还击。

当狂飙的城市化开始在富裕工业国家蹂躏人类生活的时候,国家公园和其他大型自由区域的建立受到推崇。更有甚者,对活动空间和露天活动的需要已经显示为远非仅仅是精英们的奢侈需要。在许多人当中,它已经发展成为一种生死攸关的需要。

轻易可进入的自由区域已被证明为数量不足,并很快具备了一种城市的外貌——排列整齐,垃圾遍地,植被破坏,移动自由严重受阻,奢华的住宅,以及奢侈的生活而不是简朴的生活。

20世纪80年代,许多美国公园变得如此人满为患(面包车里经常是欧洲人!),以至于不得不引入极为严格的管制措施。从中可以看出这样一种步步递进的趋势:禁止在一定区域内宿营——禁止在指定区域外宿营——禁止宿营;禁止在水泥围子外野炊——禁止野炊;禁止靠近陡峭地带(侵蚀地带)——禁止不沿道路行走——禁止偏离柏油马路——只允许短暂停留——门票隔日作废——"禁止进入:违者必究"。

你会觉得你不是在进入一个自由天地,而是进入了一座由某位性格严苛的馆主所掌管的博物馆里。

在原生态生活被接纳为生死攸关的需要的国度里,此类限制会被看做一种侮辱。

工业与竞技体育业代表之间的合作,创造了一种装备上的压力:新的所谓的改进出现了,并且在市场上不断交易,有关设备更

第七章　生态智慧 T：生活的统一性与多样性

新的规范让大部分人印象深刻并且最终接受。精良的设备在顶级比赛中可以很重要，但在原生态生活中却无关紧要，但它们还是被卖给了有钱人和更多抵不住推销诱惑的随波逐流的公众群体。由于普通户外装备比专业装备便宜不了多少，于是人们有了专业化的劲头。此外，销售需要花大价钱买的东西也更加有利可图。

在倾注大笔资源和技术之后，障碍被扫除了——兴高采烈的消费者们在小木屋的简易床上舒展开四肢，聆听鸟儿歌唱，打开叽叽嘎嘎的木门去看活生生的鲑鱼在打着旋涡的水里活蹦乱跳。人们大批大批地购进装备上的挂钩、绳子、铅锤，延长他们的工作日、增加他们在城市里的压力，只是为了买得起"最新的"。精疲力竭地，刻不容缓地，他们奔向了户外地区，在匆匆赶回城市之前，来不及喘一口粗气。还饿着呢，抓一口吃得了！

原生态生活是一个相当具体的话题，但也离不开形而上学。所以，跳回哲学，距离不会太远。理解自然中的一切事物都是从直接经验开始的，但它很快会激发我们去反思。

3. 自然中的残暴：生命的悲喜剧

在我们的诗歌和散文里，我们"赞颂自然"可以用无条件的溢美之辞，但不能把它们用在我们的哲学或我们的政治当中。社会达尔文主义、法西斯主义和国家社会主义现象包含着一种特意强调掠夺和残酷竞争的毫无禁忌的"生命崇拜"。这些政治倾向使用了站不住脚的生命描述，但我们作为生态智慧者，应该避免让人以为我们对自然中一切事物都会说"yes!"。

认同的过程让我们在自然中看到了大量的残暴。但它并不一定让我们相信一切动物都是残暴的。不对行为者使用负面的伦理标准,也能谴责一种行为。

在生态智慧T呈现的"同一性和多样性"哲学中,需要有独立的方法来应对四个不同的现象领域:

(1)单个地(零散地)并且在有限的生活情境下认同生物。

(2)全体地认同生物,或者从其本质上("生命本身"、生态系统、物种)认同生物。

(3)对特定情境下的单个存在物(用不同的尺度)作出伦理判断。

(4)全体地对生命作出伦理判断,或者从其本质上对生命作出伦理判断。

从自然主义当中汲取的当代灵感本质上会导致对一切生命的零散的认同。厌恶和排斥很少,且大多起因于比如见到过或者应对过由人口过剩所造成的残酷条件。大致说来,这些反应往往有伦理上的成分。但它们并不意味着会对动物生命从整体上作出负面的伦理判断。

要想更充分地处理这个话题,可能需要讨论不同的伦理立场及其与自然评价的相关性。文学史家约瑟夫·米克(Joseph W. Meeker, 1972)曾把他的专业知识与生态体验结合到了一起。我们在文学喜剧中发现的人与自然关系范畴,是否比在悲剧中发现的同一范畴在环境危机中更加真实,更加有用? 他认为情况的确如此。

第七章 生态智慧 T:生活的统一性与多样性

希腊悲剧和其他悲剧中的英雄一般总会与各种强大的力量作斗争,他们的英雄主义最终会战胜它们。他们的痛苦和激情一样巨大无比:刻骨铭心的爱情、咬牙切齿的仇恨、激情万丈的爱国主义。理想冲上云霄,但自然并不配合。暴风雨杀死的英雄与坏人杀死的一样多。英雄在玄学式的绝望中死去:天不怜我——似乎这是他们的宿命。

在喜剧中,冲天理想和由此导致的万分痛苦被打趣般地描写成某种疯狂之举,或者某种不实之举。就像动物一样,人类也有他们的小缺点,愿意享受多少有点纯朴的生活,有简简单单的快乐、有礼有节的品行、普普通通的抱负,以及一定的幽默感。这些非英雄们在他们的生存道路上不带一丝虚伪地摸索前进、蹒跚前行。喜剧中的"英雄"以一种相当体面的方式存活下来,而悲剧中的英雄则倒下了,在梦醒时分,留下一地的凄婉和哀鸣。

米克本来还可以提一下浮士德式的(Faustian)角色,欲求永不满足,贪婪地抓住一切转瞬即逝的东西,总是喜新厌旧,因为"幸福总在别处!"

米克指出,对人的悲剧看法造就了文化和生态的灾难,是时候寻找另一些能够鼓励我们自己和其他物种存活得更好的途径了。

科摩斯(Comus),一个其名字可能是"悲剧"(comedy)一词起源的半神半人的英雄,他的全副心思都在生育力、家庭生活和谐与社会团结上。他给阿波罗(Apollo)留下了学识上非常重要的东西,给狄俄尼索斯(Dionysus)留下了高亢的激情。

米克认为,生物进化体现的更多是喜剧式的弹性,而不是"澎湃激情"式的沉重。成熟的生态系统总是保持着一大群各种各样生物物种之间相对稳定的平衡。

最近九百多年间的人类总让自己显得像一个冲锋在前的入侵物种。这个物种个人主义严重、富有侵略性、有狠劲。他们企图消灭或压迫其他物种。它们在外部条件不利的情况下能够找到新的存活方式（这点值得钦佩！），但它们最终会走向自我毁灭。它们将被其他更适合于促进生态系统稳定和成熟的物种所取代。人类若想避免被取代，向自然开战就必须停止。某种类型的"回归自然"态度必须加以培育。这并不意味着生活方式和社会将变得过于简单，为我们巨大的聪明才智所不齿。相反，成熟生态系统中的关系比任何人曾经通晓的都要复杂。随着理解度上升，对内部关系的敏感度上升，人类就能够用适度的物质手段生活下去，并抵达一个富饶无比的目的地。

生态智慧T具备一些米克所说的喜剧特征：平等、快乐、小型共同体中的拓展。但也有一点悲剧特征：它提出的非暴力的理想（行动指南），若从严格而绝对的角度去理解，则是不可能实现的。此外，它也积极强调努力改善社会条件的重要性。更放松的喜剧风格，加上它对个人适应力的沉迷，似乎会让资源稍欠者陷入任由自然力摆布的境地。喜剧的风格也许是未来的风格，但艰难的政治抗争还横亘在我们和这个目标当中。我们的时代还不是全然放松的时代！

人类的行为今天依然像一个冲锋在前的入侵物种的行为，这是一种灾难性的文化落后表现。这种行为，是一种系统抵制与它的同情之花、与地球上的生命之光相认同的行为。

4. 历史视野中的"我":《圣经》

为什么我们这些西方国家的人未能想办法达到高水平的认同？是因为它首先不是一个技术问题么？是因为我们对技术的此般顺从令我们与我们操控的对象相异化吗？很难给出一个完整的回答。

《圣经》一度影响过并依然影响着我们对自己在生态系统内所处地位的看法。这话对基督徒和非基督徒同样适用。

如今已有人从生态角度研究《圣经》。完全不同的态度出现了。一旦思考《圣经》的起源史，就必定出现这样的结果。在此，我将仅限于针对几个正面的段落注解几句。

《圣经》中有许多地方指出，上帝给了人类某种比其他创造物更优越的地位。但"何种类型的优越性"的问题使得我们有必要仔细推敲一下特定段落内的具体表述。

按照《创世记》篇第一章第28节，似乎上帝打算让人去征服地球并广布他的后代。上帝把统治权指派给了我们，但它决不是一种可以随心所欲、任性而为的权力。权威的版本读起来是："……要生养众多，遍满地面，治理这地。也要管理海里的鱼……"这段话，孤立起来看，可用于培育一种狂妄自大、睥睨一切的对待全体创造物的态度。

按照《创世记》篇（Genesis 1：21，22）之"9：3"，上帝把"一切"给了诺亚（Noah）。但诺亚的船必定很拥挤，让他感到不舒服，而且他可能会很不耐烦地看着许多完全没用的生物,也许还会嘟囔着:"要是我有统治权,我知道我会怎么做!"他的统治权似乎包含这些东西,即诺亚和他的后代需要去引领一种健康的、敬畏上帝的生活。换句话说,实际上不是某种可与西方平均物质生活水平相类比的东西。可以把这段话解读为上帝把地球当做某种类型的个人财产馈赠给了我们,但更合理的解读是,上帝把一切交给诺亚去处理并做了严格规定,即使用它们必须依上帝的戒命行事。诺亚拿到的是使用权,而不是财产权。同类型的更大的统治权是在《诗篇》(Book of Psalms)之"8:5"和"8:6"中宣布的:"你叫他比天使微小一点……使万物……都匍伏在他的脚下。"

但是,在《摩西五经》(Books of Moses)中还有更具平等主义色彩的态度。大鲸鱼,以及一切生物,以及长了翅膀的飞禽都要"滋生繁多","充满海中的水。雀鸟也要多生在地上"。(Genesis 1:21,22)上帝心中几乎就没有捕鲸一事!似乎可以假设人类要布满地球,但不是通过把上帝创造的其他生物排挤出去。即使对挪威人来说,也很难用《创世记》之"1:22"来证明我们捕杀鲸鱼和海豹是合理的。上帝平等保佑一切:所有的东西都单独得到保佑并被指为是好的。"神看着是好的。"上帝即使在创造亚当之前,也作出了一个强有力的价值判定。创造物的单个部分似乎也被赋予了内在价值。创造出来的东西没有一样只具有作为手段的价值。没有什么东西创造出来单单只是为了人类,或者唯一为了其他任何地球上的存在物。"生态圈中的平等主义"最重要的一点由此胜出:众生平等,因为他们都有内在价值。

《旧约全书》(Old Testament)的其他段落也否定了我们自以

第七章 生态智慧 T：生活的统一性与多样性

为是的唯一性，比如《诗篇》"104：18"："高山为野山羊的住所。岩石为沙番的藏处。"从这话似乎看不出人类能从"沙番"(即阿尔卑斯山上的野兔)那里找到点什么不一样的。高山和岩石交给了沙番去处理，其方式与上帝允许人类使用我们过一种健康的、敬畏上帝的生活所需要的东西的方式并无不同。

人类所起的监护者或看守者的作用，对于生态智慧的解读来说要重要得多。"耶和华神将那人安置在伊甸园，使他修理看守。"(Genesis 2：15)。花园很小，大概对其他生物的生境不构成威胁。

从这段话和其他段落看来，人类必须为他们在地球上的活动承担责任。在某些情况下，人类必须中和野生动物对其他存在物的影响，遏制其灭绝势头，留心某种秩序与和谐是否占了统治地位。不要灭绝上帝创造的任何东西，即使伊甸园里的蛇也不行。

就我们独一无二的、可担负的职责而论，人类对上帝负责；摄政王、哈里发、代理人、监护者、管理者、主事者、仆人，是《圣经》和《古兰经》(Koran)用过的一些词。

遗憾的是，监护者的角色及其义务和责任不能说在《圣经》的任何一处都有系统阐述。于是，在《新约全书》(New Testament)中，我们就自然需要去参考忠诚和不忠诚仆人的寓言了："有人栽了一个葡萄园，周围圈上篱笆，挖了一个压酒池，盖了一座楼，租给园户，就往外国去了。"(Mark 12：1)这个农夫没有给地主一滴葡萄酒。这事儿进行得对他们来说一点都不好。"神的国，必从你们夺去。赐给那能结果子的百姓"。(Matthew 21：43)

许多人用这个寓言来支持这样的态度，即人类必须为他们在生态上表现得如何承担责任。有大量证据证实了这种解释的经久不衰的重要性。

依保罗(Paul)所说,地球并不属于人类:"因为地和其中所充满的,都属乎主"(I Corinthians 10:26)。"凡神所造的物,都是好的"(I Timothy 4:4)。总的说来,在《新约全书》中较少提到外部自然。世界很快就要走到尽头了。与在《旧约全书》中相比,人类的精神救赎在《新约全书》中处于更核心的位置。没有时间浪费到自然保育上去了,正如詹姆斯·瓦特(James Watt)和其他人让我们理解到的。

但如果回到《旧约全书》……

上帝创造的一切都是好的,而且安排得比人类创造的任何东西都要聪明,也更加丰富多彩。所以,自然为上帝作证,不仅用它的多样性,而且用它的生态系统。在生态系统中,食物链往低级延伸:

少壮狮子吼叫,要抓食,向神寻求食物(Psalm 104:21)。

耶和华啊,你所造的何其多,都是你用智慧造成的。遍地满了你的丰富(Psalm 104:24)。

那里有海,又大又广。其中有无数的动物。大小活物都有(Psalm 104:25)。

……愿耶和华的荣耀存到永远。愿耶和华喜悦自己所造的。他看地,地便震动。他摸山,山就冒烟(Psalm 104:31,32)。

第七章 生态智慧 T:生活的统一性与多样性

在这个生态上著名的诗篇中,人类并没有因人而荣。无数种类的动物,以及对人类丝毫没有用处的地质过程,与其他一切事物一道获得了同等的赞誉。

在《圣经》中,上帝因地震和火山喷发而倍感欢欣、倍受鼓舞。这些事件被指为是好的、美的,但这并不是专门针对人类而言的。

《圣经》说,耶和华喜悦自己所造的。对人类也如此。但有时说太过了!欣赏创造物,却忘了造物主。这就是基督教"Contemptus mundi"即"贬抑现世"的起因之一。罪人们"将神的真实变为虚谎,去敬拜事奉受造之物,不敬奉那造物的主……"(Romans 1:25),即使"自从造天地以来,神的永能和神性是明明可知的,虽是眼不能见,但借着所造之物,就可以晓得……"(Romans 1:20)。得出如下这样的生态上令人满意的结论颇有诱惑力:"保罗把人的罪孽归咎于人没能在自然中看到上帝的杰作"。这是 C.J. 格拉肯(C. J. Glacken)在他非凡的生态史著作《罗得岛海滨上的遗迹》第 161 页(*Traces on the Rhodian Shore*, 1967, p. 161)得出的结论。然而,保罗似乎是说,人类大概在创造物中看到了上帝,但他们僭越了他的戒命。保罗强调了上帝在创造物也就是自然中的显形,因为正是这种显形使得人的劣迹有罪。他们罪无可恕。他们知道他们的上帝,而且在创造物中看到了他,但他们自己表现得目无神祇、不公不义。

赞美创造物却不赞美上帝因此是一种异教形式。把上帝与创造物相等同也是如此。欲驳倒后者,须拿上帝的奇迹与自然的奇迹相比照,即一种纯粹的反思。全神贯注于自然,于是被视为有害无益。

"贬抑现世"的另一个起因源于《创世记》篇"3：17"："又对亚当说,你既听从妻子的话,吃了我所吩咐你不可吃的那树上的果子,地必为你的缘故受咒诅……"《创世记》篇"3：18"开头就是："地必给你长出荆棘和蒺藜来……"一些人推断说,像荆棘这样不太友好的东西在人从神的慈悲中堕落后不久就被创造出来了。人堕落以后,自然的质量就下降了。这种低劣的质量于是证明了贬抑的合理性。

很难说清楚这样精微的解读有过多大的影响力。上面的引述只是告诉了我们《圣经》中有多少与生态有关的素材。历久经年,《圣经》支持的立场都被指为千差万别、相互矛盾。最近几年,一些有代表性的解读,则强调人类在如何对待自然奇迹方面对上帝所担负的责任。上文实质上是想破除这样的印象,即我们的角色历来就是被千篇一律地解释的,这类解释仅仅表达了自负心理、功利思维和盲目武断的信仰而已。一个人对生态运动的看法,是不能从他或她"信仰《圣经》"这一事实中推导出来的。

如果有人说上帝把管理或监护我们理解得如此之少的缤纷自然的责任交给了现代人这样一种如此无知、如此低级的动物,那他就是在嘲弄上帝的智慧。自然不是一个菜园子!

主事者(stewardship)的自大在于优越性这一观念,它支撑起这样的思想,即我们生下来就像一位高度受宠的造物主和创造物之间的中间人那样看管着自然。我们对自然中发生的事情知道得太少了,无力肩负这一任务。

这种说法最重要的不足也许是,一旦真的去从事自然管理,即便是遇到简单的、所谓的真实的条件,我们规划自然发展的能力的

第七章 生态智慧 T：生活的统一性与多样性

极端有限性就会暴露无遗——更遑论进化、大陆漂移等等我们地球上巨大的原始进程了。

管理者（administrator）的观念如果仅限于家畜和农业土地，就不会太不合理。此时的"自然"一词比生态智慧视野所要求的全面性稍差些。我们今日的责任不是监护者的责任，而是盗取者和操控者的责任。我们必须面对这份责任。我们不知后果如何的想法，意味着存在一种关于有限度地、谨慎地控制我们的干涉的规范。保持适度，保持与基督教有着割不断的联系的谦卑，管理者的概念也许就会对增强我们的生态责任意识有所助益。宗教背景对于这样一种意识具有不可替代的加分功能。但停止肆行暴虐，并不会由此就变成一位管理者。

研究过人类危险的生态处境的基督教神学家们倾向于包容生态运动，并且试图在《圣经》中寻求全面的支持。基督教神学绝不是铁板一块，它不应该受到如此的对待。打算这样做，也许是这样一种态度的典型特征，即当差异性是他们无法企及、超出他们的全面控制的时候，就痛恨多样性。基督教神学中的差异性将给那些贬责多样化的人当头一棒。

说到基督教生态智慧方面的个别例子，让我们看一下舒马赫在一篇题为"丰裕的时代：一种基督教的看法"（*The Age of Plenty: A Christian View*）（E. F., Shumacher 1974）的篇幅很短的文章中提出的思想。为了作出术语上的区分，我们姑且称他的观点为"生态智慧 S"。

舒马赫宣布，他在文章中将采取一种"只能从相当的高度才能获得"的"全面的观点"。用生态智慧 T 的术语说，是"一种相当有深度的观点"。单有事实是不够的：事实要有用，就要经过评价，也就是说要先被嵌入某个价值系统。用我的术语说：假设要与规范相结合，决策才能推导出来。我更愿意强调"只有从全面的观点的高度，我们才能得到一个有意义的价值系统"。

与生态智慧 T 的顶层规范和假设相对应，舒马赫建议使用圣依纳爵·罗耀拉(Ignatius of Loyola)所说的"基础"(The Foundation)：

> 人被创造出来是为了赞美、敬畏、服膺我们的主，上帝，并且通过这去拯救人的灵魂；
> 地球表层上的其他事物被创造出来是为了人的缘故，是为了帮助他经营他被创造出来要实现的目标。
> 由此接着就是：
> 人应该仅仅在它们可以帮助他实现他的目标时才利用它们。
> 且：他应该仅仅在它们妨碍到他时才离弃它们。

从规范系统的观点来看，我们应该从一条"人应该去做他被创造出来要去做的事情"的规范开始，然后用上面所引四条中的前一半作为两条辅助性假设；从这三条终极的前提，推导出上述后半部分所表达的两条规范。

"这个'基础'的逻辑是不可撼动的；它事实上是我们在每日事务中一成不变地采用的逻辑，不管这种事务是商业、科学、工程，还是政治"，舒马赫写道。他使用"逻辑"一词的方式，比符号逻辑教

第七章 生态智慧 T:生活的统一性与多样性

科书的作者们所钟爱的方式要通俗得多。

"任何准备接受前两条前提的人,都可能无法拒绝接受这个结论。"你还可以使这个说法更加可信,比如十分不合常规地把第一句话中的"上帝"一词转换成一个规范性的句子"要赞美、敬畏、服膺上帝!",也就是,不假思索地将任何有关上帝创造我们出来要我们去做的事情的句子,变成一个规范和一个假设的组合体。

舒马赫还提到有两个规范可表示他的系统之内的第三级推导。上述引自罗耀拉的最后两个句子意味着"人们在哪个方面拥有的东西不够他们实现目标,他们就应该拥有更多;他们在哪个方面拥有的东西超过了实现目标所需,他们就应该'离弃'多余的东西"。

当罗耀拉说"地球表层上的其他事物被创造出来是为了人的缘故……"的时候,他反映的是他那个时代的主流观点。要使这个说法与深层生态运动内部的基本观点一致起来是很难的。但在舒马赫看来,这似乎并不难。他引证了中世纪伟大的天主教思想家的观点:

> 正如圣托马斯·阿奎那(St. Thomas Aquinas)所言,最小的蚊子也比人生产的或者未来生产的一切东西更奇妙。所以,人永远也不要丢掉他对自己身边或者身体内部世界的惊奇感——这个世界不是他制造出来的,也绝然不是世界本身把自己制造出来的。这样一种态度会孕育出非暴力的精神,这种精神是智慧的一种形式,或

者一个维度。

舒马赫的意思几乎不可能是说,在供人利用方面,蚊子比人自身制造出来的任何东西都要奇妙。他似乎主要指上帝的此类创造物的奇妙,而如果他是这个意思,他就承认了一切生物的内在价值。

舒马赫用含糊和歧义的关键术语来为政策指出一个大致方针。这和我用过的 T_0 表达式很相似。为了搞清楚他对深层生态运动的近乎相同的立场的看法如何,现在再去当面问他已然太迟了。但我们可以放心地断定,在他的富有影响力的作品基础上,是可以把基督教的"生态智慧 S"表述清楚的。

5. 历史视野 II：从普罗提诺到笛卡尔

在更迟一点的古时期,出现了把人的注意力"往上"引并引到"纯"精神上去的趋势。精神被拿来与肉体作比较。"所以我们时常坦然无惧,并且晓得我们住在身内,便与主相离。"(Paul in II Corinthians 5：6)。内心反思被鼓励去摆脱所谓的外部的人、社会和环境。肉体、物体、物质世界——这一切都被认为是精神生活的绊脚石。

基督教派仅仅是在整个希腊-罗马世界引领这场转型的教派的一个小分支。古典学者奥伦格(H. P. L'Orange, 1953)就曾描绘过这一趋势：

第七章 生态智慧 T:生活的统一性与多样性

人类必须战胜知觉和概念上的混乱,以防我们的感觉借此欺骗我们,并寻求一个更高的现实。可以通过涤荡我们内心生活中的灵魂,对事物作概念和观念上的沉思来做到这一点。"事物"的本质存在于观念之中。普罗提诺(Plotinus)甚至在公元 3 世纪时就在可感觉的自然现实中看到了观念的美丽映像。但是,自然的事物渐渐失去了这种映像。人于是抛弃了外部世界,抛却了"美丽的肉体",通过苦心孤诣的探究,沉迷于自己的内心生活。

这种片面性(one-sidedness)包含着对物理现实的整体贬低。190 或者,从生态智慧上说:存在的一个面向从其他面向中孤立出来了,并被称作"物理现实"。

研究超自然的存在,很容易就变成一种对人和环境产生敌意的劳动。的的确确,它能造就灿烂的艺术。理论上,一种狂烈的向上努力不必要暗含着整个地贬低物理现实,但它似乎就这样做了。奥伦格辩称,这种特征可以追溯至一切形式的艺术、一切形式的哲学,一切形式的西方社会思想:

> 古典艺术因此表达了一种平衡,一种人与世界之间的和解关系。内部与外部之间的这种快乐的平衡在古代晚期被抛弃了。人类拒绝了自己对外部世界的直接的、感觉上的忠诚,并退回到他们内心生活的孤立位置。这是古代晚期和中世纪早期艺术俯瞰现实的一座高塔。

于是，当彼特拉克(Petrarch)钦羡自然时就猛然觉得问心有愧："我深受震撼……生气自己至今还钦羡尘世之物。我本应该很久之前就懂得——哪怕从异教哲学家那里——除了心灵之外无物可羡：与它的伟大相比无物伟大。"[Seneca Epistle 8.5, Petrarch (1966)]

一个多么深刻的以贬损他物来美化人类的例子！"若 x 美妙而 y 不同于 x，则 y 不可能美妙！"但这不太可能是一个两可的答案吧？（本书第二章）

随着引述继续，内心反思的作用就凸显出来了：

> ……我对我在山上看到的东西完全满意，并转过头来扪心自问……你知道嘛，今天下山时我有多少次回头仰看山顶？与人的沉思的高度相比，它几乎只有一尺高而已，只要人的沉思不坠入尘世的污泥浊水。

从生态智慧 T 的观点看来，彼特拉克亲身示范了从宽广的自我向狭隘的自我的倒退。他割舍了以前的认同，并物化了内外区别，异化了自己与山的关系。

"在大我之内"与"向外进入自然"之间的差异使得描绘我们与自然之间的关系很难进行下去。只有这种差异被成功超越，另一种自然范畴、另一个"自我"范畴才会产生——这个范畴，正是生态智慧 T 背后的基本直觉。

靠牺牲自然来美化人类的做法一旦在价值优先顺序上表现出

第七章 生态智慧 T：生活的统一性与多样性

来，它就与生态智慧有关了。就其助长我们贬低或者无视"人之外的"(on-human)领域而言，它明显有一种消极的生态学效应。

中世纪快要结束时，现有宗教对个人心灵所施加的力量减弱了。人们广泛承认这在一定程度上源于现实的去神秘化（de-mystification），而后者又由科学、技术和资本主义经济的崛起所引起。我们放松了自己向上的努力，却没有回到相对和谐的自然态度。我们对"物理"现实的贬低依然在继续，如今采取的形式则是掠夺。自然被理解为既是奴隶又是原材料。和奴隶一样，自然也可能起义，"向自然开战"的说法从此不绝于耳。对"物理"现实的敌意转移到了一般自然身上。

欧洲人还保留着这样的观念，即我们与自然的关系是外在的、基本上实用性的。因此，自诩我们能够周到地照料动物或植物似乎是一种伪善，如果这么做不是在中世纪的上帝死亡之后还在直接地或间接地酬答造物主的话。认同的潜流在整个文艺复兴时期和更近的时期都在持续，而机械的、异化的自然图景同一时间也与"实践中的"掠夺达成了沆瀣一气。所有这些作料对于勒内·笛卡尔造就意识形态肤浅化（about-face）来说都是现成的东西。他在《方法论》(*Discourse on Method*)一书中宣称：

> ……我们可以撇开经院中讲授的那种思辨哲学，凭着这些看法发现一种实践哲学，把火、水、空气、星辰、天宇以及周围一切物体的力量和作用认识得一清二楚……

然后就可以因势利导……成为支配自然界的主人翁了。①

6. 我们的自尊不单源于我们自身的重要性：银河系也激发尊重

如果接受了(1)他或她不据有宇宙中的优越地位(2)其他视野与人类的视野同样有价值，那么，人是否就被夺走了一切？

亚里士多德是乐于承认在人类视野之外还存在着整体视野的：

> 有的人认为，政治和明智是最优越的，这完全是无稽之谈。因为在宇宙之中，人并不是最善良的。如若健康和善良对于鱼和人各不相同，白和直却总是处处相同，那么一切人所说的智慧都是一回事，而什么是明智则各不相同。任何事物如果能对自身照看得很好，就可以说是明智，它能够对自己的生活有明显的预见。(Nicomachean Ethics 1141, 20-6)②

---

① 中文译文见笛卡尔：《谈谈方法》，王太庆译，商务印书馆2001年版，第49页。
② 中文译文见《亚里士多德全集》，苗力田主编，第八卷，中国人民大学出版社1992年版，第127页。

第七章 生态智慧 T:生活的统一性与多样性

每一个个人的"无限价值"原则以及他或她的独一无二、无可取代的本性,是否在其中心由人所构成的、时间视野很短的《新约全书》的微型宇宙中,比在生态学的广袤生态圈中更加真实呢? 我的否定回答是基于这样的理念的,即"众生皆一体"。

每一个个人都有一件重要而不可或缺的东西,那就是他的个人行为。每一个个人都有责任,都有某种需保存的东西、需发展的东西。为了对抗冷漠无情和低自尊心,伦理哲学家们有时会犯这样的错误,即将人类置于独一无二受尊重的地位的错误,且这种尊重是对自然界其他事物的公开态度所望尘莫及的。与我们星球上其他生物相比,现代人是独一无二的:称我们自己在地球上独一无二并无错。但我们在银河系中的地位如何呢?

如果我们估计银河系中的恒星数量是 1000 亿个(也许还要多),且假定它们中百万分之一有具备良好持久生命条件的行星,这将意味着可能有 10 万个行星上有生命。如果拥有比我们的大脑能力更强的认知器官的存在物在一半这些行星上进化,我们就面临着 5 万个生命物种,它们据有的地位类似于我们与我们行星上的其他动物的关系。可以画出一条长长的进化路线,现代人在其中处于中间位置,一个平平庸庸之物(如果我们还坚持我们通常的攀比性思维的话):瓢虫……褐家鼠……现代人……x……y……。

一些人反对说,生命的良好先决条件也许要罕见得多。好吧。让我们作出这样的假设,即在 1000 亿个太阳系中,生命平均只会在其中 1 个上产生。我们在银河系里也许是孤独的。但据保守估计,在我们最大的望远镜视域内,有 1000 亿个类似银河系的星系。

如果它们中有一半有低于我们的大脑能力的生命,一半有更大能力的生命,那么就有500亿个生命物种的大脑发展程度走在了我们前面。我们为什么还要如此痴迷于攀比?

即使从银河系角度来看,只要我们有一种参与了某种伟大之事的感觉,我们就不会变得卑微。参与比什么都重要。

就我们所知,生命也许有更好的未来,而我们正在参与和改变它。只要涉及到宇宙的可能性,我们就能够在不与任何"铁的事实"相抵触的情况下包容那些关于涵盖整个宇宙的意识的进化的理论。我本人也可以凑合着这样做,但若为宇宙中有意识的实体的发展和力量设置一块理论上的天花板,则有失武断之嫌了。

讨论宇宙中的生命,在生态上是有意义的,因为这么做已经扩展了并且大致还能扩展许多人的视野。视野无扩展,生态上负责任的政治将成一纸空文。

7. 非暴力与同一性哲学

下文不会僭称阐述了一条以上的思想路线,而只会阐述一条把基本的形而上学和宗教学观点与处理鼎力支持生态责任的政策所必定引发的冲突的某一种模式结合起来的思想路线。

生态智慧 T 中体现出来的强烈的非暴力意蕴也许有人不喜欢。尽管这样,的确还是有一种非暴力的维度,我相信一切忙于处理生态问题的人都会对它表示欢迎。最近几年的经验表明,有能力把草根动员起来的生态观点,是通过非暴力的政治沟通才阔步

第七章 生态智慧 T：生活的统一性与多样性

前进的。但这意味着须重点强调"对事不对人"的规范，重点强调对反对派的生态政治观点保持一定的开放心智。简言之，决不能把他们的言论交给歪曲的解释，也不应把自己小圈子里推出来的构想加以无批判的吸收。

把非暴力冲突理论作为生态智慧核心内容接受下来的重要性，必须放到我们的全球状况下去审视。在接下来的20—30年里，必须提出大批全体性的解决方案，尽管这么做的迹象目前难得一见。如果要这么做，那就必须得到各种力量和执政当局的支持。妨碍它必须被视为对人际间忠诚的严重亵渎。面对这些阻力，我认为一切正式的决策制定机构都必须用于保护自然，同时必须采取直接行动。后一种途径偏离现行决策制定过程越严重，它就越有必要不仅在生态知识方面，而且在冲突行为方面保持高的水准。直接行动越激进，无辜受害的人就越多。一定的谦卑当然需要发展起来。朝气蓬勃的非暴力之原则必须得到一再强调。

非暴力途径与整体性和同一性哲学在历史上就密切联系在一起。甘地从《薄伽梵歌》(Bhagavad gita)中汲取到了力量和灵感。它包含许多可以被视为印度哲学大半内容之公分母的核心陈述。最著名的是第六章第29句："如果自我达到了瑜伽态，处处等观而无丝毫差别，他便会在一切中见到自我，也会在自我中见到一切。"[①]泰戈尔(Rabindranath Tagore)补充道："他永不再被掩藏"。哲学家商羯罗(Shankara)就此评论说："当人类了解到一切生物都在感受着和我们一样的快乐和痛苦时，我们就不会再伤害生物。"

---

① 中文译文见《薄伽梵歌》，张保胜译，中国社会科学出版社1989年版，第79页。

这与非暴力可说是一脉相承。

但是,提供最紧要的同一性体验的,不是快乐而是痛苦。这在彼得·韦塞尔·扎普夫(Peter Wessel Zapffe)的"最后的弥赛亚"(The Last Messiah)开篇词中有过清晰表述(Reed and Rothenberg,1987):

> 不知是何年何月的一个晚上,人醒来了,他看了看自己……当动物们来到它们的水坑时,他在那里等着它们,就像等着他的客人。他不再感觉有猛冲上去的念头,而只有一大篇赞美一切受苦受难的生灵兄弟情深的圣歌。

依据同一性哲学,"禅由心始"的道路只是为了再次引出"万千世界"。行动之路则会将行动中的瑜伽信徒引向"悲悯众生",而不管他们是否能够感觉到痛苦。这就是甘地所走的道路。

西方对征服自然的重点强调与这种统一性的视角恰相背离。这种倾向即使在20世纪全球卫生计划的能干的领导人当中也有表现。卡尔·埃旺(Karl Evang)曾说:

> 我们现代人生活在一个充满敌意的自然当中,到处是细菌和病毒……自然依然是我们的首要敌人。如果我们解放了自然,自然就会以迅雷之势把我们消灭干净。文化站在人与自然之间,它提供了保护我们的机体。

有人也许会说,把我们包纳进去的文化就像人与自然之间的

第七章 生态智慧 T：生活的统一性与多样性

缓冲器，如果允许它在工业化国家自由驰骋，它也会"以迅雷之势把我们消灭干净"。这个世界上的卫生组织也许真的需要一种被自然中表现出来的健康大大感化的意识形态了。

能否建立更彻底的同一性哲学形态下的人与动物的共同体，取决于是否有一种通过平等的价值、平等的权利的体验而自发表现出来的深层认同。这种认同不是独断专行的，不像那个神秘莫测的"狼兄弟"在圣五伤方济各（Francis of Assisi）面前俯首称臣、追悔不已并从此走向一种更好的生活的故事。甘地并不幻想狼或狮子会变得"仁慈"，不做错事。生态观点以接受这一事实为前提，即大鱼吃小鱼，但大人物不一定要杀小人物。

"同一性哲学"是一个可以误导人的称呼：它能给人这样的印象，即一个人只要真心实意地接受了这种哲学，他就能一以贯之地、毫无问题地按照固定的方式为人处事，并且对我们身边的生物保持着固定的心智结构。在这种情况下，"同一性哲学"等于一个放之四海而皆准的总系统——否则你就放弃了你成为一个人的自由。但历史充满了这样的事实，即抽象的原则和许许多多合情合理地推导出来的规范早已被人接受，可它们却很少在实践中有所反映。凭规范和假设来推导的道路太长了，不好控制，而我们随心所欲的行动能量又太大了！

一和多的哲学的理论出发点无法取代具体的、时间和情境既定的、必须先选择合适的政治行动策略再开展的协商（deliberations）。平等主义的规范不会误导人，但它只是一种行动指南，假如你希望在最宽广的视野上去思考政治决策的话。这一点不仅可以，而且必须在每一次选择和行动之前不斟酌哲学就做到。生态政治的情境是这样的,你必须从多个专业的专家那里赢取支持,另一方面必须想方设法把他们的真知灼见吸纳进一个整体,这个整体不仅是跨学科的,而且要包含对内心深处基本态度的明确阐述。

在生态智慧 T 的术语表中,"大我实现"的首字母"S"承载着重任。它暗喻一种同一性哲学,就像《薄伽梵歌》第 6 章第 29 句所说的那样。不过,二者内容上的差异固然很大,作为一种整体观的生态智慧 T 属于另一种截然不同的文化传统。"S"暗喻如果自我的扩展和深化趋于无穷,自我将通过实现同己之物(the same)来实现他自己,而不管这个同己之物是什么。由于大我实现的无穷境界只在玄学上有意义,因此使用大写首字母"S"时应谨慎为之。在潜能实现的任何水平上,个体的本我依然是独立的。它们不像海洋中的一滴滴水那样可以消融。我们的注意力最终会继续关心个体性,而不是任何集体性。但个体不是、也不会是可割裂的,不管怎么存在,他都具有格式塔特征。

谈及人的个体,在我们的竞争性社会里不可避免地要问的是:在各个历史时期,谁在接近大我实现方面尤为杰出?可能没有好的答案,因为在书写出来的历史中,这类杰出并不作数:必须有彪炳史册的深远影响。而且超乎寻常的水平必须有表现的机会,而这或许从无可能。甘地怎么样?毕竟,他经过了半个世纪的严格甚至苛刻的考验。是的,一个非暴力的天才,但也是一个勇猛的斗士,一个狡猾的政治家。说到在接近大我实现方面的杰出人物,我猜有更多不知名的人士兴许达到了更高的水平。然而,这样提问题,或许又暴露出了一种相当偏狭的西方思维模式。

8. 生态智慧 T 的逻辑上最终的规范和假设的系统化

(a) 逻辑关系模型概念

完整构思一种生态智慧是不可能的：如此一种活生生的结构的复杂性和易变性使得这么做不可能，甚或无意义。构思一种整体观之不可能性也许还有逻辑上的原因：它可能会像一个无依托的格式塔，像一个谬论。但是，你也可以模仿出这样一个系统。你可以给它的一部分造出模型，从中割裂出一定的样式和形态加以仔细推敲，然后含蓄地表示剩下的部分大概存在于纯思想王国。

下文中，我将提出这样一个模型作为本书的结论。它表达了我对格式塔形或树形生态智慧的看法。

从顶层到底层、从理论到实践的方向是一种逻辑的推导，而不是起源或历史的推导。它不是一种等级顺序。它并不指示价值优先顺序。在顶层级别上，有少量的一般化和抽象化的表达式，而在底层级别则有单个的、具体的表达式，适用于特定的情境、共同体、时间段和行动。

从底层往上的方向提供了起源和历史的推导——包括一切激起我们构思规范和假设的动机和动力。

被模型化之物是一种运动的、变化万千的现象：规范和假设多多少少是从逻辑上推导出来，被运用于实践，其结果将引起变化。模型树被布局成三角形或平行四边形的形状，底线平而宽，顶线窄。宽度的差别表示这一事实,即从抽象和一般的规范与假设出发,接着是更多数目不定的特殊的规范和假设,再产生出数目不定的具体情境下的决策。

如果我们决定拒绝低层面的规范,那就意味着我们不得不更改更高层面的假设或规范。金字塔的整个上部就会摇摇欲坠。但是,在实践中,拒绝往往只会引起轻微的更改,或者仅仅去适应一种多少有点不同的对更高层面规范和假设的构思所做的精确化。

像"寻求大我实现!"这样的句子,在社会科学当中往往容易被解读为一种带命令语气的句子,且从社会学角度出发必然会问:谁是命令的"发布者",谁是"接收者"？规范系统模型的 T_0 式阐释则不一定会如此。如何去理解"大我实现!"此类单词句的功能,这个问题既大又深奥,我不会去招惹它。说说这点就足够了,即在发布者后面用感叹号但没有确定的接收者的例子有不少。当可怕的事情发生时,比如一座桥倒塌,或者我们的钥匙掉进了水沟,我们也许会意有所指地说:"不!"但至少我们中有些人在此情况下头脑中是没有确定的接收人群的。即使没有接收人群,句子的功能也已足够明显。这种功能的原型在《圣经》中出现过,那时上帝说"要有光!"如果我们假设那时什么东西都还没有创造出来,去问谁是这个感叹句的预定接收者,会让人感觉莫名其妙。问这个问题本身就有问题。

总之,我发现我有义务指出,有一些在眼前的阐述中将涉及到规范性句子的功能的问题,你承认它即可,不一定非得动手去"解决"它。

下文只是生态智慧 T 的一种特殊的阐述。其他版本也许在认知上有同等价值,是用不同的抽象结构来表达同一个具体内容。

(b)最基本的规范和假设的表达式

N1:大我实现!

H1:任何人达到的大我实现水平越高,他与他者相认同的程度就越深、越广。

H2:任何人达到的大我实现水平越高,其进一步上升越取决于他者的大我实现。

H3:任何人的完全的大我实现都取决于这一切。

N2:一切生物的大我实现!

评述:

N1、H1、H2和H3四个表达式构成了我们在此所作的概述的第一层次。N1和H1是最初的表达式,因为它们在生态智慧T的逻辑系统化的选定版本内不是从其他表达式中推导出来的。H2、H3和N2则被认为是从最初的表达式中逻辑推导而来。形式上的严谨当然需要我们增加一些前提,对于这些前提,逻辑学家将比生态智慧家对它们更感兴趣。(比如:若A认同B,且A、B均是这样的存在物,即谈论他们的更高水平的大我实现是有意义的,那么,A的完全的大我实现就需要B的完全的大我实现。我们的慰藉是:斯宾诺莎《伦理学》第一部分的定理的正式逻辑推导,似乎需要大约160个附加前提——手头有了它们,一致性才能实现。)

所有的"规范—假设"类表达式都是T_0表达式,也就是说,从精确化的观点来看处在最原始的层次。

自我中心意识的减弱必然与认同感和对他者的关怀的增强联系在一起。哪些"他者"? 好的答案之一,就是根据发展阶段画一个兴趣和关怀圈：家人，家族，部族，人类。但很明显，动物，尤其是驯服的或家养的动物，往往排在全体人类之后分享到兴趣、关怀和尊重（偶尔还享有神祇的地位）。这一系列圆圈在不同文化中各不相同。但无论何时何地，自我的潜能的实现水平越高，越有利于他者的大我实现。

如把认同范围的扩大视为与大我实现的增进内在关联在一起，那么，这种增进就取决于他者的大我实现。这给我们带来了N1。它意味着"他者"没有失去他们的个体性。在这里，我们不经意碰到了"多样性中的统一性"这个古老的形而上学问题。当人A认同人B，且A的更大的自我最终会包容B，那么B就不会被认为将拒绝B的个体性。因此，如果B和A是个人，A的自我就会包容B的自我，反之亦然。

H1对于生态智慧T整个概念发展的重要性，源于那些认为它是一个可行假设的人——那些对它不感陌生的人——如若受它影响，将会如何改变他们看待自然、看待自然中正在发生的一切的方式。他们看到一只孤单的、饿极了的狼正在攻击一只麋鹿，给了它致命伤害但又无法杀死它。麋鹿在痛苦挣扎许久后死去，而狼在饥饿中也慢慢死了。不认同并多多少少感受到它们二者的痛苦是不可能的！但生命条件的自然至少在我们的时代是这样的，即对二者的"残酷"命运，我们什么也不能做。普遍的状况招致悲伤，也招致我们寻找手段去干涉自然，保护一切处于恐慌和绝望、持久的痛苦、严重的压抑或者可怜的奴役状态之中的生物。但这种态度意味着我们将谴责自然中真切发生的大多事情，意味着我们将谴责对于地球上的生命似乎必不可少的大多事物。总之，H1的论断反映了一种与无条件赞美生命并因此无条件赞美整个自然界相反的态度。

至于 H3,更精确的表达方式兴许是"任何人的完全的大我实现取决于原则上有能力实现大我的一切存在物的完全的大我实现"。为概述的简洁起见,这些存在物下文将叫做"生物"。我们正是照这个方式来定义"生物"的。

N2 可以通过前述的假设从 N1 推导出来,这一事实并不会自动使它成为生态智慧 T 中的纯工具性规范。只有相对于 N1 而言,它才是工具性的。一个规范,只有当它的定义使它在任何单一的关系中都远离了非工具性,它才纯粹是工具性的。比如:也许长期花钱能使人忠诚,但这并不排除这一可能性,即忠诚是一种有效的非工具性规范,与利益无关。

对 N1 无条件地说"是",意味着对大我实现是否是某种东西、是否是某种有价值的东西的问题说"是"。由于不存在任何能够使大我实现成为纯工具性规范的东西,因此,说"是",就是在宣布它的内在价值。对 N2 说"是",意味着肯定一切生物的内在价值。从这两个规范以及自它们中推导出来的规范(外加一些假设)出发,就可以推导出本书所提到的深层生态运动纲领的表达式(参看第一章第 5 节)。用通用的哲学语言来说,这个纲领表达的是价值论,而生态智慧 T 表达的是道义论。但是,后面这种分类是可疑的,因为 N1 的感叹号并不表示它所表达的意思是要与某人去沟通。与其说 N1 表达的是道义论,倒不如说是本体论。不过,太深入专业哲学并非本章的初衷。

(c)源于生态学的规范和假设

H4:生命的多样性可增强大我实现的潜能。

N3:生命多样性!

H5:生命的复杂性可增强大我实现的潜能。

N4:复杂性!

H6:地球的生命资源有限。

H7:共生关系在资源有限条件下可使大我实现的潜能最大化。

N5:共生关系!

评述:

这七个表达式构成了此处阐述的第二部分。与第一部分一看就是形而上的相反,第二部分带有生态学的色彩,但它依然是形而上的,因为"大我实现"还是用了大写的首字母"S"。更精确的构思会涉及到普通生态学和保育生物学,而不是人类生态学。

H4引用了"大我实现的潜能"这个关键术语。在心理学和社会学当中,有大量关于一个人、一个群体或一个机构在生命包括国家生命期间的潜能、潜力或者可能性的讨论。在伦理学内部,也有人谈论天赋、能力以及如何去发展它们。"大我实现"一词是对这类术语的一种概括,除了一些规范在使用首字母"S"大写的"Self-realisation"时已经提前声明会压缩那些构成大我实现的增进的东西的范围。

H4有一种形而上的背景。生命被视为一种广袤无垠的整体。生命形态的变化,及其能力的不同,使得加诸这个整体之上的某种东西实现了,也就是成为了现实。它们实现了大我实现的潜能。每个个体都包含数量不定的潜能,不止一个。生命形态在质

第七章 生态智慧 T：生活的统一性与多样性

方面的多样性的增加，就是潜能的可能性的增加。由此从 H4 和 N1 推出了 N3。

(d) 大我实现语境下多样性、复杂性和共生关系的含义

带有大写的"S"的"大我实现！"，是一个由传统上被称为形而上学的哲学门类启发而来的规范表达式。多样性、复杂性和共生关系这些词汇均借自生态学。在此处概述的第一个层面和第二个层面之间，存在着一种由此而来的术语上的紧张关系，就像"一和多"之间常见的紧张关系一样。

从大我实现通往积极评价多样性、复杂性和共生关系的概念性桥梁，是由大我实现的潜能这一范畴，以及我们世界上的所有的大我实现均由这类潜能的实现所促进这一观念铺就的。(此类实现类似于反熵作用。)没有哪个单独的存在物能够完全实现这一目标。潜能之多十分之关键：它把多数性带入了统一性。推动我们走向"大我"的直觉，是不会直接承认这一点的。

与之密切相关的一个观念是，微观宇宙是宏观宇宙的映像，这个观念在文艺复兴时期十分活跃，如今在全息思维中又有部分复活。每一朵花，每一个具有整体性(格式塔)特征的自然实体，都不晓得是什么缘故映照或表达了至高无上的整体。我说"不晓得是什么缘故"，是因为我不知道对于此处所称的映照到底曾有过什么好的分析。微观宇宙不在整体之外，其间的关系不像一头大象和一只小老鼠的关系。微观宇宙对于宏观宇宙的存在来说不可或缺。当斯宾诺莎要求有一个内在的上帝时，就是受到了这一观念的影响，他要求的并不是什么别的上帝。积极评价潜力实现的增进的大门一直敞开着，或者说，积极评价更大潜力将会实现的可能

性的增加的大门一直敞开着。这意味着在一切层面上都有持续的进化，包括野生动物、景观和人类文化。

这种实现应该在质上各有不同。量的丰富本身则无关紧要。强调此类差异的方法之一是把多样性和（纯粹的）多数性区分开来。"多样性"一词在生物学中已十分完善，大多用于谈论物种的多样性，或者其他在质上不同的生物的多样性。

进一步阐明多样性概念、引入复杂性和共生关系概念，显然需要有关我们生活于其中的宇宙的假设的支持。严格说来，这样的支持在一开始谈论大我实现时就有必要了，但只是到现在才明显需要明确提到这类支持。我们提到的宇宙仅限于我们的星球，即地球，我们也可以叫它"盖娅"（Gaia），以强调地球作为一种最广义上的生灵的地位。

我对地球上的生命条件尤其是它的极限性作了大量隐含的假定。任何整体观都需要这么做。

多样性由此也许可以定义为仅仅是大我实现潜力的实现程度上升的必要条件之一。如此一来，"使多样性最大化！"就讲不通了，因为许多差异也许不涉及大我实现，也许与共生关系相背离。意指前面提到的质的差异的更好方法，是引入一种与纯粹的多数性有所不同的差异概念。多数性概念的矛盾性源于其有限性——这不单单由于我们整个星球的有限性。但是，当多样性被引入时，"最大的"这个形容词就可以加入生态智慧 T 的某些表述当中了。我们的意图是想表明，多样性上升的积极特征是不存在固有的限制的。我们并不打算说，有上升就好，哪怕这种上升败坏了其他规范实现的条件。在更精确的（T_1）水平上，如果要保留"最大的"这

第七章　生态智慧 T：生活的统一性与多样性

个形容词,就必须把它当做一个表示"在不妨碍系统中其他规范实现的情况下的最大化"的缩写词。当"共生关系！"规范出现在系统中时,应该再次强调这一点——它编织的是复杂性和多样性之间的一条纽带。

现在让我们转向复杂性。

如果允许我们在水平空间格局中变换三个因子 a,b,c,我们只能实现六种不同的组合：abc,acb,bac,bca,cab,cba。如果我们增加一个更基本的因子,d,组合的数量就增加到"4 的阶乘",即 24。这样就阐明了复杂性和多样性之间的密切关系。如果要素数量直线增加,可能的关系数量就会阶乘式增加。

让我们接着思考一下 abc 是一种生活模式,一种被认为属于某类生物体或某类个人生活的生活模式。这种模式被定性为三个主要的函数或维度,a,b,c,它们一起构成一个高度一体化的系统 abc。令 a,b,c 的其他五种组合,指代另五个有着同样数量的维度的系统。

现在可以说自我保护原则最低程度已体现为这样一种内部的机制,系统在其中会保护自己避免被降格为二维、一维或者零维的系统,也避免转变成借助于其他五种模式来指代的系统,并且倾向于积极地发展成为有更多的维度因而有更大的多样性和复杂性的系统。

与混杂性(complication)相对的复杂性,在生态智慧 T 中是生物体及其与环境的关系的一种品质。它被定性为多个因子或要素之间的密切的内在联系、深层的相互依赖。一头犀牛死后,作为一个能呼吸的实体就不再存在了,但它依然是自然的惊人复杂的一部分，被无数个其他稍欠复杂的生物体所栖身和入侵。从非洲昏睡症的人类受害者身上，可以看到人类个体与锥体鞭毛虫宿主之间的密切的内在联系。每一个鞭毛虫都有一种深不可测的结构复杂性，但我们也承认人类依然呈最高阶的复杂性。

如果沿着与简单性(simplicity)相反的生物学方向去定义复杂性，"使复杂性最大化！"就无法支持大我实现。就像"多样性！"的情形一样，只有插入一些约束性条款，最大化才讲得通。

从爬行动物鼎盛时期以来，动物的四肢发展得远比人手复杂。人手的简单性如此看来是简单性和有效性联合战胜了复杂性。不要对复杂性有什么崇拜。

在被低等动物和高等动物概念搞得花里胡哨的生物学教材中，复杂性一词几乎总是被用来描绘复杂性上升的有利情形。通过某些更加复杂的组织分化，"更高级的"功能就被弄得成为了可能。眼睛是从最初的同质的皮肤表面演变而来。对复杂性上升的不成功情形则言之寥寥，这大概是由于只有那些历经千百万年依然十分稳定的物种，才能给我们留下化石去研究。我认为，把复杂性一词用做一个十分一般的词，并涵盖一切不明显有利的情形，对我们来说才最为可取。

举一个"进步"形态的复杂性上升的简单的生物学例子：最不复杂的海绵种类与一个囊差不多。一端有一个孔，水和废弃物都从这里排出去。水通过小孔的腔壁被吸进去。更复杂点的形态则是有褶皱的腔壁，这使得它们的表面面积与囊相比更大。这被认为是一种进步，因为与其他细胞数量相比，拥有的表面细胞越多，就越有利。当特殊的结构可以保证废弃物排得更远因而海绵不会

第七章 生态智慧T:生活的统一性与多样性

一再被迫吸入废弃物时,更高程度的复杂性就达到了。总体上说,生物学家们都相信,复杂性上升将产生出新的功能,如果没有这些上升,新的功能是实现不了的。并无什么积极的价值附加在这样的复杂性之上,比如厚度不规则的腔壁符合一定的韵律要求,但它对生物体的任何可辨识的功能既谈不上是积极的价值,也谈不上是消极的价值。

在一个残酷的世界里,进化也许是以许多像我们这样的方式进行的,除了寄生状态也许会造成每一个有意识的存在物都感觉到痛苦和从生到死的折磨。在残酷的寄生状态的假想世界里,内在联系和相互依赖的量的增长和密切度的提高,造成了地狱般深重的苦难。因此,诸如此类生物体的复杂性和相互依赖关系的复杂性,在生态智慧T中本身不可能是好的。

从生物学的观点看来,复杂性包含行为和格式塔过程两方面,由此有意识地体验到的整体的复杂性的上升才能够实现。但也正是在这里,此类纯粹的复杂性是无法造成大我实现的增进的。共生关系范畴——生活在一起——进入了我们的视野。所有共生者在其中都生机勃勃的相互依赖性的存在,提供了另一种除多样性和复杂性之外的至关紧要的思想。

从非人类生物学进入人类生物学,共生关系思想也许可以借助于比照种姓制度的多种实现途径来说明。当甘地有时从正面谈论种姓制度时,他头脑中的制度是理想化的。在孩子成长道路上,父母要教导他们,并与他们一道劳作。没有学校。每一个家庭的有用的职业,都与整个社区中专门从事其他类型服务的家庭内在联系在一起、相互依赖在一起。此类种姓之间的互动得到鼓励,不受禁止。每一个种姓的尊严、尊重、物质生活水平意义上的地位应该是一样的——种姓当中的平等主义，这是共同体当中群体之间共生关系的现实例子。甘地痛恨印度现有种姓制度的实际状态。它无疑亵渎了共生关系的规范。

在我们已知的任何类型的社区当中，均存在不同程度的冲突和争端。生态智慧T的规范是行动指南，且如果它们被精心编织成一个全面的系统，这个系统兴许还必须包括解决冲突的规范在内（第六章关于甘地规范的论述）。预言深层的群体冲突将全面终止，甚至希望出现这类终止，都是不现实的。地球上的生命条件目前只能如此，即大我实现的增进尚由冲突所决定。群体冲突中非暴力的地位逐步上升、运用逐渐增多才是最重要的。

生态智慧T的法制化是冲突语境下的一种行动。我坚信，在环境冲突中，挪威和其他地方令人遗憾的决策是在哲学昏迷状态下作出的。在这种状态下，当权者混淆了狭隘的、肤浅的目标与从基础规范中推导出来的远大的、基本的目标。

(e) 地方社区规范的推导

下面要吸纳进来的生态智慧原则是自力更生、分权化和自治。我们首先要把这些社会原则与它们的生物学对应物联系起来。

大我实现的最大成功，是借助于生物体与环境之间的相互作用的一定平衡而实现的。刺激因素不能太不稳定，太单调。控制器官绝不会完全主导来自外部的影响，更不会左右一切。控制的可能性有限，总体上就会使生物体对空间上（个体上）邻近的环境，或者基本需要在其中得以满足的环境拥有较高程度的控制变得十分重要。如果基本需要只能靠与遥远地区多阶段的互动来满足，

第七章 生态智慧 T：生活的统一性与多样性

很可能就会有更多形式的反复无常的阻力，更多被机遇性质的过程清除出去的危险。

让我们用格式塔心理学家库尔特·勒温(Kurt Lewin)运用过的那个生活空间模型(图 7.1)来说明这一点。

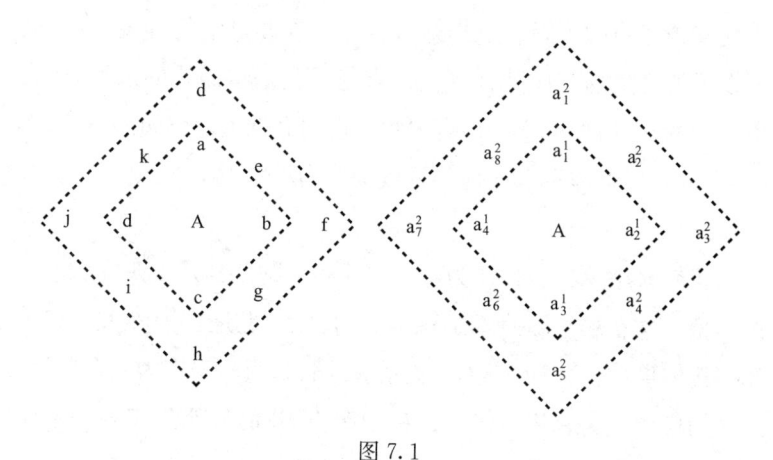

图 7.1

令 A 代表某个处在二维空间里的、有四种需满足的生死攸关的需要的生物。如果眼前的环境在通常情况下至少可为四种需要提供满足，A 就只有在某些事情近处很难做到时，才会逼着自己去控制遥远地区。从 a_1^1 到 a_4^1 的四象，表示的是满足需要的四个来源。

若来源为 $a_1^2, a_3^2, a_5^2, a_7^2$，且被从 a_1^1 到 a_4^1 的有质的区别的各部分环境从中间与 A 隔开，生物体通常情况下就会极度依赖于对这些部分的控制，也极度依赖于对 $a_2^2, a_4^2, a_6^2, a_8^2$ 这些部分的控制，即对靠近来源、具有另一系列质的区别的属性部分的控制。

上图表明了对控制的需要是如何随着满足需要的来源的渐远而渐增的——这个远,不是用公里来测量,而是用生活空间的距离来测量。在作出控制手段有限的假设的基础上,距离的增加就会对应于危险的上升,自我保护力量不足程度的上升,并因此对应于大我实现潜力的下降。依据地方自力更生和自治的程度,我们就可以了解到生物在何种程度上拥有满足其基本需要的来源,或者更一般的,在何种程度上拥有大我实现的靠近生活空间的来源;其次,了解到生物体可以在何种程度上充分控制这个区域以满足其需要。

我们只用单独一种作为生命单元的生物尤其是个人提出了上述模型。这看起来即使不是科学上的自负,也是在糊弄人。如果选用集体事物——社区、邻里关系、社团、部族——作为生命单元,同样的模型就会有用。但在这种情况下,我们显然又需要一种说明集体内部关系的模型。在这里,我们先不去深究这一点。

从本意上说,单个的人对集中化当局的决策是做不到最大程度的控制的,其控制的可能性趋于零。控制的人数越多、局面越复杂,所需要的层级数量就越大。而且,所控制的有质的区别的功能的数量越大,单个人的控制趋向于零的速度将越快。此处的集中化原本正是通过上述因子来定义的。

运用前面建议的推理法,我们为生态智慧 T 提出了一系列假设和规范:

H8:地方的自力更生与合作有利于大我实现的增进。

H9:地方自治将提高维持地方自力更生的机会。

H10:集中化将降低地方的自力更生与自治。

第七章 生态智慧 T:生活的统一性与多样性

N6:地方的自力更生与合作!

N7:地方自治!

N8:不要集中化!

评述:

疑惑 1:超过 N6、N7、N8 三条规范某一点的、个人主义地解释的大我实现,难道不会造成奇怪的、某种程度上类似于托马斯·霍布斯(Thomas Hobbes)政治哲学中著名的、可怕的"自然状态"的生活条件吗?疑惑 2:生态学教义真的支持这些规范吗?抛弃了个人主义的解释,我们就会面临如何在其他正当理由的帮助下把它们弄得更加精确的艰巨任务,就要兼顾对个人和集体的深切关注。

(f)最低条件与公正:阶级;掠夺

人类是有需要的。任何生态和谐的全球政策都必须把需要与纯粹的愿望(wishes)区分开来,也就是说与不直接和需要有关的愿望区分开来。

生物需要是这样一些需要,即为了让一个人或一个物种生存下去,就必须无条件满足这些需要。最低限度的公式是"食物、水、土地"。于是,有一些需要就不是一切物种所必需的。衣服和其他种类的遮挡物是大多数人类群体所必需的,但并非其他物种所必需。

此外,我们还有一些依基本的社会组织而定的需要。我们现在的需要已接近于只有以价值系统为基础才能把它们与纯粹的愿望区分开来的境地。大多数社会是阶级社会,在其中,上层阶级据说需要生活于比下层阶级高得多的物质水平上,为的是避免贬低身份(一场重大的社会灾难!)。但它们到底是欲望还是需要?

所谓的基本需要,那些生存所需的需要,其大小往往众说纷纭、见仁见智。而且"生存"这个词如果仅限于指"不死去",那就用处不大。请记住那位西雅图酋长(Chief Seattle)在讲白种人将给这片土地带来伟大机遇时的最后一句话:"生命的终结,生存的开始"。①

从讨论此类伦理上的基本规范转到讨论更具政治性的规范,此过程可以用许多方法阐述清楚。下为其一。

(1)大我实现的最低条件的要求应该优先于其他要求。

(2)这种要求意味着要求最低程度地满足生物、环境和社会需要。

(3)在当前条件下,许多个人和集体未能满足其生物、环境和社会需要,而其他人则样样富足。

(4)就其客观上有可能而言,如今被用于维持一些人超出最低程度甚多的生活水平的资源,应该重新配置,以最大程度地、永久地减少处于或低于最低生活水平的人的人数。

有人会说,生态智慧T的基本规范的推导分化成了两个不同的方向。刚才我们简述的层面,提出的是地方社区的规范和假设,这是许多乌托邦系统的典型理想。现在,我们准备沿着政治学的方向来论证反掠夺的规范和假设的合理性,就像20世纪70年代

---

① 19世纪中叶美国政府通令印第安人变卖土地,达到"合法"拥有土地的目的。印第安人战败,无奈应允。1854年3月11日,代表印族的酋长西雅图(Chief Seattle)在一个广场集会上发表演说。演说令人动容,充满睿智。后来西雅图市(Seattle)以这位酋长命名。——译者注

初在挪威通过与马克思主义者的辩论所推进的论证那样。

H11:大我实现要求实现一切潜能。

H12:掠夺会降低或消灭潜能。

N9:不要掠夺!

H13:征服会降低潜能。

N10:不要征服!

N11:万物有实现大我的同等权利!

H14:阶级社会否认实现大我的同等权利!

N12:不要阶级社会!

H15:自我决定有利于大我实现。

N13:自我决定!

评述:

提出上面的表达式主要是为了表明,大我实现的基本规范与推动公正在地球上占据主流的规范并不冲突。相反,社会内部和国家之间的阶级差别明显就是大我实现的条件的差异。也许可以从半永久性地或永久性地减少一些群体对另一些群体行有利之事的可能性的方向来定义掠夺。此外,表明能源和其他资源消费上的差异的计算结果,也支持在反对阶级社会中的掠夺的过程中,走一条生态道路。这个模型的价值部分在于这一点,即推导一种普遍的政治立场或态度,并没有使用"共产主义"、"社会主义"、"私人企业"、"民主"之类的术语,它们多多少少总会引起或积极或消极的本能反应。

(g)生态智慧T概略图

所有这些表达式(N1到N13;H1到H15)都包含社会哲学、

政治哲学和生命哲学类的关键术语。它们无非指出了怎么样才能把更精确的规范和假设的系统化过程叙述清楚。其他都是故弄玄虚。图 7.2 用一种概略图的形式说明了生态智慧 T 四个基本层次的逻辑推导过程。

这些表达式的口号化特征在环境争议中依然值得一用,但人们今天对它们的局限性也已洞若观火。在许多情况下,地方社区都曾经反对过明智的生态政策并招致了灾难性的演变。而且,十分强大的中央当局也被要求去实施《世界保育方略》所推荐的国内和国际政策。

上面描绘某一种生态智慧之内的逻辑推导过程的方式如果人们迎之以兴趣,那么这种兴趣兴许放错了地方:规范的系统化靠这类图示所收获的东西是十分有限的,它只能是对某个可予概述的广袤的整体内少数几种内在联系的一种稍好一点的概述。毕竟,一种整体观,一种以人与自然的关系为核心的哲学,触及的问题如此多样、如此复杂,以至于显性的表达式只能构成一小部分,尤其是当表达式已达到一个较好的精确度水平且含糊的口号已绝迹的时候。

运用片面地系统化生态智慧 T 的方法的人通常会找到理由(通过日渐增多的生活经验)来修改表达式。各种 T_0 表达式只能作为行动指南起作用,而修改通常也包括改变这些表达式已被接受的精确度。意图发现一种 T_0 层次的表达式是虚假的、错误的或无效的,这是一件相当奇怪的事情。它意味着你意图发现每一种貌似可信的解释都是虚假的、错误的、无效的。

因虚假或无效而否定,将在更精确的表达式的层次上发

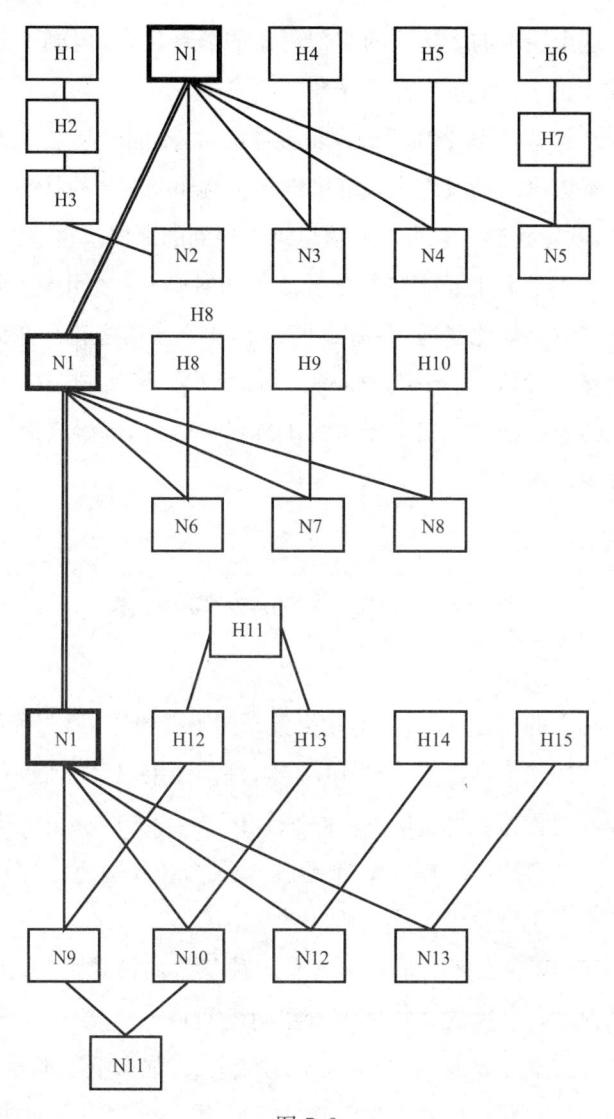

第七章 生态智慧 T：生活的统一性与多样性

图 7.2

生——这个层次的表达式的貌似可信的解释集合,构成了最初的T_0层次上的表达式的一个真子集。

生态智慧T某个片段的逻辑推导图解,不能轻易被扩大到涵盖整个本体论。场域或格式塔思维和人与环境二分的状态是背道而驰的,就像我们在大多数环境思维中遇到的那样。在这方面,生态智慧T与当代非笛卡尔哲学合流了。展望下一个世纪,生态学的冲击将波及如此之远、渗透如此之深,生态术语之花兴许会开得太过繁盛。我猜,生态智慧将融入自然哲学(Naturphilosophie)的一般传统。细节上我可能猜得不准,但通过内部融入而产生变化的迹象已然显现。

9. 深层生态运动的未来

国际上的、长期的生态运动大致开始于蕾切尔·卡逊的《寂静的春天》,即二十多年前。到1975年,许多图书已经出版,获得了大批读者的青睐。挪威版的《生态、社区与生活方式》第五版也已面世。公众对我们的环境十分关心。不过,让我们还是检视一下过去二十多年里发生了什么吧。

1975年,在许多工业化国家有一种坚定的信念,即个人生活方式的改变是必需的。整体上看很明显的是,一种生态上负责任的生活方式必须要做到:全面反对消费主义,强调低能源消耗,鼎力支持"自己动手,丰衣足食",骑自行车,乘坐公共交通工具,原生态生活,计划生育,参与生物动力农业,等等。但纵观整个问题领域,失策很多,令人沮丧:越来越多的人被逼着使用私人汽车这种最简单、生态上最不负责任的交通方式。而诸如此类的论调,比如强调降低私人能源消费的效果很小,远远抵消不了继续从政治上支持能源需求型工业的效果——则大大挫伤了人们的积极性。到1980年,再也没人想有"生态情怀"了。生态学阅读作为普通教育的一部分实际上也完全停止了。更糟的是:许多人有了这样的感觉,即他们都明白了这是怎么一回事,不想再听到什么更令人沮丧的故事了。

往后的二十多年,在"生态的"生活方式领域里,到底会发生些什么呢?一个积极的因素是公众越来越了解生活水平和生活质量之间的区别。第二个因素是:人们越来越认可,绝大部分严重的疾病是由有害的生活方式造成的。如果我们按照一种生态上负责任的方式去生活,许多这样的疾病就会消遁无踪。

下结论说我们的个人生活方式十分重要,是需要有一个一般性的伦理和社会前提的。因此,谈论"生态的生活方式"是深层生态运动而不是浅层生态运动的信条。1975年至1987年间,深层生态运动声势大增,进一步壮大的前景也十分看好。但反对实施深层生态政策的势力增长势头更猛,前景也就变得扑朔迷离了。

今天,国民生产总值每增长一个百分点,其对自然造成的破坏要远远大于10年或20年前每增长一个百分点,因为今日一个百分点所意味的产量要庞大无数倍。况且,国民生产总值与"国民污染总值"大致相等的局面并无改观。推动国民生产总值增长的努力每年都在给生态政策施加更加可怕的压力。

所以,尽管生态意识日益加深,但生态条件的急剧恶化可能成为未来一段时间的主色调。局面改善之前,必定趋于恶化。

政治家的普遍态度是,如果对生态系统的重大干涉不能被证明为坏,那么一切照旧就是合理的。但是,对酸雨的关切过去几十年里一直在缓慢而稳步地增强。一个政府警告另一个政府不要"出口"酸雨的语气直到最近还是相当礼貌。有人预期,此类语气将变得更加严厉,而那些遭罪的不情愿的"进口者",比如斯堪的纳维亚国家,将会在封堵他们自己的严重污染源方面付出更大努力,以便增加自己的抱怨的分量。然而,前景是暗淡的,尤其是在东欧酸雨出口问题上。从深层生态运动的观点看来,酸雨也有某种积极效应,即帮助人们更清晰地认识到保护森林和渔业必须先保护微生物界、土壤和大多数人以前从来没有注意到或者关心到的生命系统。更大范围的认同和惊奇的大门已然洞开了!

生命条件的继续恶化将加剧和加深停止制造酸雨的紧迫性,令我们不得不动用激进的政治措施来对抗此类犯罪。经济、政治和意识形态结构的重大变革因此最终也将开始显山露水。

与既有的压力团体相比,深层生态运动的支持者只能算是一个微弱少数派,组织也十分松散。他们(有时出于不错的考虑)不愿意组成一个大的团体。但也有该吸取的教训。大型游行和其他形式的大规模、非暴力的直接行动,当我们想要沟通的内容、采取行动的方式能让普通公众吃上一惊并能引起民众停下来反思一会儿时,还是会有一定作用的——由于乏味感日增,这已是一项越来越棘手的事情。

未来一段时间我们也许会看到,人们越来越重视针对至关重要的团体比如政治家和反生态机构领导人的直接行动。其他重要的团体也可能会涉及：教师、专家、科学家、大众传播方面的专业人才。大众传播研究、与这个领域的一流专家的合作，已被诸如绿色和平组织这样的环境团体运用得十分娴熟。

20世纪70年代末见证了和平运动与深层生态运动的携手合作。在后者看来，再没有比核战争更恐怖的灾难了。今日的军备竞赛支持"大的就是好的"这股逆流，并涉嫌在武器、放射性和毒物试验中虐待千百万种哺乳动物。

从世界富裕工业地区往更贫穷的大多数地区看，我们可以发现同样类型的自然系统破坏，它数百年前发生于欧洲和北美，如今正在世界其他地区尤其是非洲上演。但其中也有重大差异：在前面这些地区，破坏的过程伴随着财富和生活水平的大幅上升，而在后面这些地区，情况则远非如此。因此，即使是大范围、长时段的负责任的生态政策的潜在力量，也难觅踪影。

富者的援助必不可少，但它很可能被轻易滥用，以致世界上这两类地区的机构之间的极端谨慎和诚意合作必须成为底线。重要的是要注意到，世界上大多数地方的传统文化信仰和实践，对深层生态运动的规范都是认可的。

深层生态学要求建立大面积的独立于人类发展的地区，这种要求最近已获得接受。如今已很清楚的是，倘若大面积的荒原地区不建立起来或得不到保护，数千万年的哺乳动物尤其是大型的、有领地要求的动物的进化就会趋于停滞。如今人们已认识到，以前被划分为"无人区"的荒原地区，其实具有极端重要的内在价值。这是意识变革为深层生态学助力的典型案例。必须把这一点坚持下去。

上述关于深层生态运动未来的猜想不可避免会受到希望和恐惧的影响。我的希望是,像我们这样拥有大脑禀赋、经千百万年与万物众生密切互动而发展起来的生物,必定会支持不仅小范围对本物种有利,而且整个看对充溢着多样性和复杂性的生态圈有利的生活方式。在这个生态圈中,享有上天无与伦比的恩赐的那个种群,不会沦为生态圈本身的永恒的敌人。

参考文献

Alnaes, Finn (1969) *Gemini* Oslo: Gyldendal
Bahro, Rudolf (1986) *Building the Green Movement* London: Heretic Books
Barney, Gerald, ed. (1980) *Global 2000 Report to the President* Oxford: Pergamon Press
Bergson, Henri (1907) *L'évolution créatrice*, Paris: F. Alcan
Bohm, David (1980) *Wholeness and the Implicate Order* London: Routledge & Kegan Paul
Breivik, Gunnar, ed. (1978) *Friluftsliv: Fra Fritjof Nansen til våre dager* [*Friluftsliv*: from Fritjof Nansen to our time] Oslo: Universitetsforlaget
Bubolz, Margaret M. (1980) 'A human ecological approach to quality of life' *Social Indicators Research* 7 103–36
Callicott, J. Baird (1982) 'Hume's is – ought dichotomy and the relationship of ecology to Leopold's land ethic' *Environmental Ethics* 4 163–73
Capra, Fritjof (1982) *The Turning Point* New York: Simon & Schuster
Capra, Fritjof and Charlene Spretnak (1984) *Green Politics* New York: Simon & Schuster
Chamberlain, Kerry (1985) 'Value dimensions, cultural differences, and the prediction of perceived quality of life' *Social Indicators Research* 17 345–401
Dammann, Erik (1979) *The Future in Our Hands* Oxford: Pergamon Press
Darling, Frank Fraser (1965) *The Future Environment of America* Garden City, NY: Natural History Press
Devall, Bill and George Sessions (1985) *Deep Ecology: Living as if Nature Mattered* Salt Lake City: Peregrine Smith Books
Duncan, Otis Dudley (1975) 'Does money buy satisfaction?' *Social Indicators Research* 2 267–74
Dunlop, R. E. and K. D. van Liere (1984) 'Commitment to the dominant social paradigm and concern for environmental quality' *Social Science Quarterly* 1013–27
Ehrlich, Paul R. and Anne H. (1970) *Population, Resources, and Environment* San Francisco: W. H. Freeman
Elgin, Duane (1981) *Voluntary Simplicity* New York: Morrow
Evernden, Neil (1985) *The Natural Alien* University of Toronto Press
Faarlund, Nils (1983) 'Om verdigrunnlaget, friluftsliv og idrett' [On the setting of values in outdoor life and sport] manuscript
Farvar, M. Tagi and John Milton, eds. (1972) *The Careless Technology* Garden City, NY: Natural History Press

Fedorenko, Nikolai (1972) 'Optimal functioning of the Soviet economy' *Social Sciences* Moscow: USSR Academy of Sciences
Fox, Warwick (1986) *Approaching Deep Ecology: a Response to Richard Sylvan's Critique* Hobart: University of Tasmania, Centre for Environmental Studies
Galbraith, John Kenneth (1973) *Economics and the Public Purpose* Boston, Mass.: Houghton Mifflin
Galtung, Johan (1973) ' "The limits to growth" and class politics' *Journal of Peace Research* X/1–2
Galtung, Johan (1978) 'Alpha and beta structures in development alternatives' *Collected Papers of Johan Galtung* Oslo: International Peace Research Institute
Georgescu-Roegen, Nicholas (1971) *The Entropy Law and the Economic Process* Cambridge, Mass.: Harvard University Press
Gilpin, Michael E. and Michael E. Soulé (1986) 'Minimum viable populations: processes of species extinction' *Conservation Biology* Sunderland, Mass.: Sinauer Associates
Glacken, Clarence (1967) *Traces on the Rhodian Shore* Berkeley: University of California Press
Goldsmith, Edward, ed. (1972) *Blueprint for Survival* Harmondsworth, Middx: Penguin Books
Gullvåg, Ingemund (1983) 'Depth of Intention' *Inquiry* **26** 31–83
Gullvåg, Ingemund and Jon Wetlesen, eds. (1982) *In Sceptical Wonder: Inquiries into the Philosophy of Arne Naess on the Occasion of his 70th Birthday* Oslo: Universitetsforlaget
Hallen, Patsy (1986) *Making Peace with the Environment: Why Ecology Needs Feminism* School of Social Inquiry, Murdoch University, Western Australia
Henderson, Hazel (1981) *The Politics of the Solar Age: Alternatives to Economics* New York: Anchor Press
Hervik, Arild *et al.* (1986) 'Betalingsvillighet for vern av vassdrag' [Willingness to pay for conservation of watersheds] *Sosialøkonomen* **40** No. 1
Holte, Fritz (1975) *Sosialøkonomi* [Economics] Oslo: Universitetsforlaget
Jansson, Ann-Mari (1984) *Integration of Economy and Ecology*, Proceedings from Wallenberg Symposia
Klée, Paul (1961) *The Thinking Eye* London: Lund-Humphrey
Kohák, Erazim (1984) *The Embers and the Stars* University of Chicago Press
Komarov, Boris (1980) *The Destruction of Nature in the Soviet Union* White Plains, NY: M. E. Sharpe
Kropotkin, P. (1902) *Mutual Aid* London: Heinemann
Kvaløy, Sigmund (1974) 'Ecophilosophy and ecopolitics: thinking and acting in response to the threats of ecocatastrophe' *North American Review*
LaChapelle, Dolores (1978) *Earth Wisdom* Los Angeles: Guild of Tutors Press
L'Orange, H. P. (1953) 'Fra legeme til symbol' [From body to symbol] *Spektrum* No. 5, Oslo
Lorenz, Konrad (1959) 'Gestaltwahrehmung als Quelle wissenschaftlicher Erkenntnis' *Zeitschrift für experimentelle und angewandte Psychologie* **6** 118–65
Lovelock, James (1979) *Gaia: A New Look at Life on Earth* Oxford University Press
Marsh, George P. (1864) *Man and Nature* New York: Scribner & Sons
Meadows, Donella H. and Dennis L., Jørgen Randers and W. W. Behrens (1972) *The Limits to Growth* Boston, Mass.: MIT Press
Meadows, Donella H. (1982) *Groping in the Dark: the First Decade of Global Modelling* New York: Scribner & Sons
Meeker, Joseph W. (1972) *The Comedy of Survival: Studies in Literary Ecology* New York: Scribner & Sons

Milbrath, Lester (1984). *Environmentalists: Vanguard for a New Society* Albany: State University of New York Press
Miller, G. Tyler (1972) *Replenish the Earth: a Primer in Human Ecology* Belmont, Calif.: Wadsworth
Miller, G. Tyler (1975) *Living in the Environment* Belmont, Calif.: Wadsworth
Mishan, E. J. (1967) *The Cost of Economic Growth* New York: Praeger
Modell, Walther (1973) 'Drugs for the future' *Clinical Pharmacology and Therapeutics* **14**, No. 2
Müller-Markus, S. (1966) 'Niels Bohr in the darkness and light of Soviet philosophy' *Inquiry* **9**
Naess, Arne (1939) *Truth as Conceived by Those who are not Professional Philosophers* Oslo: Jacob Dybwad
Naess, Arne (1964) 'Reflections on total views' *Philosophy and Phenomenological Research* **25** 16–29
Naess, Arne (1966) *Communication and Argument* Oslo: Universitetsforlaget
Naess, Arne (1973) 'The shallow and the deep, long-range ecology movements' *Inquiry* **16** 95–100
Naess, Arne (1974) *Gandhi and Group Conflict* Oslo: Universitetsforlaget
Naess, Arne (1975) *Freedom, Emotion and Self-subsistence: the Structure of a Central Part of Spinoza's Ethics* Oslo: Universitetsforlaget
Naess, Arne (1984a) 'A defense of the deep ecology movement' *Environmental Ethics* **6** 265–70
Naess, Arne (1984b) 'Deep ecology and lifestyle' *The Paradox of Environmentalism*, ed. Neil Evernden, Toronto: York University, Faculty of Environmental Studies
Naess, Arne (1985a) 'The world of concrete contents' *Inquiry* **28** 417–28
Naess, Arne and George Sessions (1985b) 'Platform of deep ecology' Devall and Sessions (1985) 69–73
Naess, Arne (1985c) 'Identification as a source of deep ecological attitudes *Deep Ecology* ed. Michael Tobias, San Diego: Avant Books
Naess, Arne (1985d) 'Holdninger til mennesker, dyr, og planter' [Attitudes to people, animals, and plants] *Samtiden* **94** 68–76
Naess, Arne (1986a) 'Intrinsic value: will the defenders of nature please rise' *Conservation Biology* ed. Michael Soulé, Sunderland, Mass.: Sinauer Associates
Naess, Arne (1986b) 'Self-realization: an ecological approach to being in the world' Keith Memorial Lecture, Murdoch University, Western Australia.
Naess, Arne (1986c) 'Consequences of an absolute *no* to nuclear war' *Nuclear Weapons and the Future of Mankind* ed. Cohen, Avner and Lee, Totowa, NJ: Rowman and Allanheld
Naess, Arne (1987) 'The deep ecological movement: some philosophical aspects' *Philosophical Inquiry*
NIBR (1974) 'Forventninger til rekreasjonsmiljøet i Oslomarka' [Changes in the recreational environment of the Oslo Forest] *Arbeidsrapport 10*
O'Riordan, T. (1981) *Environmentalism* London: Pion
Passmore, John (1974) *Man's Responsibility for Nature* New York: Scribner & Sons
Pepper, David (1984) *The Roots of Modern Environmentalism* London: Croom Helm
Perminov, A. D. (1970) 'Tempel eller verksted' [Temple or workplace] *Ergo* 54
Petrarch (1966) 'The ascent of Mount Ventoux' in *Letters*, tr. Morris Bishop, Bloomington: Indiana University Press

Porritt, Jonathan (1984) *Seeing Green: the Politics of Ecology Explained* Oxford: Blackwell
Pratt, Dallas (1980) *Alternatives to Pain in Experiments on Animals*, Argus Archives
Reed, Peter and David Rothenberg, eds. (1987) *Wisdom and the Open Air: Selections from Norwegian Ecophilosophy* Oslo: Council for Environmental Studies
Rensch, Bernard (1971) *Biophilosophy* New York: Columbia University Press
Rolston, Holmes III (1985) 'Valuing wildlands' *Environmental Ethics* **7** 23–48
Rothenberg, David (1987) 'A platform of deep ecology' *The Environmentalist* **7** No. 3, 185–90
Schrader-Frechette, K. S. (1985) *Science Policy, Ethics, and Economic Methodology* Dordrecht: Reidel Publishers
Schultz, Robert C. and J. D. Hughes, eds. (1981) *Ecological Consciousness* Lanham, Md: University Press of America
Schumacher, E. F. (1973) *Small is Beautiful – Economics as if People Mattered* New York: Harper Torchbooks
Schumacher, E. F. (1974) *The Age of Plenty: A Christian View* Edinburgh: Saint Andrew Press
Sessions, George (1981) 'Shallow and deep ecology. A review of the philosophical literature' Schultz and Hughes (1981)
Sessions, George (1987) 'Aldo Leopold and the deep ecology movement' *A Companion to a Sand County Almanac* ed. B. Callicott, Madison: University of Wisconsin Press
Simon, Julian, ed. (1984) *The Resourceful Earth* New York: Blackwell
Soulé, Michael E. (1985) 'What is conservation biology?' *BioScience* **35** No. 11 727–34.
Soulé, Michael E. (1986) 'Conservation biology and the real world' *Conservation Biology*, ed. Michael Soulé, Sunderland, Mass.: Sinauer Associates
Soulé, Michael E. (1987) *Viable Populations* Cambridge University Press
Spinoza, Baruch (1949) *Ethics* New York: Hafner
van Liere, Kent D. and Riley E. Dunlap (1980) 'The social bases of environmental concern' *Public Opinion Quarterly* **44** 181–97.
Watson, Richard A. and Philip M. Smith (1970) *Focus/Midwest Magazine* **8** 40–2
Watson, Richard (1985) 'Challenging the underlying dogmas of environmentalism' *Whole Earth Review* 5–13
Weiss, Paul (1971) 'The basic concept of hierarchical systems' *Hierarchically Organized Systems in Theory and Practice* New York: Hafner
Wenstrup, Fred (1985) *Arbeidsmøtet* Norwegian School of Management, No. 4
Whitehead, A. N. (1972) *Science and the Modern World* Cambridge University Press
Wilcox, Allen R. (1981) 'Basic needs, ethics, and quality of life' *Applied Systems and Cybernetics*, ed. G. E. Lasker, Oxford: Pergamon Press
Winner, Langdon (1977) *Autonomous Technology* Cambridge, Mass.: MIT Press
World Conservation Strategy (1980) Gland, Switzerland: International Union for the Conservation of Nature (IUCN)
Zapffe, Peter Wessel (1941) *Om det tragiske* [On the tragic], Oslo

译 后 记

"深层生态学"(deep ecology,又译"深生态学")是西方现代生态哲学和生态政治学的一个重要分支。它以生态自我、生物中心主义平等、共生、多样性等概念为基础,激进地反对一切基于人类本位的环境和资源保护意图,反对在不变革现代社会的基本结构、不改变现有的生产模式和消费模式的情况下,依靠现有的社会体制和技术进步来改变环境现状。它把这类做法统统斥为"浅层生态学"。与此相对,它提倡从整个生态系统(生物圈)的角度,从人与自然的关系的角度,把"人—自然"作为一个统一的整体,来认识、处理和解决生态问题。这样一种立场和观点,可谓振聋发聩,自20世纪70年代提出以来,就在西方长盛不衰,代表性人物包括首创者挪威著名哲学家阿恩·纳斯(Arne Naess)、美国学者塞申斯(George Sessions)、德韦尔(Bill Devall)和福克斯(Warwick Fox)等人。当前,深层生态学在中国国内也获得了高度的重视,已有多人对此开展专题研究,相关的著作、学位成果、论文均已不在少数。

但是,西方深层生态学者的完整译著,至今还没有在中文世界里出现。至于深层生态学的创始学者阿恩·纳斯,其作品在中国还是一个空白。如此一个重要流派、如此一个重要学者的著作,在我国尚属如此状况,实在令人遗憾。正是基于此一现状,我们在出版"环境政治学名著译丛"时,首先把引进阿恩·纳斯的著作当做头等大事,在商务印书馆等各方艰苦努力下,推出了读者拿到的这本代表性作品《生态,社区与生活方式——生态智慧纲要》。

本书的翻译工作由译者独立完成,得到了许多师长和友人的各种形式的帮助。在此,特别感谢商务印书馆的田文祝主任和责任编辑孟锴博士,是他们的热情支持和辛劳工作,才使本书得以面世。感谢北京大学俞可平教授、郇庆治教授、何增科教授,中央编译局柴方国资深翻译、杨金海研究员、李惠斌研究员、沈红文资深翻译、陈家刚研究员、冯雷研究员、徐洋资深翻译、刘仁胜副研究员、马京鹏一级翻译。尤其是徐洋资深翻译为德文和法文短语、机构、人名提供了宝贵的翻译意见。同时感谢清华大学卢风教授、中国人民大学张云飞教授、中国林业大学杨耕、林震教授,中央党校李宏伟副教授,他们给本书的翻译提供了许多宝贵的指导。最后,还要感谢以其他形式提供过帮助的侯佳儒、罗雪群、曹义恒、杨大群、于智明、董莹、谢来辉、刘海霞、蔺雪春、徐金海、刘辉、李慧明等。当然,译文中存在的所有错漏,责任全部由译者自负。

翻译是件辛苦活儿,从当前所处的社会主义初级阶段的时代背景看,也是一件经济上不划算的活,而更让人头疼的是,它还是一件吃力不讨好的活儿。就像学无止境一样,"译"也是无止境的,同一句话,不同的人译出来措辞不同、风格不同,当然水平也就不同。行内人讲究"信、达、雅",但单单一个"信"字,就让人如履薄冰、如临深渊,尤其是遇到艰涩、抽象、含糊、漫长的偏哲学类的文字时,把握起来更是艰难。"信"尚且如此,要实现"达"和"雅",则更是另一层境界。摆在读者面前的这本《生态,社区与生活方式——生态智慧纲要》,虽三校其稿,历时一年多,但由于本人水平所限,错误在所难免,恳请读者诸君批评指正!

曹荣湘

2015 年 12 月 31 日

图书在版编目(CIP)数据

生态,社区与生活方式:生态智慧纲要/(挪)阿恩·纳斯著;曹荣湘译.—北京:商务印书馆,2021
(汉译世界学术名著丛书)
ISBN 978-7-100-20344-9

Ⅰ.①生… Ⅱ.①阿…②曹… Ⅲ.①社区—生活方式—研究②社区—生态环境—环境保护—研究 Ⅳ.①C912.83②X32

中国版本图书馆CIP数据核字(2021)第180703号

权利保留,侵权必究。

汉译世界学术名著丛书
生态,社区与生活方式
——生态智慧纲要
〔挪威〕阿恩·纳斯 著
曹荣湘 译

商 务 印 书 馆 出 版
(北京王府井大街36号 邮政编码100710)
商 务 印 书 馆 发 行
北 京 冠 中 印 刷 厂 印 刷
ISBN 978-7-100-20344-9

2021年12月第1版 开本850×1168 1/32
2021年12月北京第1次印刷 印张10¼
定价:65.00元